高职高专“十四五”秘书专业规划教材

文书处理与档案管理

（第二版）

纪如曼　王广宇　主　编
邱玉贵　副主编

上海财经大学出版社

图书在版编目(CIP)数据

文书处理与档案管理/(美)纪如曼、王广宇主编. —2 版 . —上海:上海财经大学出版社,2021.7

(高职高专“十四五”秘书专业规划教材)

ISBN 978-7-5642-3801-8/F·3801

Ⅰ.①文… Ⅱ.①纪…②王… Ⅲ.①文书工作-高等职业教育-教材②档案管理-高等职业教育-教材 Ⅳ.①C931.46 ②G271

中国版本图书馆 CIP 数据核字(2021)第 117916 号

□ 责任编辑　邱　仿
□ 书籍设计　钱宇辰

文书处理与档案管理

(第二版)

纪如曼　王广宇　主　编

邱玉贵　副主编

上海财经大学出版社出版发行

(上海市中山北一路 369 号　邮编 200083)

网　　址:http://www.sufep.com

电子邮箱:webmaster@sufep.com

全国新华书店经销

上海新文印刷厂有限公司印刷装订

2021 年 7 月第 2 版　2021 年 7 月第 1 次印刷

787mm×1 092mm　1/16　17.25 印张　431 千字

印数:5 001—8 000　定价:49.00 元

第二版前言

本教材自2015年问世以来，受到全国各地众多高职院校的欢迎和踊跃订购。文书处理与档案管理不仅是高职院校文秘专业和管理专业的必修课程，而且是从政府机关到各行各业从事行政管理和档案工作的职业人不可或缺的一门知识和技能。在我国，文书工作与档案工作是在党和政府的统一领导下开展的，其法律法规是由国家主管部门制定和发布的。随着社会实践的发展，相关法律法规不断完善和更新。自本书第一版出版以来，国家档案局先后出台了三份重要文件，分别是：2016年6月1日起施行的《归档文件整理规则》、2019年1月1日起施行的《机关档案管理规定》、2021年1月1日起施行的《中华人民共和国档案法》，这些文件成为我国文书工作和档案工作必须遵循的法律法规。宣传和学习、贯彻和落实党和国家关于文书工作和档案工作的新法规，无疑是很重要的，也让我们产生了强烈的使命感。因此，此次修订的主要任务，首先是依据上述三份文件的新精神、新法规更新第一版中的旧提法、旧法规；其次，更换了一些内容陈旧和相对逊色的案例和练习题；最后，补充和删除了一些内容。原版的章节基本保持不变。

参加此次教材修订的人员有些变动，但依然是来自不同地区、不同高职院校从事文书档案专业研究、担任一线教学的老师，都具有博士、硕士学位，高级职称，档案学、秘书学专业背景，其中，王广宇老师是深圳市档案学会理事长、中国人民大学档案专业的博士。修订分工如下：上海工商外国语职业学院的纪如曼老师承担第一、六、八、十、十三章的修订，深圳信息职业技术学院的王广宇老师承担第七、九、十一、十二章的修订，湖南娄底职业技术学院邱玉贵老师承担第二、三、四、五章的修订。全书由纪如曼、王广宇老师审稿和统稿。此书的再版，一如既往地得到上海财经大学出版社的大力支持，在此表示最衷心的感谢！

编者

2021年7月

第一版前言

文书处理与档案管理是文秘专业的核心课程之一，是一门应用性很强的课程。这门课不仅要让学生了解文书处理与档案管理的理论知识，而且要让学生掌握文书处理与档案管理的工作技能。

然而对于这样一门应用型的课程，以前的授课方式大多是纸上谈兵，光说不练的。其原因一方面是由于这门课知识点多、难度大、课时有限，另一方面，教材本身可供课堂实践的材料很少，即使有一点技能训练题，也不太适合课堂实践活动的开展，且没能覆盖整门课程的各个主要知识点。这就造成这门课仅仅停留在理论层面上，学生上这门课感到枯燥乏味，对内容难以完全理解和掌握，而且学完即忘，进入职场面临实际的文书档案工作依然是束手无策。这就说明，必须在这门课的教学中注入实践训练环节，这是促使我们编写一本能满足课堂实践活动需要，帮助学生真正掌握文书档案工作技能的文书档案教材的动因。

本教材具有以下一些特点：

第一，注重技能训练。我们特别在各章的最后设计了多个训练任务，便于教师安排每一章的实践训练，通过训练任务，让学生能够对各种文书档案工作的重要环节进行实际操练，从而掌握文书工作和档案工作的操作程序和方法。

第二，兼顾理论的完整性。本教材可使读者了解文书工作与档案工作各个方面的主要环节。本教材把专门档案和特殊载体档案做了区分，分成两章来介绍，因为专门档案是指专门业务工作中形成的档案，而特殊载体档案是指形态比较特殊的档案，二者并非一回事。此外，还设置了档案室建设与管理一章，主要考虑到入职到新公司、新单位的文秘人员，很可能会接到筹建一个新的基层档案室的任务，要让他们了解如何从无到有地建设和管理一个新的档案室。

第三，让读者了解国家关于文书工作和档案工作的各项法律法规。国家对文书工作和档案工作不断出台法规性文件，这是各行各业开展文书工作和档案工作的“金标准”和权威依据，因此我们在各章都附上了一些重要的相关的文书和档案工作的文件原文，就是为了让学生掌握文书档案工作法律法规的第一手资料，从而准确把握国家对文书工作和档案工作的具体要求和操作标准。

第四，反映我国最新文书档案工作的精神和成果。本教材是以国家出台的最新文件精神为依据编写的，比如文书处理的程序步骤，就是以 2012 年公布的《党政机关公文处理工作条例》为依据编写的，而非照搬已出版的各种教材的写法。

第五，语言简练，内容丰富，形式多样。本教材对知识点的论述简洁明了，同时，选用了丰富的案例、资讯、小知识、小技巧、图片、样表等，用活泼多样的形式来丰富内容，提高可读性，使本教材适合应用型院校学生和社会人士学习。

参加此次教材编写的是全国不同地区四所高职高专院校担任文书档案课的一线教学和有着文书档案研究生背景和工作经历的老师，其中，上海工商外国语职业学院的纪如曼老师承担第一、十一、十三章的编写，深圳信息职业技术学院的王广宇老师承担第七、九、十二章的编写，太原学院的郑志国老师承担第二、三章的编写，湖南信息职业技术学院的陈玲霞老师承担第六、八、十章的编写，太原学院的赵振国老师承担第四、五章的编写。全书由纪如曼统稿。

此书的出版，受到上海财经大学出版社和上海工商外国语职业学院的大力支持，在此表示诚挚的感谢！

编者

2015 年 1 月

目录

第一章
文书与档案

学习目标

知识目标：

了解文书与档案的含义、定义、本质属性、作用。

明确文书与档案的联系与区别。

熟悉文书工作与档案管理的基本任务和内容。

能力目标：

能区分文书、公文、文件的异同。

能说清楚文书与档案的关联性与不同之处。

能运用文书与档案的基础知识分析案例。

【案例导读】

某直辖市高级人民法院对 1 400 名书记员开展档案整理培训

某直辖市高级人民法院决定，对下辖的 1 400 名书记员开展为期半年的培训。随着法制建设的不断深入，越来越多的法院的司法档案需要整理归档。可是，法院现有的和新进的书记员虽然人数不少，但都对档案整理一窍不通。望着堆积如山、无法妥善归档的司法档案，市高级人民法院培训处做出决定，与本市某高职院校法律学院开展合作，共同为全市法院系统的 1 400 名书记员进行轮训。培训中的一门重要课程就是文书整理归档与档案整理。该高级人民法院档案处处长——在法院档案领域摸爬滚打了几十年，积累了丰富的理论和实践经验——担任该门课的主讲和教材主编。该高级人民法院培训处希望通过此次大规模的培训，使该市法院系统的书记员能胜任新时代法院工作所需要的各种能力。

互动问题：通过此案例，你对文书与档案的知识和技能对于现代社会各行各业的重要性有何认识？

第一节　文书与档案概述

文书和档案是一种社会现象，是社会发展的产物。人类社会出现文字以后，人们凭借文书这一工具进行彼此之间的沟通和交流，处理各种事务，统治者和社会管理者也需要文书实行政治统治和国家管理。文书的保存就形成了档案。有了档案，人们就可以“疏通知远”，以史为鉴，更好地发挥文书的作用。正因为文书与档案具有重大的社会功能，这一社会现象成为人们研究的对象。

一、文书与档案的含义

（一）文书的含义

1. 文书的历史渊源

在中国历史上，文书一词早在汉代即已使用：司马迁的《史记·匈奴传》中有“毋文书以言语为约束”的记载；西汉初期的贾谊在所著的《新书·过秦下》中有“禁文书而酷刑法，先诈力而后仁义”的字句；班固在其《汉书·刑法志》中写道，“文书盈于几阁，典者不能遍睹”；汉代王充在《论衡·别通》中也提到，“汉所以能制九州者，文书之力也”；等等。

2. 文书的含义

文书一词一般有两个含义。

其一，是指一种记录信息、表达意图和相互交流的文字材料。古往今来，人们通过书写和制作文书来记录信息，利用传递文书交流信息，利用公布文书对公众发布信息等。可见，文书是人们用来记录信息、交流信息和发布信息的一种工具。文书包括私人文书和公务文书两种。所谓私人文书，就是指个人或家庭、家族在自己的活动中或私人相互之间的交往中形成和使用的私人书信、日记、自传、遗嘱、家谱、著作手稿以及房契、地契等。私人文书不是秘书学科研究的问题。关于公务文书，《国家行政机关公文处理办法》(以下简称《办法》)中曾下过一个定义：指传达贯彻党和国家的方针、政策，发布行政法规和规章，施行行政措施，请示和答复问题，指示、部署和商洽工作，报告情况，交流经验的重要工具。公务文书才是秘书学科研究的对象。

其二，是指从事文书工作的人。我们可以把在机关单位从事文字工作和文书处理的人员称为文书人员，军队现今仍有“文书”这一专门职务，在其他机关单位，“文书”只是对从事文书撰制和处理工作的人员的一种称呼。

【提醒您】

文书的概念有广义与狭义之分。广义的文书概念包括公务文书与私人文书；狭义的文书概念就是指公文、文件。

3. 文书、公文和文件三概念的联系和区别

在机关、单位中常常出现文书、公文和文件三个概念同时使用的情况。在一般情况下，文书、公文、文件的基本含义是一致的，都是指公务文书。这里需要说明，文书的概念有广义与狭义之分，从广义上说，文书包括公务文书与私人文书，不过，人们在日常工作中说到“文书”时，是不包括私用的文字材料在内的。《辞海》(1979年版)上说，文书是“各种公文的通称”，就是狭义的文书的概念。但是，文书、公文和文件三个概念在使用上有一些细微的差别。文书，是集合概念，通常用来泛指所有具有特定作用的应用文；公文，通常用来特指社会组织在公务活动中产生的文字材料；文件，通常用来专指上级机关下发的具有重要执行作用的公文。

文书，从广义上来讲，是机关、团体、企事业单位以及个人在社会活动中，为了某种需要，按照一定的体式和要求形成的书面文字材料。也就是说，一切书面文字材料，都可以称为文书。从这里可以看出，文书所包括的范围是很广泛的。

公文，是指公务活动中形成和使用的文书，通常把处理公务所使用的文书称为公文。

文件，是指机关、团体、企事业单位之间正式使用的、具有统一格式和行文关系的公文。它是公文的一部分，且是公文的主要部分。

综上所述，文书、公文、文件三个词的含义基本上是相同的。但严格地说，它们之间既有含义宽窄之差，也有习惯称呼之别。三者之间的差别，不在其内涵，而在其外延。根据习惯的称呼，它们在不同的地方，或用文书，或用公文，或用文件。我们习惯说“文书工作”而不说“公文工作”或“文件工作”，习惯说“文书处理程序”而不说“文件处理程序”，习惯说“中央文件”而不说“中央文书”“中央公文”。习惯用语，是约定俗成的。我们在这本书中，也尊重习惯用语，在不同的地方，分别使用了“公文”“文书”“文件”三个词。

4. 文书的定义

文书是指行为主体在社会活动中，为了一定的目的所形成并使用的、具有应用性和特定格式的文字材料。

这个定义的要点可以从以下几个方面来把握。

第一，文书是一种文字材料，即书面材料。然而，并非所有的文字材料都可以叫作文书，如文学作品、图书情报等，就不能叫作文书。文书是行为主体在社会活动中为了凭证、记载、公布和传递信息的需要，形成具有应用性和特定格式的文字材料。

第二，文书有特定的格式。文书是社会交际的工具，有统一的、通用的格式要求，以便实现社会交际的功用。

第三，文书具有应用性。文书的功用主要是应用，它是处理公私事务和进行社会交际活动的工具，而且所涉及的事项除个别情况外，都是现行的，即正在进行或要进行的工作和事务。

第四，文书具有很强的目的性、针对性。文书作为处理事务的一种工具，有明确的目的，根据社会交际活动的需要而形成。同时，它定向、定范围传达意图，记载活动，推动工作，具有很强的针对性。

第五，文书的形成和使用的主体是党政机关、企事业单位、群众团体等各种社会组织和具体的个人或家庭。

（二）档案的含义

1. 档案的历史渊源

档案作为一种事物在我国早已有之，但我国古代的档案，在各个朝代有着不同的称谓。商代称之“册”，周代称之“中”，秦汉称之“典籍”，汉魏以后谓之“文书”“文案”“案牍”“案卷”“簿书”，清代以后多用“档案”。

“档案”一词来源于清初。为何称“档案”，有两种解释。

一种意见认为，“档案”的名称是沿用了清军入关以前对档案事物的用语。约康熙四十六年（1707 年），杨宾在《柳边纪略》中对“档案”一词有所解释：“边外文字，多书于木，往来传递者曰牌子，以削木片若牌故也；存储年久者曰档案，曰档子，以积累多贯皮条挂壁若档故也。然今文字书写于纸者，也呼为牌子、档子矣。”意思是说，满族在建立清朝之前，大多在削得薄如纸牌的木片上书写文书，并将木片文书悬挂起来存档，档案日积月累，使得挂壁上的档案成连贯的条状,因而就被称为“档子”。入关后,清人虽然改用纸张书写文书,但“牌子”“档子”的用语没有改变。

另一种意见是,清朝建政后使用汉语词义来解释档案。在《康熙起居注》一书中有“部中无档案”之语。这里面的“档案”,不大可能是第一种解释。“档”字,按《康熙字典》的解释,为“横木框档”,就是木架框格的意思;《说文解字》解释为“几属”,就是像小桌子一类的东西,由此引申,把处理一桩事件的有关文件叫作“一案”,把收存的官方文件统称为“案卷”,再将“档”与“案”连用,“档案”就是存入档架的案卷。档案一词,历经三百多年,一直延续使用,现已成为一个科学概念,档案的第二种含义,在今天仍保留着清代所赋予它的形象的和内在的意义。

【资讯浏览】

文书与档案载体的演变

据史书记载,中国古代最早的文书是公元前2000年前帝舜时期史官所记的《虞书》,但原件早已不存。现存最早的古文书是清末开始在河南安阳出土的甲骨刻辞,是殷王室占卜时所刻的文字,属于公务文书,史书记载商代的文书还有册和典,是简的集合体。简以狭长竹、木片作载体,把长短相间的简用皮条或丝绳上下两道编连起来成为册,把册保存起来就成为典。典册所载内容是当时史官的记录。东晋后期(公元4世纪末、5世纪初),纸张首先被用作官府往来文书的载体,而诏令文书和重要奏疏的载体仍用竹简、木简,到隋代竹简、木简才废弃不用。从周代到清末,文书载体还曾使用金、玉、铜、铁、石、缣帛等物,是为了长期保存或在某些特殊情况下使用。文书载体用纸以后,诏书用染黄纸,直至清末。明、清时期向上级官员祝贺的禀启用红纸,一般文书都用白纸。历代文书纸式幅面大小不一。纸张采用折叠式是从元代开始,至明代奏疏仍沿用这种折式,称为本,其余文书用单幅纸,作为官员身份证的诰命文书用卷轴式。清初纸式亦沿明制。17世纪中叶以后除诏令文书和个别下行文种外,都改用折式。

档案是人类历史最重要的载体之一,它通过自己的记载,向后人揭示历史的真相,而档案本身也不断发生着变化。

甲骨档案:甲骨档案是我国现存历史的档案中年代最久远的,出土数量达15万片以上。商代留给我们的最早的档案文字材料是这种甲骨档案,它也是我国现存最早的系统的官府文书。该种档案制成材料之特殊,年代之远,数量之多,在世界范围也是绝无仅有的。

金文档案:金文档案是继甲骨档案后又一种珍贵的历史档案。青铜器上铭文铸字在商朝就已出现,到了西周,中国的青铜器进入极盛时期,此时刻于青铜器上的文字数量增多,记事广泛,具有了书史的性质。古代先民将金属统称为“金”,将刻于青铜器上的文字称作“金文”或“铭文”,具有书史记事特点的青铜器铭文就称为“金文档案”。从出土的金文档案记事范围看,它比甲骨档案更为广泛而详细,对研究当时的历史具有极其重要的史料价值。

缣帛档案:中国是丝绸的故乡,缣帛档案自然也占有一席之地。随着丝织业的发展,战国时期已开始用缣帛作为书写材料,秦汉时使用更多。缣帛作为书写材料有许多优点,可以随意裁剪,质地坚韧轻柔,便于携带和保管,故多用于绘制舆图或抄写经典。由于其价格昂贵,无法普及使用,到了魏晋南北朝,随着纸张的广泛应用,缣帛的使用量锐减。但是封建王朝的一些重要文书仍用丝织品书写，直到清代，朝廷颁授文武官员的诰命、敕命等封赠文书还在使用绫锦。

简牍档案：简牍档案是指中国古代以竹木为载体而形成的文字材料。“简”是指狭长的竹片或木片；“牍”是指方形木片，主要用于一般公务文书。“策”是指若干片简编联在一起，用于记录国家重大政事和书写典籍。从现存史籍看，在纸张出现之前，竹片、木片多用作书写材料，因而文书档案常被称作“册”“典”“中”“简册”“简牍”“典籍”等。

石刻档案：树碑立传的传统习俗使中国古代石刻档案的遗存丰富多彩。早在先秦时期，人们就开始用石材作为记事材料，到了秦朝，石刻不仅形制扩大，且数量增多，所刻内容广泛，已具有了档案的性质。石刻档案自秦代大兴后，历代都把刻石作为发布政策、记载国政大事的最好传世材料。这是因为刻石取材容易，传世久远，便于保存，弥补了青铜器需要铸造、易于腐蚀、容字有限之不足。与甲骨、金文、简牍档案不同，石刻档案至今仍有其生命力。

纸质档案：我国档案载体从纸质档案起发生了重大变革，取代了简牍，成为国家正式书写材料，一直沿用至今。

进入工业社会以后，开始出现声像档案，如照片、影片、唱片、录音带和录像带等。20世纪中期以后，档案载体又发生了革命性的变化，产生了以代码形式记录在磁带、磁盘、光盘等载体上、依赖计算机系统存取并可在通信网络上传输的电子文件，这些具有保存价值的已归档的电子文件及相应的支持软件、参数和其他相关数据称为电子档案。电子档案的产生，是档案领域最剧烈的一次变革，它直接影响着档案工作的运作方式、基本理论乃至思维观念。

甲骨档案　　金文档案　　缣帛档案　　简牍档案

资料来源：百度百科。

图1—1　各种档案资料

2. 档案的定义

档案是指过去和现在的政府机关、社会团体、企事业单位、组织及个人，从事经济、政治、文化、社会、生态文明、军事、外事、科技等方面活动时产生的对国家和社会具有保存价值的各种文字、图表、声像等形式的历史记录。

从这个定义我们可以了解到档案的一些重要特点：

第一，档案的原始记录性。“直接形成”说明档案是在各项工作和社会活动中自然形成的，它如实地记录了当时的情况，作为历史的留存，不能掺杂任何虚构、编造、加工、篡改、伪造的成分，因此，档案是再现历史真实面貌的原始文献。正因为档案具有原始记录性和历史再现性，档案才具有历史凭证的价值，并以此区别于图书和情报资料。

第二，档案主体的多元性。档案是由过去和现在的政府机关、企事业单位、各种社会团体、组织和个人等行为主体在各种社会实践活动中形成的。档案的主体不是单一的，不仅是党政机关，还有规模不一的企事业单位、社会团体和组织以及个人、家族等。同时，这些多元主体不仅指现在的，还包括过去的、历史上的，如博物馆、档案馆珍藏的大量史料的主体就是历史的某一阶段的皇室、政府或个人。因此说，档案是过去和现在的多元主体在社会实践活动中形成的。

第三，档案与文书的同源性。档案曾经是文书。档案与文书是同一事物在不同阶段的表现，曾经的现实记录——文书，在经过一段岁月的沉淀之后，就演变成历史记录——档案，因此二者同根同源。从信息的内容和形式来说，二者完全相同，但从效用、价值和系统性上来说，又有所不同。

第四，档案的价值性。档案源自文书，但并非所有的文书都能成为档案。成为档案的只是文书的一小部分。档案是需要条件的，就是看其是否对国家、社会和某个组织具有保存价值。只有经过鉴定，确认具有日后参考利用价值的文书，才能保存下来成为档案。

第五，档案形式的多样性。档案作为历史记录，其表现形式是多样化的，古代档案的载体有甲骨、金石、缣帛、简牍、石刻等形态，现代档案的载体主要是纸质和电子两大类，表现形式则有文字、图表、声像等诸多方面。

二、文书与档案的分类

(一)文书的种类

文书可以分为私人文书和公务文书两大类。

1. 私人文书

私人文书指的是个人、家庭(或家族)根据社会交往活动的需要，为处理私人事务而形成的文书。如来往书信、契约合同、收支账目、自传、遗嘱、家谱等。

私人文书的行文对象如果是法定的机关与组织，那么私人文书被这些机关与组织受理以后，也就变成了这些机关和组织的公文。例如，法院受理了某人的起诉书，被受理的起诉书就成了法院公文的组成部分。

2. 公务文书

公务文书简称公文，是指党政机关、企事业单位、群众团体等法定机关与组织为了一定的目的，在社会活动中，为处理公务所形成并使用的、具有特定格式的应用性文字材料。

(二)档案的种类

档案一般分为四大类：文书档案、科技档案、专门档案、特殊载体档案。其中，文书档案占主导地位。

(1)文书档案。文书档案是各级机关、企事业单位、群众团体及个人，在社会活动中，为处理公务及私人事务而形成的档案。一般包括党政档案、人物档案及家庭档案等。党政档案主要是党政机关、社会团体、企事业单位在履行职能活动中所形成的档案。一般来说，党政档案是档案中最重要的一种。人物档案主要是指出生在本地区或曾在本地区工作过的、有重大贡献的、有一定影响的人物以及历史名人在活动中形成的人员档案。家庭档案是社会单个家庭成员保存的对其家庭有利用价值的活动记录。

(2)科技档案。科技档案也称技术档案，是记述和反映基本建设以及生产技术和自然科学研究等活动的、具有保存价值的、按照一定的归档制度作为真实历史记录集中保管起来的技术文书材料。一般来说，科技档案是以大量图纸、报表、图像、数据等为主、以文字说明材料为辅。科技档案目前大体有:工程设计技术档案、基本建设技术档案、生产技术档案、设备档案、自然科学研究技术档案,以及其他专门性技术档案如地质、水文、气象档案等。

(3)专门档案。专门档案是各机关单位在进行某种专门业务工作中形成的档案。专门档案主要有:人事档案、会计档案、干部档案、军事档案、诉讼档案、医疗档案、艺术档案、教学档案等。对于机关单位来说,最普遍的专门档案是人事档案和会计档案。

(4)特殊载体档案。特殊载体档案是现代社会非纸质化的、载体形态比较特殊的档案,主要有声像档案、电子档案和实物档案。声像档案是以视听形式记录和保存起来的档案,主要包括影片、照片、录音、录像、唱片等。电子档案是建立在现代计算机、信息技术普遍应用的基础上,利用数字化手段形成和保存的档案。实物档案是指载体为实物,通过收集、整理形成的档案,主要包括印章、题词、奖牌、奖章、证书、公务礼品等。

三、文书与档案的性质、特点和作用

(一)文书与档案的性质

1. 文书的本质属性

文书有若干属性,如政治性、机密性、信息性等,但本质属性是现实执行性,这是文书独有的特性,也是区别于其他文字材料的内在依据。

所谓现实执行性,主要有两个方面的含义:一是文书有执行性。文书总是为反映一定的现象、解决一定的问题而产生和形成的。并且,在一定的职权范围内,文书(公务文书)一旦制发,就必须立即处理或执行。二是在当下的一定时间内有执行性,也就是现实执行性。没有一份文书是永远有效、永远被执行的,随着形势的发展,情况的变化,任务的完成,又会产生新的文书,原先的文书的执行性就被新的文书的执行性取代,原有文书的执行性也就终止了。每份文书的时效长短不等,有的时效长达几十年,如法律性文件、长远规划等;有的时效很短,如具体事项的通知等。

2. 档案的本质属性

档案除了同样具有政治性、机密性、信息性的属性外,还具有利用价值性,但本质属性是原始记录性。档案是历史的记录,是人们真实活动的记载。档案无论从形式或内容特征上都表现出原始记录性,档案不是人们有意识编写、加工的,而是为完成某项工作自然形成的,对于后人来说,它是第一手的资料,因此,档案具有很强的凭证作用。正因为这种原始记录性能真正反映历史的原貌,从而使档案成为最真实、最可靠、最为宝贵的材料。原始记录性是档案最本质的属性,是档案区别于其他文字材料的根本特征。

【提醒您】

档案是原始记录、第一手资料,档案的真实性决定了档案不可随意更改、加工、编造。篡改和伪造的档案毫无价值可言。

(二)文书与档案的特点

1. 文书的特点

文书的特点主要是:

(1)由法定的作者制发。所谓"法定的作者",主要是指依法成立并能以自己的名义行使权力和承担义务的组织。国家和地方各级行政机关、企事业单位、群众团体,都是依据法律法规建立起来和合法存在的，这些法定的机关和组织可以在自己的职权范围内制发公文。

法定的作者主要指的是发文的名义。公文一般以机关组织的名义制发。也有一些公文是以机关组织内的部门名义发的，但须注意：以部门名义发文的部门，必须要有相应的下属部门，没有下属部门，不能制发文件。例如企业机关的科室是最低一级部门，科室以下不再设立部门，发文时就应以企业机关，即公司的名义发文。政府各部门可以相互行文或向下一级政府的相关业务部门行文，但一般不得向下一级政府正式行文，只有办公厅(室)除外。

各机关单位在发文时，有时也有以领导人名义发文的情况，这里需要注意，以领导人名义发文，并不是个人行为，而是领导人行使职权的一种表现，因而代表的是机关单位，因此，以领导人名义发文，应在个人姓名前冠以机关单位的名称和本人职务。以领导人名义发文主要是一些需要领导人签署的公文，至于机关内从事公文撰拟的文书人员，不能视为公文的法定作者。

(2)公文具有法定的权威和效力。公文作为机关的喉舌，可以代表机关发言，代表制发机关的法定权威，可以作为工作的依据，因此公文也就具有法定的效力。公文这种法定的权威和效力来源于法定的作者和其法定的职权。如中共中央文件，是代表党中央的意见的，通过中央文件制定和传达党的路线、方针和政策，是各条战线工作的依据和准绳。又如，国家行政领导机关发布的文件，代表了人民政府的职权和意图，具有行政领导和行政指挥的权威，它是通过一定的立法程序产生的，违反了就要受到法律制裁，这就是法定的权威性，也叫作法规的强制力。

(3)公文具有特定的程式性。为了维护公文的严肃性、便于公文的处理以及保证其通行，公文的形成必须按照规范的程式进行，公文的处理必须按照规范的程序进行。公文特别是国家行政机关的公文，具有规范的程式，包括使用文书的种类、格式及文书的处理程序。公文的这种特定程式是公文在形成过程中的特点。

2. 档案的特点

档案的特点主要表现在三个方面：

(1)系统性。档案是对办理完毕的文书进行系统整理后形成的，未经系统整理的零散的文书材料，不能称为档案。档案的系统整理要经过分类、排列、编号、组卷或装盒，便于保管和查找利用。

(2)选择性。不是所有的文书都能转化为档案，必须是日后有查考利用价值的文书才能转化为档案。因此，对文书的鉴别、选择就成为档案的一个重要特点。文书不经整理就归档是不对的，“有文必档”也是不必要的。

(3)保存性。档案是保存起来的文书，没有保存，就没有档案。这种保存必须保持历史的原貌，符合一定的条件。

(三)文书与档案的作用

1. 文书的作用

(1)领导指导作用。在一个社会组织中，管理者对基层组织的领导和指导不外乎两种方式：一是书面领导，即利用公文领导与指导；二是实行面对面的领导。但是，一般来说，对于重大问题的处理、决策等，宜于采用书面领导的方式，这样可以避免面对面领导所存在的随意性。

(2)行为规范作用。党和国家的各种法规都是以文件的形式制定和发布的，这些法规文件一经发布，便成为人们的行为规范，必须坚决遵照执行，不得违反，这对于维护正常的社会秩序，安定社会生活，保障人民的合法权益有着极其重要的作用。有些单位无权制定法规，但仍然可以根据本单位的实际情况，制定一些规定、办法等，这些规定、办法同样具有规范作用。

(3)联系知照作用。各机关单位在处理日常事务工作时，经常要与上下左右的有关机关单位进行公务联系，公文往来是机关单位之间协商和联系工作的一种方式。这种公务联系作用是公文最常见、最普遍的作用。同时，公文在机关单位之间互相知照意图、协调关系以及协调机关内部关系等方面都起着重要的作用。

(4)凭证记载作用。公文是机关单位职能和公务活动的文字记录。一般来说，绝大多数公文在传达意图、联系公务的同时，也具有一定的凭据作用，因为每一份公文都反映了发文者的意图，对于受文者来说，可以将公文作为安排工作、处理问题的依据。有些公文，本身就具有凭证作用，如经当事人双方共同签订的协议书、合同等文书。可以说，形成这类文书的目的，就是为了作文字凭证的。还有一些公文，本身就是凭证，如会计文书中的会计凭证、借据等。另有一些公文具有明显的记载作用，如会议记录、谈话记录、会议纪要、大事记等都是机关工作活动的真实记录，可以日后利用和查考。

(5)宣传教育作用。公文具有很强的政策性，有些公文还蕴含着丰富的知识，对于各机关、单位都是良好的宣传教育材料。当文书传播开后，对接触到的干部、群众也是非常好的教育读本。党政领导机关制发的方针政策性的、领导性的重要文件，不仅是各种宣传教育工作的重要依据，也是很好的教材，具有重要的宣传教育作用。有些会议印发一些重要文件作为会议的学习材料，许多重要文件也可以通过报刊、广播、电视加以公布，或者印发到各级机关有组织地传达、宣传和学习。

2. 档案的价值和作用

档案的价值，是指档案对国家、社会、组织和个人的有用性。档案的价值性，是档案被保存起来的唯一理由，也是档案事业得以发展的根本动力。

档案的价值有两个方面：一是凭证价值，二是参考价值。

(1)凭证价值。档案是历史的真凭实据，这是由档案的本质属性——原始记录性——所决定的。从档案的形成看，它是形成者当时、当地、当事直接使用的文件材料转化而来的，是未经任何改动的原件，原本地、客观地记录了人们当时的思想和行为，是令人信服的历史证据。从档案自身特点看，它记录了形成者留下的历史真迹，是确凿无疑的原始文件和历史凭证，可以成为查考、研究、争辩、维权和处理问题时具有法律效力的依据。

【范例阅读】

档案续工龄　收入加倍涨

铁通公司职工张少伟，1958年因父亲错划“右派”随家人下放到稠桑乡，父亲平反后，他按知青对待于1980年招工，工龄一直从1980年算起。张少伟于1971年初中毕业，按政策工龄应该从1971年算起，现在面临退休，在我馆查到知青办介绍信，证明他本人是随家人下乡的知青，这样工龄从1971年算起，补发工资从1991年算起补到现在。查到证明，工资一下子翻了几倍，解决了大问题。“原来没觉得档案有多重要，没想到你们把老百姓的事情做得这么认真，这么细致，解决了我的后顾之忧，我回去一定好好宣传宣传，档案工作太重要了！”张少伟高兴地说。

资料来源：“档案利用效果实例选编35例”，耀州档案信息网，2013年4月25日。

互动问题：本案中的张少伟为什么说“档案工作太重要了”？

(2)参考价值。档案反映人类社会实践活动的正反两方面的教训，可为后人提供广泛的借鉴。它对于人们查考既往实践、探索事物发展的过程及其规律，总结和吸取历史的经验教训，开拓创新，是必备的参考材料，具有广泛的情报价值。

【范例阅读】

天然富锌茶　得益于土壤普查

“天然富锌茶”，为潘家湾乡人民，甚至湖北宜都市人民都带来了巨大经济效益、社会效益。这个著名茶叶品牌，最初得益于20世纪80年代的“宜都县第二次土壤普查”。

20世纪90年代初，湖北省宜都市山区乡潘家湾乡盛产茶叶，因地理位置偏僻、交通区位闭塞等，茶叶始终卖不出好价钱。这让该市拔尖人才——著名茶叶专家、高级农艺师翁寿楠看在眼里，急在心里。他苦思冥想，始终找不到突破口。1993年，正在金盆山等地现场考察的翁老偶然听说这里的土壤富含锌，他豁然开朗，一边组织人员采取土样，一边到县农业局档案室查取土壤普查资料。当翁老看到“宜都县第二次土壤普查”档案后欣喜若狂，连声大叫“好！好！好！”“有了这些档案资料，潘家湾人民将省去好多的人、财、物投入”。在翁老等特产技术人员的不懈努力下，今天的“天然富锌茶”成了潘家湾乡农民的致富敲门砖，成了潘家湾乡的支柱产业。现如今，生活在这片土地的农民在谈到茶叶时还津津乐道，翁老说：“如果不是土壤普查的详细资料，天然富锌茶最少迟10年甚至20年才能出道。”

资料来源：档案利用效果实例选编，中国乡村网，2009年8月10日。

互动问题：为什么说“天然富锌茶”品牌的创立得益于档案材料？

档案的作用是多方面的，概括起来主要有以下几个方面：

(1)各项工作的查考依据。档案记录了各种机关、单位过去管理活动的情况，包括行使管理职责的法律依据，处理管理事务的方式、措施、过程及其结果，各项工作的经验教训，已有的规章制度等，这些历史记录是任何一个机关单位持续工作必不可少的查考凭据。平常人们所谓的“有案可查”，说的就是档案在管理工作中具有查考作用。因此档案工作是机关单位不可缺少的基础性工作，是推进依法行政、促进科学决策、提高治理水平的必要条件。

(2)维护权益的历史凭据。档案所记录的各种具体的社会活动，真实地反映了当事者应有的合法权益，起到历史书证的作用。档案是千年会说话的工具，是解决历史问题的重要凭证，大到国家疆界的认定，小到社会组织之间的纠纷、个人政策的落实，这些保存下来的历史记录，都为当事者维护合法权益起到了积极的作用。

(3)科学研究的可靠资料。科学研究都是站在前面巨人的肩膀上不断前进的，档案记录了前人丰富的科学研究的历史资料，是每个人进行科学研究和技术革新的必要条件。没有档案资料，任何科学都无法进行，我国开展航天试验，探测宇宙奥秘，没有以往的技术档案作为基础，是不可能进步的。因此，科技工作者把档案比作从事科学研究不可缺少的“粮食”。

(4)宣传教育的生动材料。档案记录了一个国家和民族认识、改造自然和社会、创造历史的奋斗历程,是开展爱国主义、民族传统和革命英雄主义宣传教育的生动素材。如南京大屠杀史料展览、我国改革开放伟大成就展览等,展出了大量的历史档案,广大人民群众在观看这些展览的过程中无不受到强烈的震撼和深刻的教育。

四、文书与档案的联系与区别

文书与档案有着内在的亲缘关系、因果关系,两者从主体、内容到形式完全相同,但它们毕竟是不同性质的事物,不能混为一谈。

1. 文书与档案的联系

文书与档案的密切联系主要表现在三个方面。

第一,两者的行为主体和形成方式相同。文书与档案都是国家机关、社会组织以及个人在政治、经济、科学、技术、文化、宗教等社会活动中直接形成的。

第二,两者记录的内容和载体形态相同。文书是人们对于现实社会活动的记录,而档案是把记录保存起来,成为历史活动的记录,因此记录的内容完全是相同的。档案来源于文书,因此昔日文书的载体就是明日档案的载体,两者在形式上也完全相同。

第三,两者互为因果。文书是档案的前身,档案是文书的延续,有了文书才有档案,没有文书就没有档案,在这个意义上可以说,文书是因,档案是果。但档案也能反过来成为文书的原因,是因为文书的形成往往需要查考档案,这样档案又为文书的形成提供了条件。

2. 文书与档案的区别

文书与档案的区别也主要表现为三个方面。

第一,两者的性质和目的不同。文书具有现实执行性,是为了现行应用而产生的,在处理公务及社会交际活动中具有针对性、指导性、执行性;档案具有原始记录性,是为了今后的查考利用才保存起来,在查考利用时显示凭证和参考价值。形成文书的目的在于处理现实事务,形成档案的目的在于发挥历史的价值作用。

第二,两者的功能和效用不同。文书由于具有现实执行性,对处理当下的事务具有很强的应用性,但当它把事务处理完毕以后,就失去了效用;而档案由于具有以备查考的功能,因而效用持续很长时间,而且在通常情况下,其价值随着存放时间递增,存放越久,价值越高。

第三,两者在保管形态上有所不同。文书是单份的、零散的,分散在各个单位、部门;档案是整理过的,是组合的、集中的、系统的。

第二节 文书工作与档案工作

一、文书工作与档案工作的含义

1. 文书工作的含义

文书工作通常称作文书处理工作,主要是指公务文书的制发、处理和管理的程序和方法。机关单位制作公文,对发文和来文的处理,以及对办理完毕的公文进行整理归档,需要有一系列的工作流程,在这个流程中所做的一切工作,就是文书工作。

2. 档案工作的含义

档案工作也称档案管理,或档案管理工作,是用科学的原则和方法管理档案,使档案得到妥善的保存，为社会各方面的工作服务。

二、文书工作与档案工作的任务和内容

（一）文书工作的任务和内容

文书工作的基本任务是：根据工作的需要和客观实际，高质量地形成公文，规范地处理公文，完整妥善地保管公文，正确有效地发挥公文的作用，为各项工作服务。

文书工作的内容主要包括三大环节，即公文的形成、公文的处理和公文的管理。文书工作的具体内容主要包括：

（1）拟写公文。做会议、汇报的记录并整理，接受领导人交给的起草各种形式的公文的任务，根据领导的意图，做必要的调研，参考有关文件，查阅相关资料，拟写大纲，起草公文，将草稿交领导人审核，并按照领导人提出的意见修改，直至定稿。

（2）处理发文。发文是指本机关单位撰制的向外发出的公文。这项工作是根据国家规定的对行政公文发文处理的程序，做好公文的审核、签发、复核、校对、缮印、用印、登记、分发等各个环节的工作。

（3）处理收文。收文是指接收外机关单位发送给本机关单位的公文。此项工作是按照国家规定的对行政公文收文处理的规范程序，做好公文的签收、登记、审核、拟办、批办、传阅、承办、催办、注办等各个环节的工作。

（4）管理公文。文书由于具有执行性，在日常工作中是处于一个流转的过程，有些等待领导人传阅、批示，有些交付相关部门和人员办理、贯彻，有些被查阅，有些已经处理完毕，需要整理收藏。管理公文就是做好日常工作中公文的查询、借阅、收回、归位、整理和保管工作。

（5）整理归档。按照国家关于公文归档的要求，在平时整理的基础上，对一定周期内积累的公文进行系统的整理，在规定的时间内向档案部门移交，移交的文书必须达到归档的质量要求。

（二）档案工作的任务和内容

档案工作的基本任务是：坚持集中统一管理档案的原则，建立国家档案工作制度；科学地管理档案，大力开发档案信息资源；逐步实现档案管理的现代化，使档案工作更好地为党和国家的工作服务，为建设社会主义现代化事业服务。

档案工作的基本内容包括：档案的收集、整理、鉴定、保管、统计、检索、利用、编研八项工作。这八项工作通常也称为档案工作的“八个环节”，是档案工作的八项业务工作和八项任务。这些工作主要是由机关档案室和档案馆进行的。为了做好这些工作，还要对档案事业进行行政管理和业务指导，做好档案教育、档案科学研究等工作。因此，从广义上说，整个档案事业工作包括档案室工作、档案馆工作、档案事业管理工作、档案教育工作、档案科学研究工作五个部分。本书主要介绍组织的档案室工作，即档案工作的八项基本内容和业务工作。

（1）档案的收集。档案的收集是指档案部门接收归档的文书和收集容易被遗漏归档的文书的工作。档案收集的目的，是为了将分散状态的档案集中起来，力争档案最大化的完整性。

（2）档案的整理。档案的整理是将零散文件根据分类方案整理成系统的有序的档案整体，主要包括分类、排列、编号、编目等工作环节。档案经过整理之后，就由彼此独立的状态转变成有内在联系的有机整体，便于管理和利用。

（3）档案的鉴定。档案的鉴定是指对档案的真伪和保存价值进行鉴别，判定档案材料有

无保存价值、价值的大小，确定保管期限，决定保存或销毁。存放档案的资源与不断产生的文书相比，永远是有限的。档案经过鉴定，排除没有保存价值的材料，将资源留给有价值的档案，从而使有价值和价值高的档案得到优质的管理。

(4)档案的保管。档案保管是指对档案进行日常保护和管理，确保档案的安全，延长档案的寿命。通过档案的保管，最大限度地延长档案的寿命，才能满足社会对档案长久的利用。

(5)档案的统计。档案统计是以数字、数据和统计等形式全面反映档案实体、档案工作状况的手段，包括档案的收进、移出、整理、保管、利用等，以及档案机构、人员、经费、设备等情况的登记和统计。档案统计是取得各种档案管理信息，对档案工作进行监控的重要手段，是档案部门掌握情况，制定决策的依据。

(6)档案的检索。档案检索就是编制各种有效的查检工具，方便查找所需要的已存储的档案或档案信息。档案检索工具主要是各种目录，因此档案检索的主要工作就是编制各种档案目录，简称“编目”。档案的编目是对档案内容和形式的一些特征进行分析、选择和记录，并按照一定次序编排成各种目录。档案检索使档案的查找方便快捷，为档案利用创造了条件。

(7)档案的利用

档案利用是指根据工作需要和社会需求，通过各种形式和渠道，将档案信息提供给利用者，使档案潜在的价值得以实现，为社会实践服务。档案利用工作主要包括档案阅览、信息查询、咨询服务、开具证明、举办展览等方式。

(8)档案的编研。档案编研指对档案材料的编辑与研究工作，其任务是按照一定的选题，从收藏的档案材料里选择有关的信息，编辑成为文献出版物或资料汇编等。出版物一般是专题性的，资料汇编主要有文件汇编、史料汇编、大事记、组织沿革、基础数字汇编等。档案编研是档案利用的高级形式，是对档案信息的深度开发，对社会的影响更加深远。

【知识拓展】

国际档案日

1948 年 6 月 9—11 日，位于巴黎的联合国教科文组织(UNESCO)召开了一场专家会议，来自世界上许多国家的档案工作者参加了会议交流，经大家讨论决定成立国际档案理事会(ICA)。会上通过了国际档案理事会的第一份章程，章程中指出，世界各国的档案工作者应共同努力“为了全人类”保护好档案，开展鉴定并提供利用，档案和文件作为全世界共享的遗产和全人类一样具有同一性。

2007 年 11 月，为了庆祝 2008 年 6 月 9 日国际档案理事会成立 60 周年纪念日，国际档案理事会全体成员在于加拿大魁北克举行的年度全体会议上投票决定，将每年的 6 月 9 日定为国际档案日。

2013 年，中华人民共和国国家档案局决定自该年开始，把每年的 6 月 9 日即“国际档案日”作为档案部门的宣传活动日。

国际档案日作为世界档案界一个盛大节日，为世界的档案工作者推动本国档案事业的发展提供了一个契机，有助于提升档案在公众、政治家、决策者以及赞助机构中的地位，鼓励新的用户和扩大用户基础，改变档案部门和档案专业的形象，让档案界显示它存在的意义，从而建立起更大的信心和与社会的互动。

资料来源：百度百科。

三、文书工作与档案工作的机构设置及人员

(一)文书工作与档案工作的机构设置

1. 文书工作的机构设置

文书工作的领导机构是各级党政机关及其领导人,管理机构是各级党政机关下设的办公厅(室)及其负责人。

文书工作机构的设置大体有两种情况:

第一,在一些较大的机关,由于文书处理工作比较繁重,因而设立专门的文书工作部门,如"文书处""文书科"等,归机关办公厅(室)领导。

第二,在一些较小的机关或者基层单位,由于文书处理工作任务较少,就没有必要成立专门的文书工作部门,一般只在办公室设立一两个专职或兼职的文书工作人员。

2. 档案工作的机构设置

(1)档案室

档案室是各机关、团体、企事业单位内部设立的统一保存和管理本单位档案的组织机构。它是各社会组织中秘书部门的分支机构,其工作属于秘书工作的一部分。同时,档案室是各机关单位的机要部门,从事机要保密工作。

档案室的基本任务是:集中统一地管理本机关的全部档案,为本机关各项工作和生产服务,并定期将具有长远保存价值的档案向档案馆移交。

(2)档案馆

档案馆是党和国家集中保管档案材料的基地,是社会各方面利用档案信息资源的中心,是国家法定的专门保管档案的机构。它在性质上属于各级党委和政府的科学文化事业机构,档案馆事业是科学文化事业的重要组成部分。

在我国,档案馆基本上是按地区并结合其他特点(如专业、时期等)来设置的,分为中央级档案馆、地方档案馆和专业档案馆。

档案馆的基本任务是:接收和收集规定范围内的、对国家和社会有长远保存价值的档案资料,加以整理、编目、保管和研究并提供利用。

(3)档案事业管理机构

档案事业管理机构主要是指国家行政系统中负责管理、指导和监督所管辖区域内的档案业务工作的机构,如各级档案局、处等。在我国,党、政档案工作实行统一管理,因此,档案事业管理机构既是党的机构,又是政府机构。

档案事业管理机构的基本任务是:在统一管理党政档案工作的原则下,分级负责掌管全国档案事务,对全国档案工作进行指导与监督。

(二)文书工作与档案工作的组织领导

1. 文书工作的组织领导

文书工作主要是为本机关、组织、单位服务,因此不需要一个全国性的领导机构对全国各地、各系统、各机关、单位的文书工作进行领导和指导,文书部门主要接受本机关、本单位的领导,但也不排除上级文书部门对文书工作的指导。上级对文书工作的领导和指导关系可以从以下几个方面分析:

第一,从全国来说,中央办公厅、国务院办公厅分别负责领导和指导党和政府系统的文书工作。这种领导和指导主要是通过制定和发布有关的条例、制度和办法,做有关的指示和

决策,负责召开有关的会议等形式和途径对文书工作进行业务上的指导。

第二,从一个机关或具体单位来说,文书工作由本机关的秘书长或办公厅(室)主任或本单位的办公室主任负责领导。其主要职责是:对本机关、本单位工作的任务和文书工作的组织工作,提出全面的工作计划和实施方案。总结本机关及其所属单位文书工作的经验,推广先进典型,发现问题,及时纠正,并提出改进的意见和办法;根据党和国家的有关规定设计文书规格,制定机关文书工作规范,促进文书工作科学化、规范化、制度化;促进文书工作的办公自动化;指导、帮助机关各部门专职、兼职的文书工作人员提高业务水平。

第三,从上下级机关的关系来说,上级领导机关的办公厅(室)有责任对其所属的机关单位的文书工作进行业务上的指导。

第四,由于文书工作与档案工作有着密切的联系,因此,机关档案部门有责任按照档案工作要求对机关各部门的归档文书整理分类及归档工作进行指导、监督和检查。

2. 档案工作的组织领导

档案工作的原则是统一领导、分级管理。档案工作是在党和各级人民政府的领导下,通过档案主管部门进行统一领导和管理的。

党和国家为了管理全国的档案工作,设立了国家档案局。国家档案局是全国档案工作的最高领导机关,在统一领导、分级管理的原则下,负责全国档案事业的统筹规划和组织协调,建立统一制度,对全国档案工作进行监督、指导和检查。

县级以上地方各级档案局(处、科)在地方党委和政府的领导下,统一管理地方档案事务,对本行政区域内机关、团体、企业事业单位和其他组织的档案工作进行监督、指导和检查,在业务上受上级档案事业管理机关的指导。

乡镇人民政府除了指定人员负责管理本机关档案外,还对所属单位、基层群众性自治组织等的档案工作实行监督、指导和检查。

机关、团体、企业事业单位和其他组织应确定本单位分管档案工作的负责人、办公厅(室)或承担该职能的机构来领导、协调档案工作。同时,机关单位应设立档案部门,配备适当数量的专职档案工作人员,具体负责管理本单位的档案,并对所属单位或部门的档案工作实行监督、指导和检查。机关单位应当加强对档案工作的组织领导,将档案工作纳入整体规划、年度工作计划、考核体系和年度财政预算。

档案主管部门对档案工作的组织领导的职责主要体现在:拟定档案工作规章、办法,建立国家档案工作制度;指导和监督各机关、单位的档案工作;规划和筹建档案馆,在业务上指导档案馆工作;研究和审查有关档案保存价值、保管期限的原则和标准,监督和审议有关档案的销毁;组织和指导档案工作业务经验的交流、档案工作干部的专业教育和档案科学的研究,以及党和国家领导机关交办的有关档案工作的其他事宜。

3. 文书工作与档案工作的人员

从事文书工作的人员,除少数军事机关外,大多数机关单位的职务名称有秘书、机要员等,这些人员从事的是文书处理工作,平时我们在描述他们的职务时一般可以称为文书,但实际职务却不能定为文书,因此一般说来凡在机关单位从事文秘的人员都可以看作文书人员。

档案工作人员主要是指从事档案管理工作的人员。这些人员包括机关单位档案室、各类档案馆以及档案管理事业机构的工作人员。目前国家有专门的档案人员职务序列职称。

文书工作和档案管理工作人员是文书工作和档案工作的主体,各级政府和各社会组织应加强本地区本单位文书档案工作人才培养和队伍建设，提高文书档案工作人员的政治和业务素质。对文书档案工作人员的素质要求主要有以下几条：

第一，政治可靠。忠诚于党和国家的文书档案事业，不玩忽职守，损毁、灭失文书档案；不受金钱诱惑、利益驱动、外部势力蛊惑，出卖、盗窃、运送、传输涉密信息给外部敌对势力；不擅自篡改、伪造、销毁有关档案。

第二，遵纪守法。加强保密观念，严守机密，确保党和国家以及本机关单位机密文件和档案的安全。

第三，忠于职守。以高度的事业心和责任心，做好所承担的文书和档案工作。培养严谨细致的工作作风。埋头苦干，任劳任怨，甘当无名英雄。

第四，胜任工作。具备文书工作和档案工作的专业知识和技能，熟悉业务，熟练操作，成为文书和档案领域的专业人员。

【本章小结】

1. 文书和档案的定义：文书是指行为主体在社会活动中，为了一定的目的而形成并使用的、具有应用性和特定格式的文字材料；档案是指过去和现在的机关、团体、企事业单位和其他组织以及个人从事经济、政治、文化、社会、生态文明、军事、外事、科技等活动，直接形成的对国家和社会有保存价值的各种文字、图表、声像等不同形式的历史记录。

2. 文书与档案的种类：文书分为私人文书和公务文书两大类；档案一般分为文书档案、科技档案、专门档案、特殊载体档案。

3. 文书与档案的本质属性：文书的本质属性是现实执行性；档案的本质属性是原始记录性。

4. 文书与档案的联系和区别：二者在行为主体和形成方式、记录的内容和载体形态上相同，并互为因果；在性质和目的、功能和效用、保管形态上不同。

5. 文书工作与档案工作的任务和内容：文书工作的内容主要包括三大环节，即公文的形成、公文的处理和公文的管理；档案工作的任务和内容包括档案的收集、整理、鉴定、保管、统计、检索、利用、编研八项工作。

6. 文书工作与档案工作的组织领导：文书工作的领导机构是各级党政机关及其领导人，管理机构是各级党政机关下设的办公厅(室)及其负责人；档案工作是在党和国家的领导下，通过档案主管部门进行统一领导和管理的。

【练习题】

1. 如何理解文书、档案的定义？
2. 文书与档案的本质属性是什么？
3. 文书工作与档案工作的基本任务和内容是什么？
4. 文书与档案有着怎样的关系？

【技能训练任务】

任务一

1. 训练目标

分清文书与其他文字材料的区别。

2. 训练内容

案例分析

通不过的总结

某县茶叶公司的上级主管部门催报年度工作总结。为此，该公司的徐经理召开各职能部门负责人会议，回顾总结一年来的工作情况，经理办公室的何秘书被指名担任会议记录，并负责起草公司年度工作总结。

何秘书过去没有写过工作总结，也未受过公文写作的专门训练。他心想，写工作总结无非是用有说服力的材料和生动感人的语言，于是，连续5天闭门谢客，专心写作。当写到党员老王同志兢兢业业工作，节省基建资金2万多元时，何秘书的文学激情油然而生，便对老王的形象着力描写，并虚构了一些先进事迹。为了表达上的需要，何秘书又想当然地将节省资金2万多元改为3万多元。仅老王这一典型人物，就占了全文的1/4篇幅。

5天后，洋洋万言的初稿送到了徐经理的手中，在审稿讨论会上，何秘书首先将工作总结绘声绘色地朗读了一遍，读罢，徐经理开门见山地说："总结怎么写得像小说啊？"财务负责人笑着问："财务大楼的结算还没出来，你怎么知道节省了3万多元？统计数字可不能随意夸大。"其他部门负责人也说："写总结不是搞文学创作，先进事迹也只能概括地叙述。"讨论的结果是工作总结要大改。

根据经理和大家的意见，何秘书对工作总结反复修改了三次，删去大量描述性段落和虚构性情节，再交给一位老秘书修改，在第二次通稿会上修改稿才获得通过。

资料来源：《文书与档案教学案例》，360doc个人图书馆，2012年5月21日。

3. 训练要求

根据文书的定义，回答：何秘书对公文的理解存在哪些误区，导致他写的总结一开始通不过？写一篇200字左右的案例分析，上交老师或全班交流。

任务二

1. 训练目标

理解档案的本质属性是"原始记录性"。

2. 训练内容

某民办高校要接受上级对某项工作的评估，因为评估关系到学校在行业的声誉，于是校领导十分重视，也十分紧张。评估组提出要查阅该校近三年来在某项工作中形成的文件材料，这些文件材料已经整理归档，入了档案库。该校领导通过自查，发现评估组需要查阅的文件材料并不齐全，比如某年有工作总结却无工作计划，或某年有工作计划却无工作总结，或仅有经验总结却无佐证材料，造成的原因是那些年文件形成的制度不够完善，归档制度也不够健全。为了顺利过关，该校领导只得要求各系、各部门领导组织人员突击补写一些档案中缺失的材料，补拍一些档案中没有的工作照片，作为佐证材料放进档案，这样档案就完整齐全了，评估组也就不能挑剔存在的问题了。

3. 训练要求

该校领导的做法正确吗？补写的材料和补拍的照片能算档案吗？为什么？每人提交一篇 200 字的分析短文，或组织课堂讨论。

第二章

文书种类与行文制度

学习目标

知识目标：

了解文书的种类，熟悉公文的种类和名称，明确公文种类的作用。

熟悉行文制度，理解各种行文关系和行文方式。

掌握现行党政机关的行文规则。

能力目标：

能根据文书种类的选用标准正确使用文书的种类和名称。

能按照各种公文的适用范围和行文制度正确行文。

能运用文书种类与行文制度的有关知识分析案例。

【案例导读】

求和不求气

早晨一上班，研发部的鲁天明来找我。他怒气冲冲地对我说："我们部与美国吉姆公司合作项目的批文怎么还下不来？你们当秘书的办事怎么这样拖拖拉拉？这个项目要是黄了，你来负这个责?!""行，我帮你催催！"我和颜悦色地说。

其实这个报告早就送给孙总了，但这几天孙总天天开会，根本没时间看。

看着鲁天明怒气冲冲的背影，玛丽有些幸灾乐祸地说："什么项目黄了？就是怕夜长梦多，自己去不了美国！一天到晚都这么牛皮哄哄的，于姐，再晾他几天，让他着急！"

"玛丽，你肚子里怎么那么多坏水?"我笑着问玛丽。玛丽是比我晚一届的师妹，所以说话比较随便。"我们也得替鲁天明想想。到美国去的报告老是批不下来，让他一直悬着，别说护照签证这些事不好办，就是项目本身的许多前期准备工作，他也不知该不该做，所以，他发火也能理解。"

由于要保证公司领导有足够的时间和精力处理公司的一些战略问题或核心问题，秘书有一项重要的日常工作，就是像块纱布，过滤一些来找公司领导的电话、客人或文件。因此秘书就变成了一座各科室与公司领导之间的桥梁。正因为是桥梁，宽度有限，偶尔出现拥挤堵塞现象就是难免的。这样,那些暂时被堵塞的人不可能个个都能理解,于是,有人要找个地方撒气。在大多数情况下,必然会把怨气发泄到秘书身上。

也许是最近有关慈禧太后的电视剧太多了,许多人把李莲英当作老佛爷的秘书看待,所以在他们的印象中,秘书都有李莲英那样的本事,事情办不办得成,全在于秘书肯不肯帮自己的忙。不说外来的客人,即使是在公司内部,许多人也不一定了解秘书部门的工作,以为各种报告批不批,领导想见谁不想见谁,都是秘书部门说了算,所以像鲁天明这样,文件批不下去,就朝秘书部门发火。当然,也有人知道这并不是秘书部门的责任,但是他们又不好直接朝公司领导发火,所以只好把秘书部门当作出气筒。可以说,当出气筒似乎也成了秘书工作的一大特色。

资料来源:谭一平,《女秘书日记》,江苏文艺出版社 2011 年版,略有删改。

互动问题:

1. 案例中鲁天明所说的“批文”和“我”所说的“报告”是指什么样的公文?它们是指同一种公文吗?这样的称呼规范吗?

2. 案例中所说“各种报告批不批”中的“报告”需要批吗?在实际工作中,需要领导机关批示的公文是哪种公文呢?

第一节　文书种类

形成文书的目的是为了反映客观的社会公务活动,解决实际社会生活中的问题。现代社会的复杂性和业务活动的多样性决定了文书的多样性。我们只有把握文书的不同种类,明确不同种类文书的作用,才能正确使用文书,更好地发挥文书的效用。

一、文书种类的划分

关于文书范围的界定和种类的划分众说纷纭,尚难统一。通常可以从文书的使用功能、来源去向、行文关系、种类名称是否法定、阅读范围和机密程度等方面分类。

(一)按文书的使用功能划分

文书可以分为通用类文书、专用类文书和杂用类文书三类。

(1)通用类文书是指各类机关和组织在行政办公或处理事务时普遍使用的文书,主要是指党的机关、人大机关、政协机关和军事机关等使用的文书,它具有普遍通用的性质,例如党政机关的通告、通知、通报、议案、报告、意见、函、纪要等,还有各类法律、规章、制度和条例等,这些文书都有具体的适用范围。

(2)专用类文书是指一定专业机构或在一定专项领域内根据特殊需要专门形成和使用的文书,相对于通用类文书而言,它具有专用性的特点,如司法类、科技类、财经类、外事类等的文书。司法类文书主要应用于公安机关、人民法院、人民检察院、公证机关以及审计统计机关等专业机构。科技类文书主要有专利申请书、专利说明书、发明申报书、科技建议书、科技考察报告、项目申请书等。经济类文书主要有经济合同、市场调查报告、市场预测报告、可行性分析报告、财经预决算报告、产品说明书、招标书、投标书等。此外,备忘录、照会、声明、国书、接受书、协定、条约等外事类文书也属于专用类文书。

(3)杂用类文书指在工作、生活中各种人际交往事务类文书,例如个人书信、证明信、贺电、日记、演讲稿、计划、总结、祝词、请柬等。

(二)按文书的来源去向划分

(1)收文。收文是指本机关收到的外机关发送来的公文。按来源划分,收文又可分为上级机关来文、下级机关来文、同级机关来文和非隶属机关来文。

(2)发文。由本机关制发的公文统称发文,按发文方向分为对外发文和对内发文。对外发文是发给外机关的公文,对内发文是发给本机关的内部机构的公文。

(三)按行文关系划分

(1)上行文。上行文是指下级机关向其所属的上级领导机关发送的公文,也就是自下而上的行文。例如某机关给上级机关的请示、报告等。

(2)下行文。下行文是指上级领导机关对所属下级机关、单位的一种行文。例如市政府对所属区政府的行文。

(3)平行文。平行文是指平级机关、单位或不相隶属的机关、单位之间的一种行文,其主要文种是函。

(四)按文书种类名称是否法定划分

(1)法定公文。法定公文是指《党政机关公文处理工作条例》中规定的15种公文种类名称的通称。

(2)事务文书。事务公文是指法定公文之外的日常处理公共事务的一般性公文种类名称的统称,如计划、总结、简报、调查报告等。

(五)按阅读范围和机密程度划分

(1)公布的公文。公布的公文是指向人民群众或国内外公开发布的公文,如公告、通告、公报等。这类公文需要广泛宣传,人人周知,可以利用广播、电视、报刊公开发表,也可张贴和口头传达等。

(2)内部公文。内部公文是指只在机关或组织系统内部使用的公文。内部公文按是否保密分为普通公文和保密公文。保密公文按机密程度分为绝密、机密、秘密三个等级。

【知识拓展】

我国古代公文种类

我国奴隶社会和封建社会绵延4000余年,政府公文不仅数量巨大,而且形式也丰富多样。从公文制成的材料看,殷商王朝的卜辞刻在龟甲兽骨上,商周的铭文铸刻在青铜器上,秦汉时使用最多的是竹简和缣帛,东汉以后有了纸张,公文书写材料逐渐用纸张替代,一些特殊的文书还用金、铁制成,如武则天祭嵩山的金简文书,宋、明颁发给勋贵的铁券诰命等。从书写公文的文字看,唐宋以后楷书是公文书写的主要形式,有些公文对文字有特别的要求,如一般用于封赠的公文以篆书书写,用于罢免大臣的公文以隶书书写,有些朝代还规定不得用行书、草书书写国家正式公文。至于公文的种类更是名目繁多,主要有:

典、谟、训、诰、誓、命。它们是保存在《尚书》里的我国上古时期公文名称。典指国家的法典、法规;谟是谋的意思,指规划一类的文书;训是训示、训令;诰是告示、布告;誓是誓言、誓词,相当于后来的檄文;命是常见的命令之类。

制、诏、策(册)、戒、敕、旨、谕。它们是封建皇帝在政务活动中颁发的各种公文的名称。制书是皇帝用于颁布重大制度时所用的文书;诏书多用于对官僚的训示、答复臣僚的上奏、皇帝即位的布告;策书是用于封赠或罢免大臣的命令性文书;戒书是皇帝对臣下进行训诫所用的文书；日常政务活动中所用的命令性文书称敕书，即民间称谓的“圣旨”，明代则称敕谕。

奏、章、表、议。它们是文武百官向皇帝上奏的文书形式。奏是封建时代官僚向皇帝言事的主要公文形式。章多用于庆典时向皇帝致敬，官员就任新职，依例须撰写谢章感恩。同类的公文还有表、笺。议是臣僚向皇帝表达不同意见的文书。

启、移、谘、关、札、状、檄、露布。它们是政府衙署相互往来或个人与官署交往的文书。启是官府往来的书信或下级给上级个人的书信；移是同级衙署互相送达的文书；谘是两个衙署相互商量事情；关是此衙署通知彼衙署有关事情的文书；札是上级官员给属员的文书；状是百姓向官府申诉的文书；檄与露布是指军事行动中讨伐性文告。

我国古代各种不同类型和名称的文书之间有着继承和沿革的关系，文书种类繁多反映了国家政治事务的复杂多样。

资料来源：《语文报·大学人文版》，2009 年第 1 期。

二、文书种类的选用标准

每一类文书中，又有许多种，每一种又都有一个名字，即文书的名称，通常也称文种。行文中，必须注意这些文书种类及名称的正确选用。那么，如何正确选择文书的种类及名称呢？可以根据以下几条标准来选择。

1. 执行公文处理有关规定

该用什么文种不能想当然，要按公文处理的有关规定执行。如按照《党政机关公文处理工作条例》规定，请示和报告是两个文种，应分开行文，就不应用“请示报告”这个文种。“复文”已经不再是公文种类，应停止使用。有些文种，如总结、简报、信息、计划等，没有规定可依，应按照共同的习惯用法为依据，切忌标新立异。

2. 弄清发文的具体目的要求

每份文件都有特定的撰制目的，是为了实现一定的工作意图和工作目标，需要根据不同的行文目的选择不同的文种。如“请示”或者“议案”等文种，虽然它们都是上行文种，但一个是就有关事项请求批准的文种，一个则是请求审议有关事项的文种。根据发文的具体目的和要求不同，我们应该选择不同的文种。比如，请求上级给予指示或批准某项要求时，必须选用“请示”，而不应选择“报告”这个文种，不同的文种揭示了不同的发文目的，不同的行文目的都有相对应的文种。只有选择了正确的、体现了行文目的的文种，才有助于受文者准确地理解公文的意图和主旨，使公文发挥应有的效用。

3. 依据发文机关的职权范围

文种的使用对不同层次的机关有一定的选择性。层级、权限不同的机关，应选用与自己职权范围相适应的文种。有些文种适合中下级机关使用，如请示，报告等；有些文种适合上层领导机关使用，如命令(令)，公告等。例如公告，按照规定是“向国内外宣布重要事项或者法定事项”时才用，一般来说基层单位很难有什么重要事项需要向国内外宣布，但我们在报刊的广告栏里见到的各类公告很多，这显然是文种的误用。

4. 考虑发文机关与收文机关的行文关系

机关制发公文，或是对上行文，或是对下行文，或是平行行文，三种不同的行文反映了不同的行文关系，必须分别在上行文、下行文和平行文对应的文种范围内选择恰当的文种。如，向上级领导汇报工作时应选用“报告”，不能选择“命令”或“通知”，因为“命令”是下行文种，“通知”是下行或平行文种，都不能向上级机关报告工作。对被领导机关行文，针对下级的“请示”给予答复时，应选用“批复”，不能选择“报告”等上行文种，也不能选择“函”这种平行文种。平行或不相隶属的机关之间互相行文商洽事项时，宜用“函”，如果错用“请示”“决定”等上行文种或下行文种，就会打乱正常的行文关系，贻误工作。

5. 兼顾发文机关的工作性质

文种的使用对不同性质的领导机关也有选择性。如党委机关一般不单独使用命令(令)，必要时可与行政机关或军事机关联合使用。行政机关不使用决议，党委机关不使用公告、通告等文种，这都是由机关性质和领导体制决定的。

【范例阅读】

民营公司口气大 错向政府发决定

某民营保险公司的××分公司地处S省××市，因为有公务要向当地市政府请求批准，按照分公司经理办公司会议的决定，由该公司办公室主任起草一份文件报送市政府。办公室主任考虑到本公司是民营企业，与所在市的政府不具有上下级隶属关系，也不是市政府所属部门的下属公司，与市政府之间行文就应该摆脱领导与被领导关系和业务指导关系，于是按照本公司经理办公会议上对某问题决策内容，写了一份《关于××××问题的决定》发给了当地市政府。此事给该分公司造成不良影响，受到公司总经理的严厉批评。

【问题讨论】

公司总经理为什么要对××分公司的这份决定提出严厉批评？

【案例评析】

本案例涉及工作关系中的“统管与被统管关系”以及由此形成的行文关系。

如本案例中××分公司办公室主任的理解一样，有意见认为，当前我国公文的运行环境有变，上下级的区分变得不宜或不易了，对机关之间的隶属关系以及行文关系是否还存在提出了疑问，有的在行文中就出现了行文乱用文种的现象。

如何理解当前公文运行环境中发生的变化呢？一是上下级不是封建专制的“上下尊卑”，而是工作上的分工关系；二是主张摆脱和舍弃行文关系和行文方向的观点，脱离和违背了我国宪法和有关法律的规定。除了原有的领导与被领导、业务领导、平行、不相隶属的工作关系之外，依照我国相关法律规定，当前社会组织之间的行文还应该注意其他关系，如本案例涉及的“政府与民营企业”的关系。政府与属地范围内一般有上级领导机关的国有企业单位的行文和行政机关之间的行文，但民营企业按法律关系不按行政关系行文。本案例中的当地市政府与民营保险公司之间应该按照属地范围内的统管与被统管关系来行文。

所谓统管与被统管关系，指设在地方党委和政府管辖区内的上级机关的派出机构、外地机关、企事业单位的派驻机构、与当地党委政府没有隶属关系的其他机关和企事业单位等与当地党委、政府之间的关系。在党的机关中，有些是中央和其他上级领导机关垂直管理的机构，党组织关系在地方，在党的建设方面，这些机构应该接受地方党委的统一管理。《中华人民共和国地方各级人民代表大会和地方各级人民政府组织法》第六十七条规定：“省、自治区、直辖市、自治州、县、自治县、市、市辖区的人民政府应当协助设立在本行政区域内、不属于自己管理的国家机关、企业、事业单位进行工作，并且监督它们遵守和执行法律和政策。”

按照这一规定，地方政府在向本辖区内不属于自己管理的国家机关、企事业单位发文时，只要符合统管与被统管关系，不论有无隶属关系，收文机关都应该接受发文机关当地政府的管理；当然政府也只能向本辖区内这些机关单位发布限于自己职权范围内活动的公文。如中共××省委办公厅机关的户口、生育、绿化等方面工作属于机关驻地所在的××市××区人民政府的派出机构某街道办事处管理。

至于本案例，按照地方政府组织法，该民营保险公司所在地的市政府与该公司之间，存在统管与被统管关系，所以在政府职权范围内该保险公司只能向市政府行上行文请求管理与监督。而“决定”一般适用于“对重要事项或重大行动做出安排”的重要的下行文中，该分公司办文人员错把“决定”发给当地政府，难怪会受到公司总经理的严厉批评。

资料来源：杨戎主编，《公文处理案例精选》(案例3—5)，四川人民出版社2010年版。

互动问题：

1. 怎样根据机关和机关之间的关系来行文？
2. 怎样理解民营公司与当地政府的行文关系？

第二节　公文种类

公文的种类很多，不同种类的公文，其性能、作用和适用范围都不相同。本节主要讲述《党政机关公文处理工作条例》中的公文种类。

一、公文种类

（一）决议

决议是指党政机关就重要事项，经会议讨论通过其决策，并要求进行贯彻执行的重要指导性公文。

决议适用于“会议讨论通过的重大决策事项”，一般分为公布性决议、批准性决议和阐述性决议三种类型。公布性决议是为公布某种法规、提案而写作的决议。批准性决议是为肯定或否定某种议案的文件。阐述性决议是对某些重大结论的具体内容加以展开阐述的文件。

【范例阅读】

第十二届全国人民代表大会第一次会议关于政府工作报告的决议

（2013年3月17日第十二届全国人民代表大会第一次会议通过）

第十二届全国人民代表大会第一次会议听取和审议了国务院总理温家宝所作的政府工作报告。会议高度评价过去五年我国改革开放和社会主义现代化建设取得的巨大成就，充分肯定国务院过去五年的工作，同意报告提出的今年经济社会发展的总体要求和目标任务。会议认为，报告对今年政府工作的建议，充分体现了党的十八大精神，是切实可行的。会议决定批准这个报告。

会议号召，全国各族人民紧密团结在以习近平同志为总书记的党中央周围，全面贯彻落实党的十八大精神，高举中国特色社会主义伟大旗帜，以邓小平理论、“三个代表”重要思想、科学发展观为指导，紧紧围绕主题主线，稳中求进，开拓创新，埋头苦干，扎实开局，全面推进社会主义经济建设、政治建设、文化建设、社会建设、生态文明建设，实现经济持续健康发展和社会和谐稳定，为全面建成小康社会、实现中华民族的伟大复兴而努力奋斗！

资料来源：《全国人大常委会公报》2013 年第 2 期。

（二）决定

决定是一种具有决策、指挥性质的公文，既可以经会议讨论通过，也可以由领导机关根据职权或有关规定做出。

决定适用于“对重要事项做出决策和部署、奖惩有关单位和人员、变更或者撤销下级机关不适当的决定事项”，可以分为三种：一是安排性决定，适用于对重要事项做出决策和部署；二是奖惩性决定，适用于奖惩有关单位和人员；三是变更性决定，适用于变更或者撤销下级机关不适当的决定事项。

【范例阅读】

国务院关于 2012 年度国家科学技术奖励的决定

国发〔2013〕3 号

各省、自治区、直辖市人民政府，国务院各部委、各直属机构：

为深入贯彻党的十八大和全国科技创新大会精神，大力实施科教兴国战略和人才强国战略，国务院决定，对为我国科学技术进步、经济社会发展、国防现代化建设做出突出贡献的科学技术人员和组织给予奖励。

根据《国家科学技术奖励条例》的规定，经国家科学技术奖励评审委员会评审、国家科学技术奖励委员会审定和科技部审核，国务院批准并报请国家主席胡锦涛签署，授予郑哲敏院士、王小谟院士 2012 年度国家最高科学技术奖；国务院批准，授予“水稻复杂数量性状的分子遗传调控机理”等 41 项成果国家自然科学奖二等奖，授予“飞机钛合金大型复杂整体构件激光成形技术”等 3 项成果国家技术发明奖一等奖，授予“修复周围神经缺损的新技术及其应用”等 74 项成果国家技术发明奖二等奖，授予“嫦娥二号工程”等 3 项成果国家科学技术进步奖特等奖，授予“盾构装备自主设计制造关键技术及产业化”等 22 项成果国家科学技术进步奖一等奖，授予“特色热带作物种质资源收集评价与创新利用”等 187 项成果国家科学技术进步奖二等奖，授予美国化学家理查德·杰尔等 5 名外国专家中华人民共和国国际科学技术合作奖。

全国科学技术工作者要向郑哲敏院士、王小谟院士及全体获奖者学习，自觉弘扬求真务实、勇于创新的科学精神，坚定不移走中国特色自主创新道路，为实现创新驱动发展、全面建成小康社会和中华民族伟大复兴做出新的更大贡献。

国务院

2013 年 1 月 8 日

资料来源：《中华人民共和国国务院公报》2013 年第 3 号。

（三）命令（令）

命令（令）是党政机关及其领导人依照宪法和有关法律规定发布的具有权威性、指挥性和强制性的公文。

命令（令）适用于“公布行政法规和规章、宣布施行重大强制性措施、批准授予和晋升衔级、嘉奖有关单位和人员”。根据内容和用途的不同，命令（令）可以分为：公布令、行政令、批准令、嘉奖令等。公布令用于国家领导机关和有关部门公布行政法规和规章；行政令用于宣布施行重大强制性措施；批准令用于批准授予和晋升衔级；嘉奖令用于嘉奖有关单位和人员。

【范例阅读】

中华人民共和国国务院令

第 641 号

《城镇排水与污水处理条例》已经 2013 年 9 月 18 日国务院第 24 次常务会议通过，现予公布，自 2014 年 1 月 1 日起施行。

总理　李克强

2013 年 10 月 2 日

城镇排水与污水处理条例（略）

资料来源：《中华人民共和国国务院公报》2013 年第 30 号。

（四）公报

公报是党政机关和人民团体公开发布重要决定或者重大事项的报道性公文，是党和国家经常使用的一种重要文种。

公报适用于“公布重要决定或者重大事项”，一般分为会议公报、事项公报和联合公报三类。会议公报是用以报道重要会议或会谈的决定和情报的公报。事项公报一般用于高层党政机关和部门公布重要决定和重大事项。联合公报则是一种具有特殊用途的公报，主要用以发布国家之间、政党之间、团体之间经过会议达成的某种协议，如《中俄联合公报》。

【范例阅读】

新华社北京 9 月 21 日电

中华人民共和国和所罗门群岛关于建立外交关系的联合公报

中华人民共和国和所罗门群岛，根据两国人民的利益和愿望，兹决定自公报签署之日起相互承认并建立大使级外交关系。

两国政府同意在互相尊重主权和领土完整、互不侵犯、互不干涉内政、平等互利、和平共处的原则基础上发展两国友好关系。

所罗门群岛政府承认世界上只有一个中国，中华人民共和国政府是代表全中国的唯一合法政府，台湾是中国领土不可分割的一部分。所罗门群岛政府即日断绝同台湾的“外交关系”，并承诺不再同台湾发生任何官方关系，不进行任何官方往来。中华人民共和国政府对所罗门群岛政府的上述立场表示赞赏。

中华人民共和国政府和所罗门群岛政府商定，将根据1961年《维也纳外交关系公约》规定和国际惯例，尽早互派大使，并在对等基础上在各自首都为对方设立使馆和履行职务提供一切必要的协助。

双方签署代表受各自政府授权，于二〇一九年九月二十一日在北京签署公报中、英文本一式两份，两种文本同等作准。

中华人民共和国政府	所罗门群岛政府
代表	代表
王毅	杰里迈亚·马内莱

资料来源：新华网 http://www.xinhuanet.com/world/2019-09/21/c_1125023423.htm。

（五）公告

公告适用于“向国内外宣布重要事项或者法定事项”。其包含两方面的内容：一是向国内外宣布重要事项，公布依据政策、法令采取的重大行动等；二是向国内外宣布法定事项，公布依据法律规定告知国内外的有关重要规定和重大行动等。

【范例阅读】

中华人民共和国环境保护部

公　告

2013年第61号

根据《国家环境与健康行动计划》(2007—2015)，为界定我国公民环境与健康素养基本内容，普及现阶段公民应具备的环境与健康基本理念、知识和技能，促进社会共同推进国家环境与健康工作，我部委托中国环境科学学会，组织有关专家编制了《中国公民环境与健康素养(试行)》，现予发布。

特此公告。

环境保护部

2013年9月29日

《中国公民环境与健康素养(试行)》(略)

资料来源：《中华人民共和国国务院公报》2013年第34号。

互动问题：为什么发布《城镇排水与污水处理条例》用“令”(国务院令第641号)而发布《中国公民环境与健康素养(试行)》用“公告”？

（六）通告

通告适用于“在一定范围内公布应当遵守或者周知的事项”。通告的使用范围比较宽泛，各级政府及其职能部门、各企事业单位与社会团体都可以使用。

通告有两种：一种是执行性通告，主要是对某些事项做出行政性规定或法定性限制并要求一定范围内的组织和人员遵守执行；一种是告知性通告，主要公布需要有关组织和人员周知的事项。

【范例阅读】

关于庆祝中华人民共和国成立六十四周年向人民英雄纪念碑敬献花篮仪式交通管制的通告

为庆祝中华人民共和国成立六十四周年，中央定于2013年10月1日10时，在天安门广场举行向人民英雄纪念碑敬献花篮仪式。为确保仪式安全顺利进行，根据《中华人民共和国道路交通安全法》的有关规定，活动期间将对天安门广场及周边地区实施临时交通管制。通告如下：

一、10月1日7时30分开始至活动结束，天安门广场东、西侧路，人民大会堂南侧路，东交民巷正义路路口（不含）至新大陆西口，人民大会堂西侧路与西交民巷交叉口（不含）至西交民巷东口，天安门金水桥以北，故宫端门北墙一线以南区域，除持有纪念活动证件的车辆和人员外，禁止其他车辆和行人通行。

东交民巷、西交民巷管制区域内居民和单位所属车辆，可凭有效证件出入。

长安街南长街南口（不含）至南池子大街南口（不含）双方向，禁止行人通行。

长安街南长街南口（不含）至南河沿大街南口（不含）双方向，机动车禁止上、下乘客，公共汽车甩站通过。

长安街双方向公共汽车天安门西站甩站通过；地铁一号线天安门东、西站，地铁二号线前门站甩站通过。

行经天安门广场东、西侧路的公共汽车绕行北新华街、正义路大街、台基厂大街。

二、10月1日9时40分至活动结束，长安街南长街南口（不含）至南池子大街南口（不含）双方向，禁止非机动车通行。

三、10月1日9时50分至10时15分，长安街南长街南口（不含）至南池子大街南口（不含）双方向，禁止车辆和行人通行。

四、活动期间，天安门广场、毛主席纪念堂、人民大会堂、国家博物馆、天安门城楼、端门城楼、正阳门及广场周边商业网点停止对外开放和营业。

前往中山公园、劳动人民文化宫参观游览的游人，可由中山公园西门、东北门，劳动人民文化宫东门、西北门出入。

五、上述路段恢复社会交通的时间，由公安交通管理部门根据活动情况决定。请沿线单位和市民提前安排好绕行路线，以免影响出行。

请社会单位和广大群众给予理解和支持，自觉遵照执行。

特此通告。

北京市公安局

2013年9月27日

资料来源：《北京市公安局通告》2013年第11号，http://www.bjjtgl.gov.cn/publish/portal0/tab91/info49557.htm。

【提醒您】

公告与通告的区别

公告和通告都是公布周知性事项的文种,但二者有很大区别,其区别是:

第一,发布性质不同。

通告发布后具有告知性但也有执行性;而公告主要体现告知性,没有执行性。

第二,告知事项的范围不同。

公告的告知范围大,面向“国内外”。通告的告知范围较公告小,“在一定范围内”使用。

第三,发布机关级别不同。

公告庄重、严肃,宣布事项重大,一般由级别较高的领导机关或授权的专门职能机关发布,如中华人民共和国全国人民代表大会、国务院和新华社授权等;通告宣布事项可大可小,一般机关均能发布,例如某个行政机关、某个职能部门、某条道路的施工单位、某条供电线路的管理部门等。

(七)意见

意见是党政机关经常使用的一种表明见解和对重要问题提出处理办法的带有指示性和执行性的公文。

意见适用于“对重要问题提出见解和处理办法”。按照适用范围和内容,意见可以分为表态性意见、提出处理办法的意见和建设性意见三类。表态性意见是对重要问题表明态度,提出见解要求;提出处理办法的意见是对重要问题提出具体处理办法,要求下级机关知晓并贯彻执行。建设性意见主要是下级机关提出某方面工作的建议或意见,向上级献计献策以供上级决策参考。

【范例阅读】

国务院办公厅关于应对新冠肺炎疫情影响
强化稳就业举措的实施意见

国办发〔2020〕6号

各省、自治区、直辖市人民政府,国务院各部委、各直属机构:

为深入贯彻习近平总书记关于统筹推进新冠肺炎疫情防控和经济社会发展工作的重要指示精神,加快恢复和稳定就业,经国务院同意,现提出如下意见:

一、更好实施就业优先政策

(一)推动企业复工复产。坚持分区分级精准防控,提高复工复产服务便利度,取消不合理审批,坚决纠正限制劳动者返岗的不合理规定。加快重大工程项目、出口重点企业开复工,以制造业、建筑业、物流业、公共服务业和农业生产等为突破口,全力以赴推动重点行业和低风险地区就业,循序渐进带动其他行业和地区就业。协调解决复工复产企业日常防护物资需求,督促其落实工作场所、食堂宿舍等防控措施。(发展改革委、工业和信息化部、交

通运输部、卫生健康委按职责分工负责）

（二）加大减负稳岗力度。加快实施阶段性、有针对性的减税降费政策。加大失业保险稳岗返还，对不裁员或少裁员的中小微企业，返还标准最高可提至企业及其职工上年度缴纳失业保险费的100%，湖北省可放宽到所有企业；对暂时生产经营困难且恢复有望、坚持不裁员或少裁员的参保企业，适当放宽其稳岗返还政策认定标准，重点向受疫情影响企业倾斜，返还标准可按不超过6个月的当地月人均失业保险金和参保职工人数确定，或按不超过3个月的企业及其职工应缴纳社会保险费确定。2020年6月底前，允许工程建设项目暂缓缴存农民工工资保证金，支付记录良好的企业可免缴。切实落实企业吸纳重点群体就业的定额税收减免、担保贷款及贴息、就业补贴等政策。加快实施阶段性减免、缓缴社会保险费政策，减免期间企业吸纳就业困难人员的社会保险补贴期限可顺延。（财政部、人力资源社会保障部、住房城乡建设部、交通运输部、水利部、人民银行、税务总局按职责分工负责）

（三）提升投资和产业带动就业能力。实施重大产业就业影响评估，明确重要产业规划带动就业目标，优先投资就业带动能力强、有利于农村劳动力就地就近就业和高校毕业生就业的产业。加快制定和完善引导相关产业向中西部地区转移的政策措施。对部分带动就业能力强、环境影响可控的项目，制定环评审批正面清单，加大环评"放管服"改革力度，审慎采取查封扣押、限产停产等措施。（发展改革委、人力资源社会保障部、生态环境部、商务部按职责分工负责）

（四）优化自主创业环境。深化"证照分离"改革，推进"照后减证"和简化审批，简化住所（经营场所）登记手续，申请人提交场所合法使用证明即可登记。充分发挥创业投资促进"双创"和增加就业的独特作用，对带动就业能力强的创业投资企业予以引导基金扶持、政府项目对接等政策支持。加大创业担保贷款支持力度，扩大政策覆盖范围，优先支持受疫情影响的重点群体，对优质创业项目免除反担保要求。政府投资开发的孵化基地等创业载体应安排一定比例场地，免费向高校毕业生、农民工等重点群体提供。各类城市创优评先项目应将带动就业能力强的"小店经济"、步行街发展状况作为重要条件。（发展改革委、工业和信息化部、财政部、人力资源社会保障部、商务部、人民银行、市场监管总局、银保监会、全国妇联按职责分工负责）

（五）支持多渠道灵活就业。合理设定无固定经营场所摊贩管理模式，预留自由市场、摊点群等经营网点。支持劳动者依托平台就业，平台就业人员购置生产经营必需工具的，可申请创业担保贷款及贴息；引导平台企业放宽入驻条件、降低管理服务费，与平台就业人员就劳动报酬、工作时间、劳动保护等建立制度化、常态化沟通协调机制。取消灵活就业人员参加企业职工基本养老保险的省内城乡户籍限制，对就业困难人员、离校2年内未就业高校毕业生灵活就业后缴纳社会保险费的，按规定给予一定的社会保险补贴。（财政部、人力资源社会保障部、自然资源部、人民银行、市场监管总局按职责分工负责）

二、引导农民工安全有序转移就业

（六）引导有序外出就业。强化重点企业用工调度保障、农民工"点对点、一站式"返岗复工服务，推广健康信息互认等机制，提升对成规模集中返岗劳动者的输送保障能力。引导劳动者有序求职就业，及时收集发布用工信息，加强输出地和输入地信息对接，鼓励低风险地区农民工尽快返岗复工。对组织集中返岗、劳务输出涉及的交通运输、卫生防疫等给予支持。对人力资源服务机构、劳务经纪人开展跨区域有组织劳务输出的，给予就业创业服务补助。（公安部、财政部、人力资源社会保障部、交通运输部、卫生健康委按职责分工负责）

（七）支持就地就近就业。抓好春季农业生产，大力发展新型农业经营主体，组织暂时无法外出的农民工投入春耕备耕，从事特色养殖、精深加工、生态旅游等行业。在县城和中心镇建设一批城镇基础设施、公共服务设施，加强农业基础设施建设，实施农村人居环境改善工程，开展以工代赈工程建设，优先吸纳农村贫困劳动力和低收入群体就业。（发展改革委、人力资源社会保障部、交通运输部、农业农村部、卫生健康委按职责分工负责）

（八）优先支持贫困劳动力就业。企业复工复产、重大项目开工、物流体系建设等优先组织和使用贫困劳动力，鼓励企业更多招用贫困劳动力。支持扶贫龙头企业、扶贫车间尽快复工。利用公益性岗位提供更多就地就近就业机会，优先对贫困劳动力托底安置。加大对“三区三州”等深度贫困地区、52个未摘帽贫困县、易地扶贫搬迁大型安置区的支持力度。对吸纳贫困劳动力就业规模大的，各地可通过财政专项扶贫资金给予一次性奖励。（发展改革委、财政部、人力资源社会保障部、农业农村部、扶贫办按职责分工负责）

三、拓宽高校毕业生就业渠道

……

四、加强困难人员兜底保障

……

五、完善职业培训和就业服务

……

六、压实就业工作责任

……

上述新增补贴政策，受理截止期限为2020年12月31日。各地区各有关部门要抓紧政策实施，发挥政策最大效应，工作中遇到的重要情况和重大问题及时报告国务院。

国务院办公厅
2020年3月18日

（此件公开发布）

资料来源：中华人民共和国中央人民政府网站 http://www.gov.cn/zhengce/content/2020—03/20/content_5493574.htm。

（八）通知

在各种法定公文中，通知的适用范围最广，适用于“发布、传达要求下级机关执行和有关单位周知或者执行的事项，批转、转发公文”。

从通知所反映的内容来看，通知可以分为周知类通知、执行类通知、批转类通知、转发类通知四类。周知类通知主要用于发布、传达要求下级机关或有关单位周知的事项；执行类通知主要用于发布、传达要求下级机关或有关单位执行的事项；批转类通知用于上级机关批转下级机关公文，体现的是领导与被领导关系；转发类通知用于转发上级机关、同级机关和不相隶属机关的公文，主要体现的是非隶属关系。

【知识拓展】

多层转发标题难 四招方法繁化简

材料1 ××县人民政府关于转发《××市人民政府关于转发〈××省人民政府关于做

好防汛工作的通知〉的通知》的通知

材料 2 ××市人民政府关于转发《××省人民政府关于转发〈人事部关于为××同志恢复名誉后享受××级待遇的通知〉的通知》

材料 3 ××市人民政府关于转发××省人民政府关于转发××省人民政府关于转发××部《关于汉族地区佛教道教寺观管理试行办法》的通知的通知

转发(批转)性公文,采用“通知”文种。这类公文正文简单,可以采用模板化写作,但其标题的写作相对比较复杂。因其是复式结构,如机械套用一般公文标题“发文机关+事由+文种”的基本格式,往往出现如材料中两个乃至更多标题重叠的情况,造成“关于”“转发”“通知”的重复使用,烦琐冗长,不知所云。要使多层转发(批转)性公文标题化繁为简,可采用以下方法:

(一)简化

当转发层次较多时,可以省略中间环节,直接转发(批转)原公文,压缩介词“关于”和重叠文中,将删除后也不会影响题意的赘词或标点符号删去。

如材料 1 可简化为:××县人民政府转发《××省人民政府关于做好防汛工作的通知》的通知。

材料 2 简化为:××市人民政府转发《人事部关于为××同志恢复名誉后享受×级待遇的通知》的通知。

(二)合并

将多个被转发机关、被转发公文标题合并,因为在公文正文和附件中可以完整体现被省略的部分。

如:××××总公司印发《关于××项目管理的五个规定的通知》《××市人民政府办公室转发市××局等六单位关于××××的意见》的通知。

国务院办公厅转发人事部财政部《关于调整机关、事业单位工作人员工资标准和增加离退休人员离退休费三个实施方案》的通知。

(三)重拟

中华人民共和国成立之初,我国公文格式只有“事由”没有标题。近几年,一些地方政府在某公文处理实施细则中已有明文规定:“转发上级机关的公文,如其标题过长,可按事由摘要转发”。只标明事由的标题在海外公文中也十分流行。

所以材料 3 的标题可重拟为:××市人民政府《关于贯彻执行汉族地区佛教道教寺观管理有关文件的通知》。

(四)直接翻印下发

按照《办法》第四十六条规定,上级机关的公文,除绝密级和注明不准翻印的以外,下一级机关经负责人或办公厅(室)主任批准,可以翻印。翻印时,应当注明翻印的机关、日期、份数和印发范围。

资料来源:杨戎主编,《公文处理案例精选》(案例 4—8),四川人民出版社 2010 年版,略有改动。

(九)通报

通报是具有表彰、劝诫、指导和沟通重要信息作用的公文。

通报适用于“表彰先进、批评错误、传达重要精神和告知重要情况”。通报主要有表彰通报、批评通报和情况通报三种类型。表彰通报主要用于通报先进典型和先进经验,以便树立榜样，推广经验；批评通报主要用于通报事故或反面典型，引起有关单位或部门的重视，起到警戒和教育作用；情况通报主要是反映情况，通报信息，用于传达上级重要精神与重要情况，对当前的工作起到指导作用。

【案例阅读】

国务院关于表扬全国“两基”工作先进地区的通报

国发〔2012〕47号

各省、自治区、直辖市人民政府，国务院各部委、各直属机构：

在党中央、国务院正确领导下，经过各地区、各部门和全国人民的共同努力，2011年我国全面实现九年义务教育，青壮年文盲率下降到1.08%。这是我国教育改革发展的重大成就。在实施“两基”（基本普及九年义务教育、基本扫除青壮年文盲）巩固提高和“两基”攻坚过程中，各地党委政府认真贯彻落实教育法律法规和方针政策，坚持教育优先发展，突出“两基”重中之重地位，加强组织领导，广泛宣传动员，上下一心，扎实工作，许多地区做出了显著成绩，创造了丰富经验。为表扬先进，激励和动员全社会进一步重视、关心、支持教育事业，推动义务教育工作迈上新的台阶，国务院决定，对北京市顺义区等80个“两基”工作先进地区予以通报表扬。

希望受到表扬的先进地区再接再厉，开拓进取，改革创新，把本地区的义务教育提升到一个新水平，开创教育改革发展新局面。各地区要向受到表扬的先进地区学习，坚持以科学发展观统领教育事业全局，坚持把义务教育摆在重中之重的位置，深入贯彻落实《国家中长期教育改革和发展规划纲要（2010—2020年）》，努力办好人民满意的教育，推动教育事业在新的历史起点上科学发展，为全面建设小康社会和中华民族伟大复兴做出新的更大贡献。

附件：全国“两基”工作先进地区名单

国　务　院

2012年9月5日

资料来源：《中华人民共和国国务院公报》2012年第26号。

（十）报告

报告是下级机关向上级机关或业务主管机关汇报工作、反映情况、事项或问题，回复上级机关或业务主管机关的询问及要求时使用的一种公文。

报告适用于“向上级机关汇报工作、反映情况，回复上级机关的询问”，一般可以分为工作报告、情况报告和回复报告。工作报告是指将本机关一个时期的工作情况向上级机关汇报；情况报告是指本机关将工作中出现的有关情况或问题反映给上级领导的报告；回复报告主要是针对上级机关对有关问题的询问或交办的事项进行回复的报告。

【案例阅读】

全国人民代表大会法律委员会关于
《中华人民共和国旅游法(草案三次审议稿)》修改意见的报告

——2013年4月25日在第十二届全国人民代表大会常务委员会第二次会议上

全国人民代表大会常务委员会：

本次常委会会议于4月23日下午对旅游法(草案三次审议稿)进行了分组审议。现将主要修改情况汇报如下：

一、有些常委会组成人员提出，发展旅游业要特别注重保护环境和生态，建议在相关条款中进一步体现这一要求。法律委员会赞同上述意见，建议在有关条款中增加相应规定。

二、根据有的常委委员的意见，法律委员会建议在草案三次审议稿第十二条中增加一款，规定："旅游者人身、财产受到侵害的，有依法获得赔偿的权利。"

三、有的常委会组成人员提出，草案三次审议稿规定了政府和有关机构对旅游者的安全保障责任，是必要的；同时也要明确旅游者应承担的安全义务。据此，法律委员会建议在草案三次审议稿第十五条中增加一款，规定：旅游者违反安全警示等规定，依法承担相应责任。

四、一些常委委员提出，草案中规定了一些行政许可事项，应按照转变政府职能的要求进行梳理。法律委员会赞同这一意见，建议对草案三次审议稿中有关旅行社业务经营许可、导游执业资格许可、导游和领队的在职培训等制度做必要调整。

五、草案三次审议稿第四十三条对利用公共资源建设的景区不得通过增加另行收费项目等方式变相涨价做了规定。有的常委委员提出，旅游景区无论增加收费项目还是提高价格，都应进行听证。有的常委委员提出，有些景区将多个景点捆绑收费，实行一票制，不给游客选择权，变相涨价，对此也应做出限制。法律委员会经研究，建议将本条第一款中"拟提高价格的，应当举行听证会"的规定，修改为"拟收费或者提高价格的，应当举行听证会"；同时在草案三次审议稿第四十四条中增加一款，规定："将不同景区的门票或者同一景区内不同游览场所的门票合并出售的，合并后的价格不得高于各单项门票的价格之和，且旅游者有权选择购买其中的单项票。"

此外，根据常委会组成人员的审议意见，还对草案三次审议稿做了一些文字修改。

草案建议表决稿已按上述意见做了修改，法律委员会建议本次常委会会议通过。

草案建议表决稿和以上报告是否妥当，请审议。

资料来源：《全国人大常委会公报》2013年第3期。

(十一)请示

请示是下级组织要求上级组织对某一事项或有关问题给予指示或批准的上行文。

请示适用于"向上级机关请求指示、批准"。使用请示应当慎重，凡属本机关职权范围内可以解决的问题或上级机关以往政策中明确的问题都不在请示之列。请示可以分为求示性请示和求批性请示两种。求示性请示是请求上级机关对请示问题给予政策、认识上的指示的请示；求批性请示是请求上级机关对请求事项给予批准、认可的请示。

【案例阅读】

国家林业局关于2013年会议计划的请示

林办字〔2012〕57号

国务院：

根据《国务院关于进一步精简会议和文件的通知》(国发〔2000〕30号)、《国务院办公厅关于精简会议文件改进会风文风的意见》(国务院公报〔2008〕第5号)、《国务院机关事务管理局、财政部关于印发〈中央国家机关会议费管理办法〉的通知》(国管财〔2006〕426号)和《关于调整中央国家机关会议费开支标准的通知》(国管财〔2008〕331号)要求,现将我局拟召开的全国性林业会议计划报上,请予以审批。

一、会议名称:2013年全国林业厅局长会议。

二、会议时间:2012年12月底。

三、会议地点:北京市。

四、会议任务:深入贯彻党的十八大以及中央经济、农村、林业工作会议精神,认真总结2012年林业工作,安排部署2013年林业工作。

五、参会人员:各省、自治区、直辖市林业厅(局)长,内蒙古、吉林、黑龙江、大兴安岭森工(林业)集团公司总经理,新疆生产建设兵团林业局长,各计划单列市林业局长,国家林业局领导、各司局和各直属单位主要负责人,中央和国家机关有关部门的同志等。

六、经费安排:会议人数控制在200人左右,工作人员40人,会期2天,按照国管财〔2008〕331号文件规定的每人每天500元综合定额标准执行,经费预算24万元。所需经费从我局2013年部门预算(2130201)"行政运行"经费中统筹安排。

特此请示。

国家林业局

2012年11月30日

资料来源:中国林业网,信息公开,http://www.forestry.gov.cn/portal/main/govfile/13/govfile_1974.htm。

互动问题:根据上述范例内容,你能代国务院拟写出批复吗?

【小技巧】

哪些问题需要请示

工作中遇到以下问题可以向上级请示:

第一,工作中出现无章可循、难以处理的重大问题。

第二,需要上级批准的问题。

第三,对有关方针、政策、法令不甚了解,有待上级明确指示才能办理的问题。

第四,因本单位情况特殊,难以执行统一规定,需要变通处理的问题。

第五,其他本机关职权范围内不能处理的有关问题。

【提醒您】

拟写请示的注意事项

拟写请示时应该注意以下事项：

第一，拟写请示首先要注意与报告相区别。“请示”和“报告”是两个不同的文种，具有不同的作用，尤其注意二者不能连用，写成“请示报告”是错误的。

第二，拟写请示应当遵守“一文一事”原则。每份请示只能提出一个请示事项，非请示性公文中不得夹带请示事项。

第三，请示应当主送一个机关，并逐级请示。请示一般按照隶属关系逐级请示，主送一个机关，不可直接呈送领导个人，不得越级请示。

第四，请示事项应真实具体，语气应平实恳切。拟写请示时，不能为了让上级批准而虚构情况；对需要上级审批的事项应该进行具体明确的说明。请示时，语气应平实温和，恳切谦恭，既不能出言生硬，也不要低声下气。

（十二）批复

批复即审批答复，适用于“答复下级机关请示事项”。批复针对下级机关单位报送的请示，就其中的问题表明意见，答复提出请示的机关。

批复是适用性最为单一的一种公文，它只与请示相对应，也就是说，没有请示就没有批复。批复针对下级机关的请示事项行文，分为指示性批复和审批性批复两种。指示性批复是针对下级机关要求给予政策、认识上的指示的批复；审批性批复是针对下级机关要求给予批准、认可的事项的批复。

【范例阅读】

国务院关于同意将山东省青州市列为国家历史文化名城的批复

国函〔2013〕120 号

山东省人民政府：

你省《关于申请将青州市列为国家历史文化名城的请示》（鲁政呈〔2012〕30 号）收悉。现批复如下：

一、同意将青州市列为国家历史文化名城。青州市历史悠久，遗存丰富，文化底蕴深厚，名胜古迹众多，街区特色鲜明，城区传统格局和风貌保存完好，具有重要的历史文化价值。

二、你省及青州市人民政府要根据本批复精神，按照《历史文化名城名镇名村保护条例》的要求，正确处理城市建设与保护历史文化遗产的关系，深入研究发掘历史文化遗产的内涵与价值，明确保护的原则和重点。编制好历史文化名城保护规划，并将其纳入城市总体规划，划定历史文化街区、文物保护单位、历史建筑的保护范围及建设控制地带，制定严格的保护措施。在历史文化名城保护规划的指导下，编制好重要保护地段的详细规划。在规划和建设中，要重视保护城市格局，注重城区环境整治和历史建筑修缮，不得进行任何与名城环境和风貌不相协调的建设活动。

三、你省和住房城乡建设部、国家文物局要加强对青州市国家历史文化名城规划、保护工作的指导、监督和检查。

国　务　院

2013 年 11 月 18 日

资料来源:《中华人民共和国国务院公报》2013 年第 34 号。

互动问题:根据上述范例内容,请拟写出山东省人民政府《关于申请将青州市列为国家历史文化名城的请示》。

(十三)议案

议案是由具有法定提案权的国家机关、会议常设或临时设立的机构和组织,以及一定数量的个人,向权力机构提出进行审议并做出决定的议事原案。

党政机关公文中的议案主要解决政府与同级人大之间的行文问题,适用于“各级人民政府按照法律程序向同级人民代表大会或者人民代表大会常务委员会提请审议事项”。各级人民政府的议案就内容而言,主要有五种,即立法案、预决算案、人事任免案、罢免案和重要事项决定案。

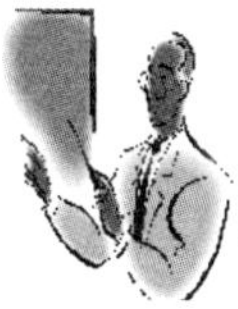

【范例阅读】

国务院关于提请审议国务院机构改革方案的议案

全国人民代表大会:

中国共产党第十七次全国代表大会明确提出,要加快行政管理体制改革,抓紧制定行政管理体制改革总体方案。根据党中央的部署,经过认真调研,广泛听取意见,反复研究论证,形成了《关于深化行政管理体制改革的意见》和《国务院机构改革方案(草案)》,并先后经国务院常务会议、中央政治局常务委员会会议、中央政治局会议讨论和修改。党的十七届二中全会审议通过了这两个文件。现将《国务院机构改革方案》提请第十一届全国人民代表大会第一次会议审议。

国务院总理　温家宝

2008 年 3 月 4 日

资料来源:财经网,2008 年两会专题,议案提案,http://www.caijing.com.cn/2008-03-14/100052446.html。

【资讯浏览】

十二届全国人大一次会议代表提出议案截止时间为 3 月 11 日 12 时

新华网北京 3 月 4 日电。4 日上午召开的十二届全国人大一次会议主席团第一次会议决定,代表提出议案的截止时间为 3 月 11 日 12 时。

全国人大代表依法向全国人民代表大会提出议案,是反映人民意愿、行使代表职权的重要途径。根据全国人民代表大会组织法和全国人大议事规则的规定,一个代表团或者 30 名以上的代表联名，可以向全国人大提出属于全国人大职权范围内的议案。

据统计，十一届全国人大一次会议至五次会议，十一届全国人大代表共提出议案 2 000 多件。这些议案针对性、可操作性较强，内容涉及经济建设、政治建设、文化建设、社会建设、生态文明建设各个领域。

据了解，在十二届全国人大一次会议上准备提出议案的全国人大代表，在大会召开前就做了充分准备，他们深入实际、深入基层、深入群众进行调查研究，认真起草议案。

根据全国人大组织法和全国人大议事规则的规定，代表提出的议案经全国人大各有关专门委员会审议后，将分别向全国人大常委会提出审议结果的报告。

资料来源：新华网，2013 年全国“两会”专题，http://news. xinhuanet. com/2013lh/2013—03/04/c_114883398. htm。

（十四）函

函是各级各类党政机关、企事业单位、人民团体都可以使用的公文，适用于“不相隶属机关之间商洽工作、询问和答复问题、请求批准和答复审批事项”。

函是一种反映平行关系的书信性质的公文，根据内容和适用范围，可以分为商洽函、询问函、答复函、请准函、委托函等。

【范例阅读】

国务院办公厅关于同意建立
宁夏内陆开放型经济试验区建设部际联席会议制度的函

国办函〔2013〕89 号

发展改革委：

你委《关于建立宁夏内陆开放型经济试验区建设部际联席会议制度的请示》（发改西部〔2013〕1552 号）收悉。经国务院同意，现函复如下：

国务院同意建立由发展改革委牵头的宁夏内陆开放型经济试验区建设部际联席会议制度。联席会议不刻制印章，不正式行文，请按照国务院有关文件精神，认真组织开展工作。

附件：宁夏内陆开放型经济试验区建设部际联席会议制度

国务院办公厅

2013 年 9 月 8 日

资料来源：《中华人民共和国国务院公报》2013 年第 27 号。

互动问题：根据上述范例内容，试比较答复函与批复的异同。

（十五）纪要

纪要的意思是记录要点的文字。作为一种公文，纪要适用于“记载会议主要情况和议定事项”，可分为会议情况纪要和议定事项纪要两种。

纪要一般根据会议记录、会议材料等会议文件提炼整理而成，既可以作为上行文报告会议精神，也可以作为下行文指导工作，还可以作为平行文与不相隶属的机关进行沟通联系。

【范例阅读】

湖南省安全生产委员会办公室会议纪要

（湘安办阅〔2018〕第5号）

2018年7月3日，省安委办主任、省安监局党组书记、局长李大剑主持召开湖南煤矿安全监管监察联席会议，会议听取了湖南煤监局关于今年上半年煤矿安全监察执法、煤矿安全生产许可和省煤炭管理局关于煤矿关闭退出方面的情况汇报，研究议定了煤矿关闭工作中的相关具体问题。省煤炭管理局、湖南煤监局主要负责人、分管负责人和相关业务处室负责人，省国土资源厅相关业务处室负责人参加会议。现纪要如下：

一、实现"大目标"，要坚定不移。按照我省化解过剩产能实现脱困发展工作实施方案要求，2018年全省关闭煤矿名单已基本确定，全省煤矿控制在200处以内的总体"大目标"可望实现，我省"十三五"煤炭去产能目标任务将提前两年完成。成绩来之不易，这是贯彻新发展理念和中央煤炭去产能重大决策的结果，是省委省政府高度重视、坚强领导的结果，是各有关部门精心组织、齐抓共管的结果，是产煤地区党委政府攻坚克难、狠抓落实的结果。但同时也要看到煤矿关闭工作的复杂性、艰巨性，还存在很多矛盾和困难，面临很大风险和压力，特别是已列入关闭名单的煤矿在正式关闭前安全风险加剧。下一步必须坚定信心，进一步把煤矿关闭工作抓紧抓落实，加快煤矿关闭进程，督促早关、快关，防止拟关闭煤矿上演最后的"疯狂"。

……

二、抓住"牛鼻子"，要不遗余力。要紧紧抓住防事故这个煤矿安全监管监察工作"牛鼻子"，坚决守住不发生较大事故、特别是不发生重特大事故这个的底线。各级安监、煤炭、煤监三家要群策群力，齐心合力，坚决盯死看牢非正规开采、以技改为名行采煤之实等非法违法生产行为。要加快形成具体措施通过查用电、缴税和火工品等有效手段确保防止顶风违法生产的高压线不被突破。要督促地方政府毫不放松地落实驻矿盯守制度，发现一处提请依法关闭一处。要出台煤矿非法违法生产举报奖励机制，实行重奖重罚，充分发挥人民群众和社会的监督作用，让非法违法生产没有生存空间，形成高压态势，严管严治严罚。

三、处置"僵尸矿"，要攻坚克难。对"僵尸矿"的处置，国家有明确规定和要求，要把思想统一到国家的政策要求上来，省、市、县要将其作为政治任务加快实施。省关退办要将初步摸底排查掌握的有关情况反馈市、县人民政府，由市、县人民政府按照标准要求予以认定，特别是长期停工停产停建、恢复无望、已丧失生产经营价值的煤矿，应认定为"僵尸矿"。各地要在9月底前完成认定，上报名单和处置方案，通过依法淘汰、引导退出、关停出清等方式，加快处置。对市、县认定为"僵尸矿"的，有关部门不得再办理证照延续手续；证照过期的，要按照程序依法注销。对于今年清理退出的，可按照煤矿关闭政策予以奖补。该项工作，省关退办已按照国家发改委有关要求下发通知进行部署安排，请相关部门予以配合支持。

四、办好"保留矿"，要下足功夫。实现将全省煤矿控制到200处以内目标后，要以时间换空间，"做好顶层设计"，为煤矿企业营造创造安全发展环境。一是要开始转移监管监察工作的重心，对未列入今年关闭名单的煤矿依法按程序实施行政许可审批，支持、引导保留下来的煤矿办好、办强、办安全。

……

五、管住“技改矿”，要盯死看牢。“技改矿”是监管监察的重中之重，要加大对技改扩能煤矿“双随机一公开”检查的频次、力度和执法处罚，严厉打击技改扩能煤矿边技改边违法违规生产出煤行为。对申请技改的矿井，既要主动指导服务，达到条件的要尽快批复；又要设置条件严格把关，严防“一哄而上”酿成事故。各产煤市州政府要提出规范技改防范事故的具体办法，并经省关退办同意后方可受理，地方政府必须在煤矿做出有关承诺的基础上，明确产能置换的方案和要求，承诺完成技改的时间，否则不予受理。对技改扩能的煤与瓦斯突出矿井要严格管控，建立台账，按照批复的初步设计和安全设施设计。要一矿一策落实监管，即按照“五个一”[一个煤矿、一名(县级)领导、一支(监管)队伍、一套(整改和盯守)方案、一抓到底]的要求，明确县、乡政府领导和盯守监管人员名单，参照尾矿库管理模式进行管理，并在媒体上进行公示，接受社会监督。对瓦斯治理能力不足的，地方政府要强化措施，统一组织，督促煤矿企业聘请具有资质的瓦斯治理专业中介机构实施托管。煤炭、煤监部门要联合出台加强技改扩能煤矿监管监察工作的措施，组织召开县市区政府负责人会议，明确责任，狠抓落实。

六、推进“信息化”，要抓紧实施。解决被动监管必须依靠科技，煤炭、煤监部门要加快推进煤矿安全信息化工作进度，利用互联网、大数据的技术手段提高监管能力。由湖南煤监局牵头，省煤炭局配合，研究制定湖南省煤矿安全监控系统升级改造方案和相关标准。煤矿安全监控视频系统必须运转正常，达不到要求的，一律扣证停产。煤炭、煤监部门要对全省煤矿信息化工作进行专题研究，出台指导性意见并联合下发文件，拿出工作清单和责任清单，制定时间表和任务书，积极稳妥组织实施。

……

资料来源：湖南省安全生产监督管理局 http://www.mmbis.com/news/show.php?itemid=46685。

【知识拓展】

中华人民共和国成立后公文文种演变一览表

从 1951 年 9 月 29 日政务院发布《公文处理暂行办法》，到中央办公厅、国务院办公厅 2012 年 4 月 16 日发布《党政机关公文处理工作条例》的 60 多年里，我国机关公文文种体系有以下 6 次大的变化和调整。

发布时间	规章名称	发布单位	文种	备注
1951 年 9 月 29 日	公文处理暂行办法	中央人民政府政务院	1. 报告、签报；2. 命令；3. 指示；4. 批复；5. 通报、通知；6. 布告、公告、通告；7. 公函、便函(共七类十二种)	“签报”为报告的另一形式
1981 年 2 月 21 日	国家行政机关公文处理暂行办法	国务院办公厅	1. 命令、令、指令；2. 决定、决议；3. 指示；4. 布告、公告、通告；5. 通知；6. 通报；7. 报告、请示；8. 批复；9. 函(共九类十五种)	自发布之日起施行
1987 年 2 月 18 日	国家行政机关公文处理办法	国务院办公厅	1. 命令(令)、指令；2. 决定、决议；3. 指示；4. 布告、公告、通告；5. 通知；6. 通报；7. 报告、请示；8. 批复；9. 函；10. 会议纪要(共十类十五种)	自发布之日起施行

发布时间	规章名称	发布单位	文种	备注
1993 年 11 月 21 日	国家行政机关公文处理办法	国务院办公厅	1. 命令(令);2. 议案;3. 决定;4. 指示;5. 公告、通告;6. 通知;7. 通报;8. 报告;9. 请示;10. 批复;11. 函;12. 会议纪要(共十二类十三种)	1994 年 1 月 1 日起施行
2000 年 8 月 24 日	国家行政机关公文处理办法	国务院	1. 命令(令);2. 决定;3. 公告;4. 通告;5. 通知;6. 通报;7. 议案;8. 报告;9. 请示;10. 批复;11. 意见;12. 函;13. 会议纪要(共十三类十三种)	2001 年 1 月 1 日起施行
2012 年 4 月 16 日①	党政机关公文处理工作条例	中央办公厅、国务院办公厅	1. 决议;2. 决定;3. 命令(令);4. 公报;5. 公告;6. 通告;7. 意见;8. 通知;9. 通报;10. 报告;11. 请示;12. 批复;13. 议案;14. 函;15. 纪要(共十五类十五种)	2012 年 7 月 1 日起施行

①栏内容根据 2012 年印发的《党政机关公文处理工作条例》的有关规定编写。

资料来源:夏海波,《公文写作与处理》,北京大学出版社 2010 年版,第 55 页。

二、公文种类的作用

不同的公文有不同的作用,主要体现在以下几方面:

1. 种类不同,行文方向不同

不同种类公文的行文方向是不同的。如请示是用来请求指示和批准的文种,其行文方向只能是自下而上,是上行文种。批复是用来答复请示事项的文种,其行文方向只能是自上而下,是下行文种。函是不相隶属机关之间用来相互商洽工作、询问和答复问题、请求批准和答复审批事项时使用的文种,属平行文种。

2. 种类不同,行文目的不同

不同的文种反映了不同的目的和要求。如通知和通告虽然都是告知性文种,但目的是不同的。通知不光是要把发文机关的意图告诉下级机关,目的还在于要求下级机关或有关人员在了解上级意图的同时还要配合行动。而通报的主要目的在于向下级机关或有关人员通报情况,不一定要其配合行动。请示和报告虽然都是上行文,但目的也是不同的。请示的目的在于向上级请求指示或批准,而报告的目的在于让上级阅知,不能在报告中向上级提出具体要求。

3. 种类不同,处理方法不同

不同的文种应采取不同的处理方法。如请示是用来请求指示和批准的,对于收到请示的上级机关来说,不管是否同意下级机关的请求都一定要尽快答复对方,必须"热"处理。报告是用来汇报工作,反映情况的,对上级机关没有肯定性的要求,对收到报告的上级机关可以进行"冷"处理,按有关规定归档即可。

第三节 行文制度

行文制度指机关与机关之间的行文必须遵守的行文准则和规定,包括行文关系、行文方式和行文规则三个方面的内容。机关文秘部门必须按照党和国家有关文书工作的规章制度处理文书,以保证机关行文有条不紊地进行,提高机关的办事效率。为了避免行文混乱(如重复行文、公文绕道旅行、不合行文关系等),保证机关与机关之间上下左右联系顺畅,国家必须制定统一的行文制度。

一、行文关系

行文关系是指发文机关与收文机关之间文件的往来关系。具体地说，行文关系是根据机关的组织系统、领导关系和职权范围所确定的机关之间的文件授受关系。

我国党政机关的行文关系，一般包括两个种类。

1. 隶属关系

即同一系统的机关，有上级领导机关，有下级被领导机关，下级机关之间构成的领导与被领导的隶属关系（见图 2—1）。

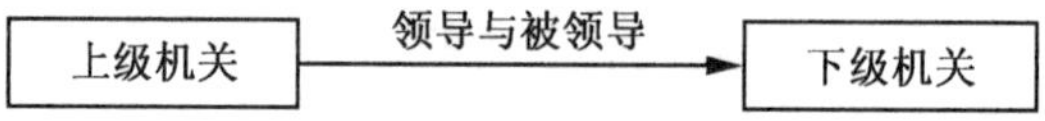

图 2—1

2. 非隶属关系

即行文机关之间，不是上下级关系，没有领导与被领导关系。这种关系包括以下三种关系：

第一，上级业务主管部门和下级业务部门之间具有业务上的指导关系（见图 2—2）。

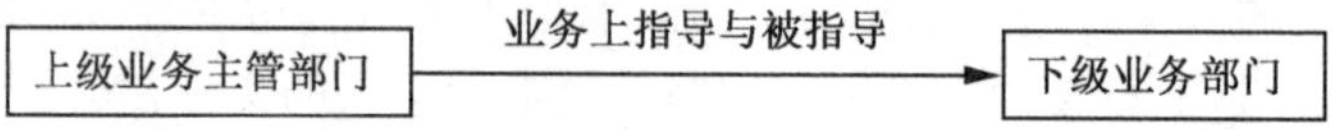

图 2—2

第二，非同一系统的机关之间，无论级别高低，既无领导与被领导关系，又无上下级业务部门的指导关系，是不相隶属的关系（见图 2—3）。

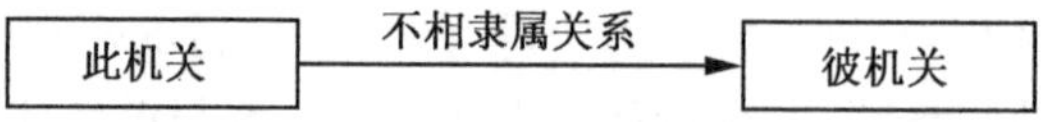

图 2—3

第三，不同系统的同级机关之间和同一系统的同级机关之间的关系，属于平行关系（见图 2—4）。

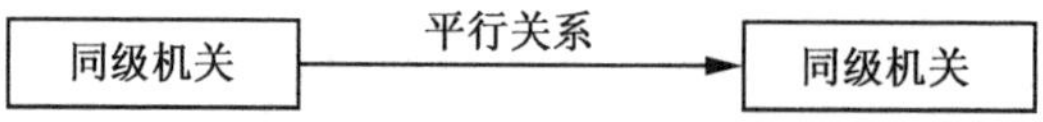

图 2—4

以上这两种情况的机关之间，根据工作需要往来文件，就构成了一定的行文关系。第一种情况的机关之间相互行文必须使用上行文或下行文，第二种情况的机关之间相互行文则应使用平行文。

二、行文方式

根据机关之间的不同的行文关系，可以将机关之间的行文分为上行、平行和下行三个方向，并按实际需要分为以下不同的行文方式。

（一）下行文

下行文是指上级领导机关对所属下级机关的行文。根据发文的不同目的和要求，下行文可分为以下三种行文方式：

1. 逐级下行文

逐级下行文是采取逐级下达或者只对直属下级机关下达的一种行文方式。有许多工作是只要求直属下一级机关了解和办理的，只发给某个或某些有关的下一级机关，或同时发给所属的各个下级机关，不要求再向下传达的，都属于逐级下行文。如国务院向各省、自治区、直辖市人民政府下发文件；各省、自治区、直辖市人民政府再向各自所辖的市、县下发文件（见图 2—5）。

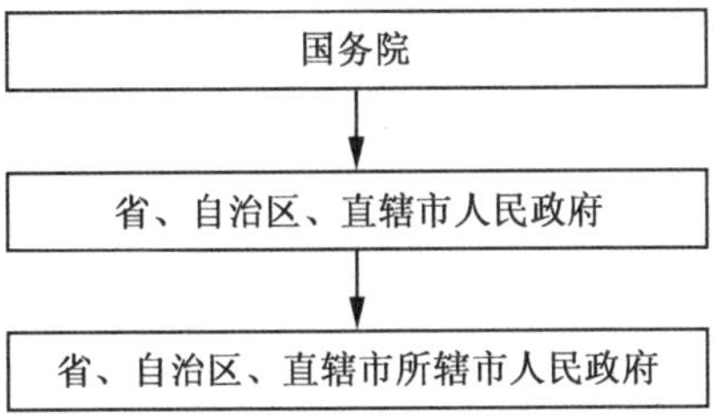

图 2—5

2. 多级下行文

多级下行文是指党政领导机关根据工作需要，同时下达几级机关的一种行文关系。如党中央的有些文件同时下发到中共各省、自治区、直辖市委，中共各市委及其他单位党组织（见图 2—6）。

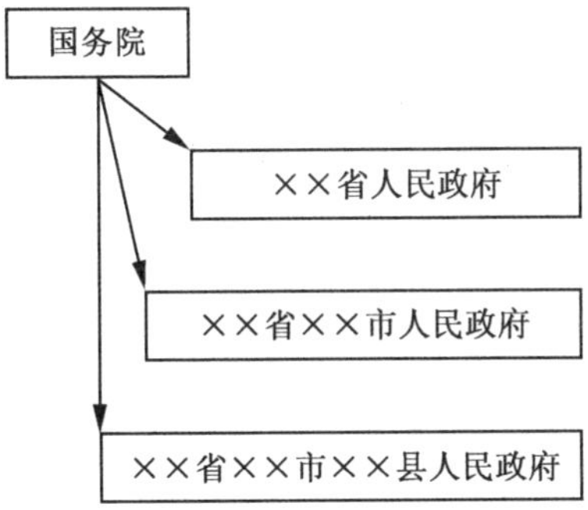

图 2—6

3. 直达基层组织和群众的行文

直达基层组织和群众的行文指的是党政领导机关直接发到基层的党政组织或人民群众的一种行文方式。非机密性的文件，还可采取组织宣讲、登报、广播等办法直接与群众见面。还有些法规性文件也直接在报刊上刊登，或采取张贴的方式发给群众（见图 2—7）。

（二）上行文

上行文是下级机关向所属上级领导机关行文的一种行文方式。根据工作需要，上行文可分为以下三种方式：

1. 逐级上行文

逐级上行文是指采取逐级上达或者只对直属上级机关送呈的一种行文方式。除特殊情况外，下级机关一般应直接向自己的所属上级领导机关请示与报告工作，保持正常的领导与

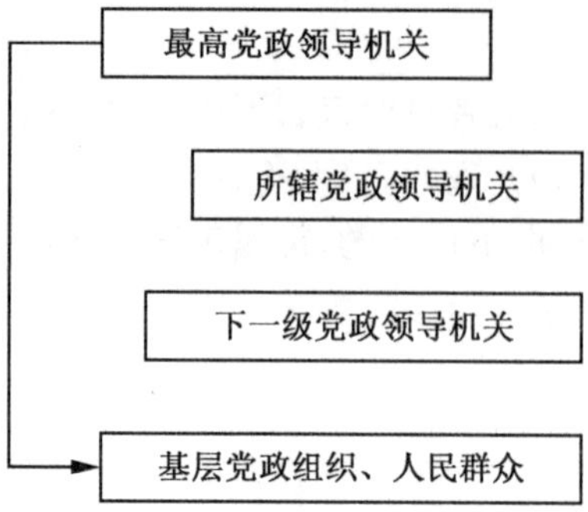

图 2—7

被领导的工作关系(见图 2—8)。

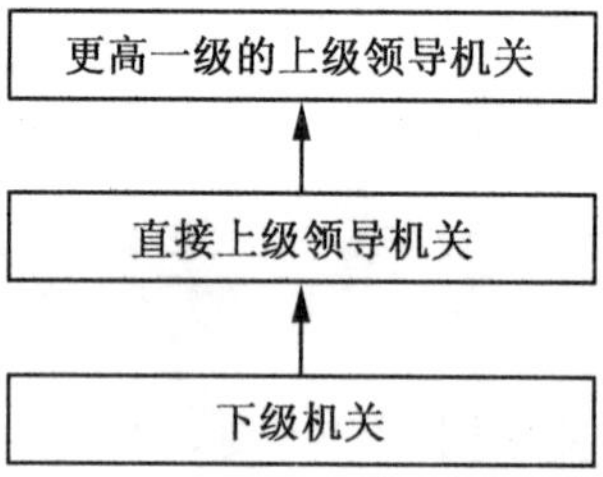

图 2—8

2. 多级上行文

多级上行文是指各级党政机关根据工作需要,同时上报几级领导机关的一种行文方式。如,县政府行文给省委并报国务院。当然,多级行文在使用中一般较少,往往是由于问题比较重大,需要同时报请直属上级和更高级的领导机关了解与批示时才使用(见图 2—9)。

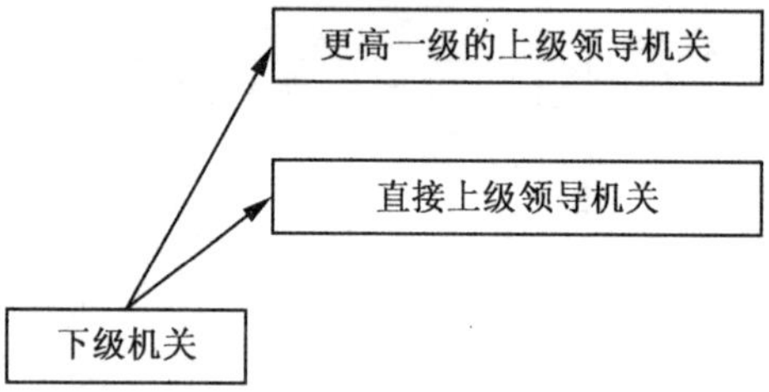

图 2—9

3. 越级上行文

越级上行文是指在非常必要的时候,下级机关可以越过自己的直接上级领导机关,向更高级的上级领导机关直至中央行文的一种行文方式(见图 2—10)。

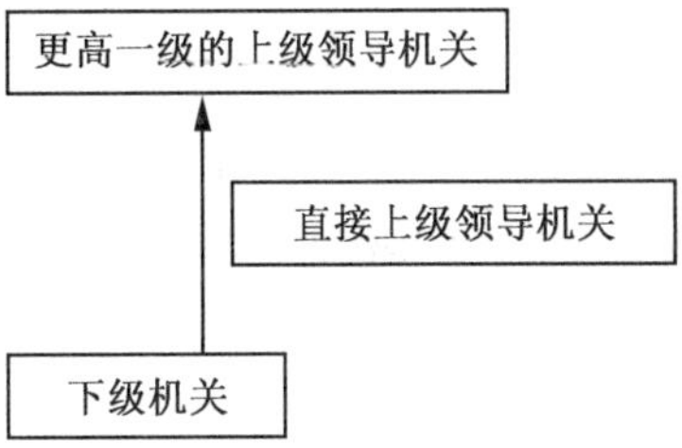

图 2—10

【提醒您】

什么情况下可以越级请示

在工作中,遇到以下情况可以越级请示。

一是突然发生严重自然灾害或社会突发性事件,非常紧急,逐级上报请示会延误时机造成损失的。

二是按有关业务管理体制,可以越级请示的问题。

三是无须经过直接上级的一般的公务,这类公务不涉及其直接上级职权,并且有关情况比较清楚,处理原则比较明确。

四是被上级机关长期搁置而又确需解决的问题,或者对直接上级的决策有意见、争执不下一时难以执行而又急于处理的问题等。

(三)平行文

平行文是指互相没有隶属关系、业务指导关系的同级机关,或者不属同一系统的机关部门之间的一种行文。具体而言,平行文可在不分系统、级别、地区的党政军机关、团体、企业、事业单位之间使用(见图 2—11)。

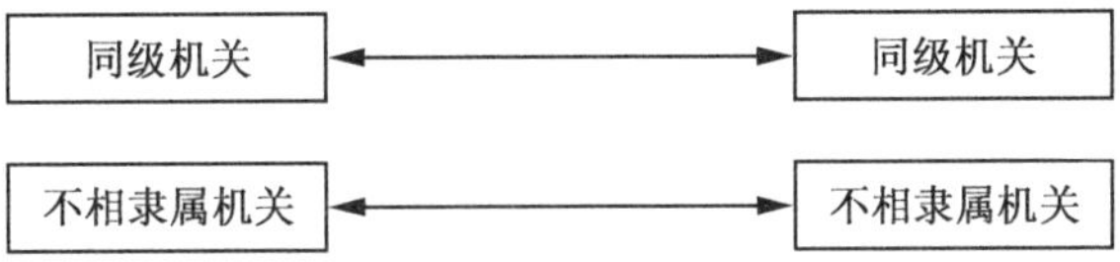

图 2—11

三、行文规则

行文规则是党政机关行文必须遵循的具体规定或准则。认真执行行文制度,除了正确认识行文关系、选择行文方式外,还必须严格遵守行文规则。《党政机关公文处理工作条例》第四章列出了行文规则(见表 2—1)。

表 2—1 公文行文规则简表

种 类	行 文 规 则
总原则	行文应当确有必要，讲求实效，注重针对性和可操作性
越级行文	行文关系根据隶属关系和职权范围确定，一般不得越级行文。特殊情况需要越级行文的，应当同时抄送被越过的机关
向上级机关行文	1. 原则上主送一个上级机关，根据需要同时抄送相关上级机关和同级机关，不抄送下级机关 2. 党委、政府的部门向上级主管部门请示、报告重大事项，应当经本级党委、政府同意或者授权；属于部门职权范围内的事项应当直接报送上级主管部门 3. 下级机关的请示事项，如需以本机关名义向上级机关请示，应当提出倾向性意见后上报，不得原文转报上级机关 4. 请示应当一文一事，不得在报告等非请示性公文中夹带请示事项 5. 除上级机关负责人直接交办事项外，不得以本机关名义向上级机关负责人报送公文，不得以本机关负责人名义向上级机关报送公文 6. 受双重领导的机关向一个上级机关行文，必要时抄送另一个上级机关
向下级机关行文	1. 主送受理机关，根据需要抄送相关机关。重要行文应当同时抄送发文机关的直接上级机关 2. 党委、政府的办公厅(室)根据本级党委、政府授权，可以向下级党委、政府行文，其他部门和单位不得向下级党委、政府发布指令性公文或者在公文中向下级党委、政府提出指令性要求，需经政府审批的具体事项，经政府同意后可以由政府职能部门行文，文中须注明已经政府同意 3. 党委、政府的部门在各自职权范围内可以向下级党委、政府的相关部门行文 4. 涉及多个部门职权范围内的事务，部门之间未协商一致的，不得向下行文；擅自行文的，上级机关应当责令其纠正或者撤销 5. 上级机关向受双重领导的下级机关行文，必要时抄送该下级机关的另一个上级机关
联合行文	同级党政机关、党政机关与其他同级机关必要时可以联合行文。属于党委、政府各自职权范围内的工作，不得联合行文
部门行文	1. 党委、政府的部门依据职权可以相互行文 2. 部门内设机构除办公厅(室)外不得对外正式行文

【知识拓展】

公文行文规范中的常见问题

行文是指一个法定作者向另一个法定作者或法定作者自身内部各级机构的发文。这一发一收之间必然构成一对行文关系。这种关系不是随意产生的，它是按照机关的性质、地位、隶属及职权来形成的，是有其客观规律的，这也就形成了公文行文的基本原则。我们在公文处理工作中，只有按行文原则办事，才能使文件在党和国家领导党的事业及治理国家施政方面，真正发挥其应有的作用。否则，必将干扰工作的正常秩序，打乱隶属，造成指挥、协调、沟通等方面的混乱。为确保公文行文的规范性，以下一些常见问题值得我们注意。

一、不加分析地把上级来文作为范文

由于有的领导机关存在对公文规范化的重视程度不够的现象，其所制发的公文难免也有时出现不合规范的地方，而有的基层单位的文秘人员往往认为上级秘书部门水平高，他们制发的公文都是正确的，即使有时发现了与公文规范不一致的地方，也认为上级那样做总是有道理的，于是上行下效，造成不规范公文泛滥。所以，每一个文秘人员都要努力学习，把思想认识统一到公文规范上来，选择范文时要按公文规范判断，不能认为发文单位的级别越高其所制发的公文规范化程度就越高。同时，要求级别越高的领导机关越要重视公文处理的规范化。

二、守旧现象严重

公文规范处在不断变化和完善之中，任何标准和规范都可能被修订。如《党政机关公文处理工作条例》《发文稿纸格式》《出版物汉字使用管理规定》等，都是公文制作的法规性文件，并构成了公文规范的完整体系。广大文秘人员要加强学习和研究，跟随公文发展的动态，在公文实践中力求使用最新的标准和规范，尽量准确地理解和掌握公文规范的完整体系，不要在新的公文法规颁布很长一段时间后还抱着老一套不放。

三、发往国外的函件用外文

汉语是世界通用语言，我们在国际交往中完全可以理直气壮地使用汉语。使用中文不仅符合国际惯例，而且也体现了对中国主权、中国文化的尊重。外国人就不会因为你不懂外文而改用你国的文字。

四、用计算机起草公文时仅将定稿归档

由于办公自动化的发展，许多文秘人员直接在计算机上起草文稿，各次修改过程也直接在机上进行，最后打印和归档的是定稿。由于定稿无法体现修改过程，对于非常重要的文稿，一旦出现问题，难以分清责任，档案的借鉴作用就要大打折扣。正确的方法，是在原始稿上反复修改，把经领导签字的修改后的定稿，作为归档的真实原件。

五、用传真件代替正式文件发文或归档

传真件不能代替正式公文，因此，对于重要的公文，虽然紧急情况下可用传真件发文，但发出传真件后要及时补寄正式公文。另外，由于传真件纸张材料的特殊性，保存不久字迹就会全部褪尽，如果直接将其归档，时间长了就会失去其档案意义，正确的方法是将传真件复印后归档。由于复印件也容易褪色，这时可使用固色剂延长文档保存期限。

六、自己给自己行文

公文的行文，要么表现为一个机关对另一个机关法定作者相互之间的运行，要么表现为在一个机关内部上层领导对所属非独立法人的处、科、室的运行。什么叫“自己给自己行文”？如果某一机关制发了一份通知，在向外单位及所属内部机构主送的同时，还抄送给这个机关的首长，这就是“自己给自己行文”。这位首长，是这个机关的法人代表，代表着机关的法定作者，他代表机关签署发出的文件，然后自己又变成接受者，这不是自己给自己行文又是什么？这种见怪不怪的现象，别说在基层，就是在一些中、高级机关也时而出现，理由就是因为这样的文件需要发给领导同志个人一份。笔者认为，通过“抄送”的形式来发是对“行文”这一基本概念的扭曲，正确的做法是通过划分文件“正本”“副本”与“存本”的方法来处理，即发文时留出副本若干份，单独造单把这些副本文件分送给本机关的有关领导，到一定时候再予以收回并在分送单上加以注销。

资料来源：杨加草，《浅析公文的行文规范》，《安徽文学》2010年第2期，略有删改。

【本章小结】

1. 文书的种类繁杂，我们可以从使用功能、来源去向、行文关系、种类名称是否法定、阅读范围和机密程度等方面分类。正确选择文书的种类及名称对于文书的形成和公文的处理具有十分重要的意义。

2. 中共中央办公厅和国务院办公厅新颁布的《党政机关公文处理工作条例》将公文划分为决议、决定、命令(令)、公报、公告、通告、意见、通知、通报、报告、请示、批复、议案、函和纪要 15 种,并规定了它们的适用范围。

3. 机关和机关之间行文必须遵守的行文制度包括行文关系、行文方式和行文规则。各级各类机关的文秘部门和文秘人员必须按照这些行文制度来处理文书,以保证行文的有效性,进而提高办事效率。

【练习题】

1. 回答案例导读和范例阅读后的"互动问题"。

2. 根据第一节内容,自己绘制"文书的种类"分类表。

3. 参照本章"提醒您"中"公告与通告的区别"辨析下列几组文种。

(1)公报与公告　　(2)通知与通报　　(3)请示与报告

4.《党政机关公文处理工作条例》中的公文种类有哪些?

5. 党政机关处理公文时应该遵循哪些行文规则?

【技能训练任务】

任务一

1. 训练目标:

借助收集的各种公文实例,熟悉公文的种类及特点,判断行文关系和行文方式,加深对公文种类、行文关系和行文方式的理解和运用,培养信息处理的能力。

2. 训练内容

利用网络、报纸杂志等收集《党政机关公文处理工作条例》中提及的 15 种公文,并分析这些公文的行文关系和行文方式。

3. 训练要求

将收集和分析的相关情况填入下表。

序号	文种	公 文 题 目	来 源	行文关系	行文方式
1	决议				
2	决定				
3	命令				
4	公报				
5	公告				
6	通告				
7	意见				
8	通知				

续表

序号	文种	公 文 题 目	来 源	行文关系	行文方式
9	通报				
10	报告				
11	请示				
12	批复				
13	议案				
14	函				
15	纪要				

任务二

1. 训练目标

根据具体的事项选用文种，熟悉公文的特点和适用范围，加深对公文选用标准的理解，能正确判断并准确选择公文种类。

2. 训练内容

(1)某单位向其上级机关报送一份工作计划并请求上级机关予以批准。

(2)某省迅捷经贸有限公司将近期开展“优质服务月”活动的情况汇报给省商务厅。

(3)上海市人民政府发布 2020 年 9 月 19 日 11:35—11:58 在全市范围进行防空警报鸣放，希望全市各单位和广大市民保持正常的工作和生活秩序。

(4)东海市人力资源和社会保障局向市各有关单位告知 2019 年全市就业再就业情况。

(5)为配合京秦线高碑店道口改造工程，北京市公安局公安交通管理局告知途经此路段的机动车绕行四环路或双桥路，并请大家谅解。

(6)国务院办公厅就关于建立浙江舟山群岛新区建设部省际联席会议制度的问题答复了国家发展和改革委员会。

(7)某市人民政府提出加强城市基础设施建设的意见，发文要求下级贯彻执行。

(8)国务院就促进健康服务业发展提出了具体的见解和处理办法。

(9)国务院就中国(上海)自由贸易试验区总体方案答复了上海市人民政府。

(10)国务院总理签署意见公布了《国务院关于修改〈全国年节及纪念日放假办法〉的决定》。

3. 训练要求

(1)说明在以上事项中应该使用哪种文种，并说明理由。

(2)小组成员之间互相交流，结合这些实例谈谈怎样正确判断并准确选择公文种类，写成小论文发至班级论坛。

第三章
公文格式与稿本

学习目标

知识目标：

了解公文格式及其标准化的含义。

掌握公文的格式和要求，掌握党政机关公文格式中各要素的概念和编排规则。

了解公文稿本，掌握不同的文稿和文本的含义。

能力目标：

能按照《党政机关公文格式》中各要素的编排规则和式样制发公文。

能运用公文格式与稿本的有关知识分析案例。

【案例导读】

秘书上书公开信　领导办文请守规

几年前，某市人民政府办公厅的文秘人员曾经联名给市政府领导同志写过一封公开信，信中希望各位领导支持和理解他们的工作，恳请领导按照公文处理的有关规定，在某些办文程序中不要“这样”而要“那样”，在行文规则的执行中应该“如此”而不应该“如彼”……文秘人员人微言轻，为了自己的工作居然向顶头上司集体“上书”，其用心何其良苦，其作为何其无奈。

在实践中，各级各类社会组织的文秘部门和文秘人员类似公开信中这样的反映和呼声非常普遍，这就是，恳请领导群体能够了解和掌握公文处理的一些基本知识，这些基本知识中，包括党和国家有关领导部门关于公文处理的有关规定，也包括公文处理的原则和技术方法的一些基本常识。近年来，大批中青年干部走上领导岗位，他们当中相当一部分人并没有接受过公文处理专门知识的普及教育，不了解机关文书、秘书和档案工作中一些特殊的规律和要求，甚至对其中一些属于ABC的常识性问题也似是而非，因此在他们每天大量批阅、处理和撰写公文时就或多或少有一些“先天不足”。当前主要表现在以下几个方面：

其一，不了解文种使用规范。最常见的问题是，久禁不绝的“请示”与“报告”的混用，从某种角度说症结在于有的领导对“请示”与“报告”长期混用，在向有关主管部门请求批准时要求文秘人员一律“打报告”；有的领导授意将内部使用的文种“汇报”“措施”“方案”等直接用于对外行文；有的领导对于乱用法规文种置若罔闻，甚至出现县政府和县人大常委会联合制发“条例”等所谓地方性法规的咄咄怪事。

其二，不了解公文格式规范。一些机关单位领导对于现行公文格式规范一知半解，又耻于向下级文秘部门（人员）请教，以致在工作中造成失误。如某中央企业的领导指示，本企业所有正式发文文头上全部要加印“签发人”标志，但后来在行文中出现了问题，企业领导又匆匆做出决定，在所有发文上一律取消“签发人”标志；至于违反规定在公文文面包括装订线外随处批字，签发公文像在私人物件上随意划个符号标个姓，漏签日期让文印人员随意添加以及对格式不规范不完整的文稿也签发放行等做法并不鲜见。

其三，不了解行文规则。当前行文中最常见的“犯规”动作，如一文多事，多头主送，越级行文，滥抄滥发，公文直接送给领导人个人，不相隶属的机关单位之间滥行“请示”与“报告”，对涉及其他部门、机关职权范围的公文未经协商一致径自上报下发，难以执行实施，多是经各级领导审批签发过关的，甚至有的还是个别单位的领导出于某种目的授意做的，比如办文中有的领导交代经办人：“这个事情重要，多印几份多送几个部门（送某某领导）”等。

资料来源：杨戎主编，《公文处理案例精选》（案例 5—9），四川人民出版社 2010 年版，有删改。

互动问题：

1. 公文格式有没有规范呢？怎样才能做到公文格式规范？
2. 案例中某些机关单位领导在公文格式规范方面有哪些不妥之处？应该怎样改进？

第一节　公文格式

公文格式是公文程式化的规范表现。我国党政机关的公文格式是本着形式美观、方便处理、约定俗成、保证通行、注重实用的原则规定的，使公文程式化、规范化，以提高机关工作的效率，达到实际应用的目的。

一、公文格式及其标准化

1. 公文格式

公文格式，简言之，就是公文的表现形式，即各种公文文体的表现样式和形式。党政机关正式使用的公文，专门由党政机关以法规的形式确定其规范的样式，以保证其规范性、权威性、普遍通行性和有效性。

公文最初无格式，在使用过程中逐渐形成一种有规律的表现形式。例如为公文处理方便的需要，逐步约定俗成为版头、发文机关标志、发文字号等表现形式。为保证公文的普遍通行，达到统一或维护公文的权威性，而由公文制发者根据约定俗成和使用习惯做出相对统一的规定，形成规范。这种规范作为一种程式化的要求，便成为公文的格式。

【知识拓展】

"格式"的来历

"格"和"式"本来属于古代公文的两种文体，后逐步演化为规格、式样。格，最初的含义是长木条，后来有限制、阻止、尺度、法式、标准、制度等含义。式，即法式。《说文》："式，法也，从工，弋声。"后有规格、样式等意。《新唐书·刑法志序》："唐之刑书有四，曰律、令、格、式。令者，尊卑贵贱之等数，国家之制度也。格者，百官有司所常行之事也。式者，其所常守之法也。"《唐六典》："律以正刑定罪""令以设范立制""格以禁违正邪""式以轨物程事"。由此可知，格和式原都是需要遵守的一些行政规范制度，而这些规范制度相对比较具体，人们的行为不能出"格"，不能犯"式"，后来用于文章写作的规范就称为格式，而这种格式主要是指文章应遵循的规格样式。

资料来源：赵映诚主编，《文书工作与档案管理》，高等教育出版社 2007 年版，第 79 页。

2. 公文格式标准化

公文格式标准化具有广义和狭义两个方面的含义：广义是指按照一定的公文格式规范标准制作和印发公文；狭义是指党政机关的公文采取法定性的规范格式标准并严格贯彻执行。

公文格式标准具有规范性和确定性的特点。公文格式的组成部分，不能随意更换和增删；公文的文面格式是统一规定的，各级党政机关都要按规范的格式制发公文。

党政机关公文采取规范的格式要求，即国家通过行政法规的形式，确定了统一的公文格式。2012 年 4 月中共中央办公厅和国务院办公厅颁布了《党政机关公文处理工作条例》，提出了公文格式的规范要求。2012 年 7 月国家标准局发布了国家标准的《党政机关公文格式》，该标准规定了党政机关公文通用的公文用纸、印制装订、格式要素、式样等，实现了我国公文格式的规范化、标准化。

公文格式实现标准化，有利于保证公文的完整性、准确性和有效性；有利于公文的处理和提高办事效率；有利于与时代接轨、与世界接轨，促进社会政治、经济文化的发展；有利于实现办公自动化、现代化。

【资讯浏览】

《党政机关公文格式》国家标准发布实施

为提高党政机关公文的规范化、标准化水平，近日国家质检总局和国家标准委发布了 GB/T9704—2012《党政机关公文格式》国家标准，于 2012 年 7 月 1 日起正式实施。《党政机关公文格式》国家标准按照《党政机关公文处理工作条例》的有关规定，结合这些年来党政机关公文格式的实际应用，对公文用纸、印刷装订、格式要素、式样等做出了具体规定。特别是将党政机关公文用纸统一为国际标准 A4 型，首次统一了党政机关公文格式要素的编排规则，使党政机关公文的表现形式更加规范。该标准的实施，有利于进一步提高各级党政机关公文制作水平和质量，有力推动党政机关公文处理工作实现科学化、规范化。

资料来源：《中国标准导报》，2012 年第 7 期。

二、公文格式各要素编排规则

《党政机关公文格式》国家标准将版心内的公文格式各要素划分为版头、主体、版记三部分，以使公文页面美观、醒目。

在公文中，首页红色分隔线以上的部分称为版头；公文首页红色分隔线（不含）以下、公文末页首条分隔线（不含）以上的部分称为主体；公文末页首条分隔线以下、末条分隔线以上的部分称为版记。

（一）版头

公文版头包括份号、密级和保密期限、紧急程度、发文机关标志、发文字号、签发人与分隔线等部分（见图 3－1）。

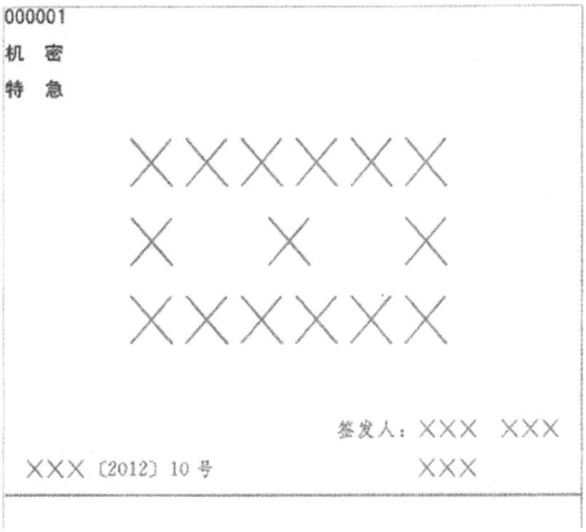

图 3－1 版 头

1. 份号

份号是指公文印制份数的顺序号。

涉密公文应当标注份号。

公文如需标注份号时，一般用 6 位阿拉伯数字，顶格编排在版心左上角第一行。

公文编制份号的目的是准确掌握公文的印制份数和分发范围与分发对象。当文件需要收回保管或销毁的时候，就可以对照份号掌握其是否有遗漏或丢失。

2. 密级和保密期限

密级和保密期限是指公文的秘密等级和保密的期限。秘密等级是公文保密程度的标志，按照保密法规定划分为“绝密”“机密”“秘密”三个等级。保密期限是对公文密级的时效加以规定的说明。

涉密公文应当根据涉密程度分别标注“绝密”“机密”“秘密”和保密期限。

公文如需标注密级和保密期限时，一般用 3 号黑体字，顶格编排在版心左上角第二行。保密期限中的数字用阿拉伯数字标注。密级和保密期限之间应用“★”隔开，形式为“绝密★3 个月”，表示该公文属于绝密等级，保密的期限为 3 个月，过期即可解密。但如不标注保密期限，则只标注密级且密级两字之间应空 1 字距离。

3. 紧急程度

紧急程度是指公文送达和办理的时限要求。

根据紧急程度，紧急公文应当分别标注“特急”“加急”，电报应当分别标注“特提”“特急”“加急”“平急”。

公文如需标注紧急程度，一般用3号黑体字，顶格编排在版心左上角；如需同时标注份号、密级和保密期限、紧急程度，按照份号、密级和保密期限、紧急程度的顺序自上而下分行排列。

【提醒您】

确定公文紧急程度的注意事项

确定与标明文件的紧急程度是一项严肃的工作，是为了特别引起文书处理部门和承办人的注意，以保证文件的时效，确保一些紧急问题能得到紧急处理。

确定公文紧急程度时应注意：

一是不要随意将公文的紧急程度升格，防止滥标急件。

二是紧急程度标明何种等级，应由公文签发人确定。

4. 发文机关标志

发文机关标志由发文机关全称或者规范化简称加“文件”二字组成，也可以使用发文机关全称或者规范化简称。发文机关全称应以批准该机关成立的文件核定的名称为准。规范化简称应由该机关向上级机关申报，由本机关自定的，一定要明示其他行政机关，不能只是自己使用而别的机关不予认同。

发文机关标志居中排布，上边缘至版心上边缘为35毫米，国家标准推荐使用小标宋字体，颜色为红色，以醒目、美观、庄重为原则。

联合行文时，发文机关标志可以并用联合发文机关名称，也可以单独使用主办机关名称。如需同时标注联署发文机关名称，一般应当将主办机关名称排列在前；如有“文件”二字，应当置于发文机关名称右侧，以联署发文机关名称为准上下居中排布。

5. 发文字号

发文字号由发文机关代字、年份、发文顺序号组成。

发文字号编排在发文机关标志下空二行位置，居中排布。年份、发文顺序号应用阿拉伯数字标注；年份应标全称，即“2019”不能标成“19”，且应用六角括号“〔〕”括入（不是用“[ ]”括入）；发文顺序号不加“第”字，不编虚位（即1不编为01），在阿拉伯数字后加“号”字。如“国发〔2019〕1号”。

上行文的发文字号居左空一字编排，与最后一个签发人姓名处在同一行。联合行文时，使用主办机关的发文字号。

文件编排发文字号的作用主要有：一是统计发文数量，便于文件的管理；二是在查找和引用文件时可以作为文件的代号使用。

【知识拓展】

发文机关代字常见编法

第一，在发文机关代字中包括文类的代字，如国办函字〔2000〕32号，意为国务院办公厅

2000 年以函的形式制发的第 32 号公文。还有“参”代表参阅性公文,“批”代表某一类反复出现的批文、“任”代表任免性公文、“重纪要”代表重大会议纪要等,不要烦琐,要简便实用。

第二,在发文机关代字中包括承办单位的代字,如财农字〔2000〕15 号,意为财政部农业司 2000 年承办的第 15 号公文。这种编法体现出承办部门,便于上下级机关业务部门对口处理公文及公文的分类处理和管理。但是公文数量较少的中小机关和基层单位不宜将代字复杂化,机关对外正式发文的发文字号用地域代字(体现隶属关系)加上机关代字即可。

第三,如果属于机关单位的对内行文,其发文字号应该与包括承办部门代字的机关发文字号有所区别,如“财农字”已经作为财政部发文字号的机关代字,该部农业司的对内行文就不能再使用“财农字”作为发文字号的发文机关代字,使得以机关名义和内设机构名义两种不同性质的发文有所区别。

第四,一般情况下,发文机关代字应该经发文机关正式行文时予以确认。一经确认不要随便更改,以免造成使用混乱。

资料来源:杨戎主编,《公文处理案例精选》,四川人民出版社 2010 年版,第 111—112 页。

6. 签发人

在文件上标注签发人姓名,是表示文件生效并对文件内容郑重负责。

上行文应当标注签发人姓名。由“签发人”三字加全角冒号和签发人姓名组成,居右空一字,编排在发文机关标志下空二行位置。“签发人”三字用 3 号仿宋体字,签发人姓名用 3 号楷体字。

如有多个签发人,签发人姓名按照发文机关的排列顺序从左到右、自上而下依次均匀编排,一般每行排两个姓名,回行时与上一行第一个签发人姓名对齐。

7. 版头中的分隔线

版头中的分隔线是位于发文字号之下 4 毫米处居中的一条与版心等宽的红色分隔线。

(二)主体

主体是反映公文主要内容的部分,包括标题、主送机关、正文、附件说明、发文机关署名、成文日期、印章、附注、附件等部分(见图 3—2、图 3—3)。

××××××关于×××××××的通知

××××××××:

××××××××××××××××××××××××××

××××××××××××××××××××××××××××

××××××××××××××××××××××××××××

××××。

××××××××××××××××××××××××××

×××××××××××。

××××××××××××。

×××××××。××××××××××××××××

××××××××××××××××××××××××××××

××××××××××××××××××××××××××××

— 1 —

图 3—2 主体部分

1. 标题

标题由发文机关名称、事由和文种三个要素组成。

发文机关名称应是发文机关全称或者规范化简称。有固定发文机关标志的公文可以省去标题中的发文机关名称。事由是对公文内容的高度浓缩和概括。文种即《党政机关公文处理工作条例》中规定的 15 种公文种类。例如《国务院关于修改〈全国年节及纪念日放假办法〉的决定》，其中“国务院”是发文机关，“修改《全国年节及纪念日放假办法》”是事由，“决定”是文种。

公文中的标题一般用 2 号小标宋字体，编排于版头中分隔线下空二行位置，分一行或多行居中排布；回行时，要做到词意完整，排列对称，长短适宜，间距恰当，标题排列应当使用梯形或菱形。

【小技巧】

标题的排列

标题的排列是否得当不仅关系公文版面是否协调、大方，最主要的是关系能否突出地表达公文内容、能否为标题的标意和告知功能服务。

标题的排列常见的有以下几种类型。

第一，单行排列。

12 个字以内的标题，居中排一行即可。

第二，双行排列。

标题字数满 20 字或 20 字以上，排一行不醒目可排成两行，又有上短下长、上长下短、上下等长等几种排法，只要设计合理就可以，但应避免下面几种排法：

(1)左齐右不齐

××××××××××××
××××××××

(2)阶梯式

　××××××××××
　　××××××××××

(3)拆词式(即把一个词分拆在两行)

××人民政府关于发
布《××××××》的通知

第三，三行排列。

在公文处理实践中，公文以排列两行为最多，标题字数多到三行的情况应尽量避免。如果实在避免不了，确需排三行的，常见的有以下两种排法：

(1)宝塔形

××××××××××
××××××××××××
××××××××××××××

(2)菱形

××××××××××

××××××××××××

××××××××××

排三行时，应避免以下两种排法：

(1)三行等长

××××××××××

××××××××××

××××××××××

这种排法显得沉闷、呆板、不活泼。

(2)倒金字塔

××××××××××××××

××××××××××××

××××××××××

这种排法显得头重脚轻，给人以滑稽、轻浮、不严肃的感觉。

资料来源：夏海波，《公文写作与处理》，北京大学出版社 2010 年版，第 31—32 页。

2. 主送机关

主送机关是指公文的主要受理机关，应当使用机关全称、规范化简称或者同类型机关统称。确定主送机关可以按其性质、级别和有关规定或惯例依次排列，同性质或级别的机关之间用顿号，不同性质或级别的机关之间用逗号，最后一个主送机关名称后标全角冒号，如“各省、自治区、直辖市人民政府，国务院各部委、各直属机构：”。

主送机关编排于标题下空一行位置，居左顶格，回行时仍顶格，最后一个机关名称后标全角冒号(如第二章“范例阅读”《发展改革委关于加强小微企业融资服务支持小微企业发展的指导意见》中主送机关的编排)。

【提醒您】

主送机关名称过多时怎样编排

如主送机关名称过多导致公文首页不能显示正文时，应当将主送机关名称移至版记部分进行标注。

在版记部分标注主送机关，一般用 4 号仿宋字体，在印发机关和印发日期的上一行、左右各空一字编排。“主送”二字后加全角冒号，后标注主送机关名称，回行时与冒号后的首字对齐，最后一个主送机关名称后标句号。

既有主送机关又有抄送机关时，应当将主送机关置于抄送机关的上一行，之间不加分隔线。

3. 正文

正文是公文的主体，用来表述公文的内容。

公文首页必须显示正文。正文一般用 3 号仿宋字体，编排于主送机关名称下一行，每个自然段左空二字，回行顶格。

文中结构层次序数依次可以用“一、”“(一)”“1.”“(1)”标注；一般第一层用黑体字、第二层用楷体字、第三层和第四层用仿宋体字标注。

4. 附件说明

附件说明指公文附件的顺序号和名称。

公文如有附件，在正文下空一行左空二字编排“附件”二字，后标全角冒号和附件名称。如有多个附件，使用阿拉伯数字标注附件顺序号(如“附件：1. ××××××”)；附件名称后不加标点符号。附件名称较长需回行时，应当与上一行附件名称的首字对齐(见图 3－3)。

图 3－3 主体部分——附件说明、发文机关署名等

5. 发文机关署名

发文机关署名是指署发文机关全称或者规范化简称。

发文机关署名的格式要求将在后文与成文日期和印章的格式要求一并介绍。

6. 成文日期

成文日期是指署会议通过或者发文机关负责人签发的日期。联合行文时，署最后签发机关负责人签发的日期。

成文日期一般右空四字编排，用阿拉伯数字将年、月、日标全，年份应标全称，月、日不编虚位(即 1 不编为 01)。

【小技巧】

成文日期的确定原则

第一，主要的命令、决定、通告、通知等，以领导人签发日期为准。

第二，两个以上机关联合发文，以最后一个机关负责人签发(或签署)的日期为准。

第三，会议通过的公文，以通过的日期为准。

第四，一般性的公文，以实际印发的日期为准。

第五，电报，以发出日期为准。

7. 印章

公文中有发文机关署名的，应当加盖发文机关印章，并与署名机关相符。

(1)加盖印章的公文

单一机关行文时，一般在成文日期之上、以成文日期为准居中编排发文机关署名，印章端正、居中下压发文机关署名和成文日期，使发文机关署名和成文日期居印章中心偏下位置，印章顶端应当上距正文(或附件说明)一行之内。

联合行文时，一般将各发文机关署名按照发文机关顺序整齐排列在相应位置，并将印章一一对应、端正、居中下压发文机关署名，最后一个印章端正、居中下压发文机关署名和成文日期，印章之间排列整齐、互不相交或相切，每排印章两端不得超出版心，首排印章顶端应当上距正文（或附件说明）一行之内。

（2）不加盖印章的公文

单一机关行文时，在正文（或附件说明）下空一行右空二字编排发文机关署名，在发文机关署名下一行编排成文日期，首字比发文机关署名首字右移二字，如成文日期长于发文机关署名，应当使成文日期右空二字编排，并相应增加发文机关署名右空字数。

联合行文时，应当先编排主办机关署名，其余发文机关署名依次向下编排。

（3）加盖签发人签名章的公文

单一机关制发的公文加盖签发人签名章时，在正文（或附件说明）下空二行、右空四字加盖签发人签名章，签名章左空二字标注签发人职务，以签名章为准上下居中排布。在签发人签名章下空一行右空四字编排成文日期。

联合行文时，应当先编排主办机关签发人职务、签名章，其余机关签发人职务、签名章依次向下编排，与主办机关签发人职务、签名章上下对齐；每行只编排一个机关的签发人职务、签名章；签发人职务应当标注全称。

签名章一般用红色。

【提醒您】

印章使用中的注意事项

第一，印章用红色，不得出现空白印章。

第二，有特定发文机关标志的普发性公文和电报可以不加盖印章。

第三，当公文排版后所剩空白处不能容下印章或签发人签名章、成文日期时，可以采取调整行距、字距的措施解决。

8. 附注

附注是指公文印发传达范围等需要说明的事项。

公文如有附注，居左空两字加圆括号编排在成文日期下一行。

9. 附件

附件是指公文正文的说明、补充或者参考资料。

附件应当另面编排，并在版记之前，与公文正文一起装订。“附件”二字及附件顺序号用3号黑体字顶格编排在版心左上角第一行。附件标题居中编排在版心第三行。附件顺序号和附件标题应当与附件说明的表述一致。附件格式要求同正文。

如附件与正文不能一起装订，应当在附件左上角第一行顶格编排公文的发文字号并在其后标注“附件”二字及附件顺序号。

【知识拓展】

附件的种类

附件可以从作用和表现形式两种角度分类。

第一，从作用角度划分为以下三类：

1. 主体性附件。如批转转发印发类公文，主体的文种多为附件公文的法定载体"通知"，其内容也是程序性的批转、转发、印发类说明；附件本身才是公文主要内容。有意见认为这类公文不应视为附件，如《关于印发××会议纪要的通知》《关于上报×××工作总结的报告》，其中的会议纪要和工作总结都属于此类附件。

2. 补充说明性附件。为进一步突出主体的内容和行文主旨，将一些证据性文件、前期报批材料的复印件，与主体有关的详细的公文材料，包括数据、人名、各种表格、图纸及其他说明性文件材料，有意独立于主体之外单独成文，既可以补充和完善公文，又可使主题内容简洁，便于不同阅文者根据办文和职责的需要选择阅读。

3. 支撑性附件，也称参考资料式附件，即文中已申明仅供参考而不具备等同于主体的现实执行效用的附件，其效用在于为受文者正确理解和执行公文主件或上级机关审批公文提供背景材料和参考数据。例如，遵照单位领导批示办文时附上的批示复印件，越级行文时附上领导人有关批示的副本，会签公文时附上双方会签意见，上报请示附上的办文说明以及为上级代拟的批复稿等，都可视作支撑性附件。这类附件中有的不仅是在本单位内部上报领导审批签发时提供相关参考资料，帮助领导决策，所以并不作为公文的组成部分随着正文发送至收文机关。如国资委规定"送签有关文件时向本单位领导报告文件的起草和办理过程、有关事项的背景、文件办理依据、办理的意见和建议等"，应采取签报，即内部请示文件，亦称呈批件另文上报。

第二，从表现形式角度划分为图表、照片、画册、纸质公文及其他文字或非文字材料类附件。

近年来由于现代信息技术的使用，网络更给公文附件以广阔发展空间。如××市政府关于征集××地区设计方案时，将模拟的示意图附在电子公文后，受者只需轻点鼠标，一张张清晰的模拟效果图就呈现在眼前。可以预言，今后公文附件通过网络的链接，可以直接利用更为广泛的资源，如信息数据库、电子法规库；除了平面信息外，还可以通过多媒体，看到声像并茂的各种图像，附件的潜力可以大大挖掘。

资料来源：杨戎主编，《公文处理案例精选》，四川人民出版社 2010 年版，第 144—145 页。

（三）版记

公文的版记部分由版记中的分隔线、抄送机关、印发机关、印发日期和页码等组成（见图 3—4）。

1. 版记中的分隔线

版记中的分隔线与版心等宽，首条分隔线和末条分隔线用粗线（一般高度为 0.35 毫米），中间的分隔线用细线（一般高度为 0.25 毫米）。首条分隔线位于版记中第一个要素之上，末条分隔线与公文最后一面的版心下边缘重合。

2. 抄送机关

抄送机关是指除主送机关外需要执行或者知晓公文内容的其他机关，应当使用机关全称、规范化简称或者同类型机关统称。

公文如有抄送机关，一般用 4 号仿宋体字，在印发机关和印发日期之上一行、左右各空一字编排。"抄送"二字后加全角冒号和抄送机关名称，回行时与冒号后的首字对齐，最后一个抄送机关名称后标句号。

3. 印发机关和印发日期

印发机关和印发日期是指公文的送印机关和送印日期。

印发机关和印发日期一般用 4 号仿宋体字，编排在末条分隔线之上，印发机关左空一字，印发日期右空一字，用阿拉伯数字将年、月、日标全，年份应标全称，月、日不编虚位(即 1 不编为 01)，后加“印发”二字。

版记中如有其他要素，应当将其与印发机关和印发日期用一条细分隔线隔开。

4. 页码

页码是指公文页数顺序号。

公文的页码一般用 4 号半角宋体阿拉伯数字，编排在公文版心下边缘之下，数字左右各放一条一字线；一字线上距版心下边缘 7 毫米。单页码居右空一字，双页码居左空一字。公文的版记页前有空白页的，空白页和版记页均不编排页码(如图 3—4 所示)。公文的附件与正文一起装订时，页码应当连续编排。

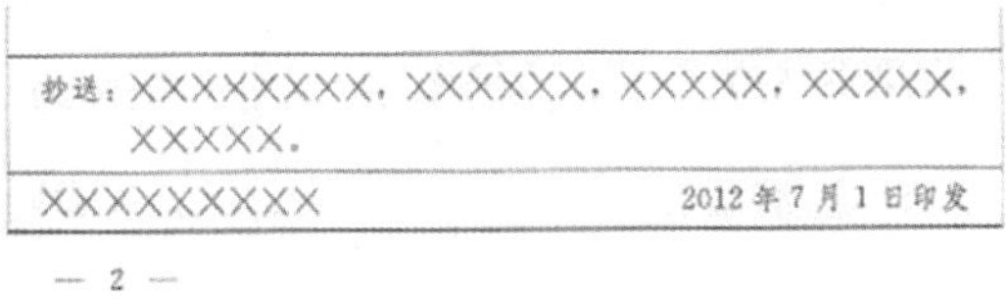
抄送：XXXXXXXX，XXXXXX，XXXXX，XXXXX，XXXXX。

XXXXXXXXX　　2012 年 7 月 1 日印发

— 2 —

图 3—4　版记

三、公文的特定格式

1. 信函格式

发文机关标志使用发文机关全称或者规范化简称，居中排布，上边缘至上页边为 30 毫米，一般使用红色小标宋体字。联合行文时，使用主办机关标志。

发文机关标志下 4 毫米处印一条红色双线(上粗下细)，距下页边 20 毫米处印一条红色双线(上细下粗)，线长均为 170 毫米，居中排布。

如需标注份号、密级和保密期限、紧急程度，应当顶格居版心左边缘编排在第一条红色双线下，按照份号、密级和保密期限、紧急程度的顺序自上而下分行排列，第一个要素与该线的距离为 3 号汉字高度的 7/8。

发文字号顶格居版心右边缘编排在第一条红色双线下，与该线的距离为 3 号汉字高度的 7/8。

标题居中编排，与其上最后一个要素相距两行。

第二条红色双线上一行如有文字，与该线的距离为 3 号汉字高度的 7/8。

首页不显示页码。

版记不加印发机关和印发日期、分隔线，位于公文最后一面版心内最下方。

2. 命令(令)格式

发文机关标志由发文机关全称加“命令”或“令”字组成，居中排布，上边缘至版心上边缘为 20 毫米，一般使用红色小标宋体字。

发文机关标志下空二行居中编排令号，令号下空二行编排正文。

3. 纪要格式

纪要标志由“××××纪要”组成，居中排布，上边缘至版心上边缘为 35 毫米，一般使用红色小标宋体字。

标注出席人员名单，一般用3号黑体字，在正文或附件说明下空一行左空二字编排“出席”二字，后标全角冒号，冒号后用3号仿宋体字标注出席人单位、姓名，回行时与冒号后的首字对齐。

标注请假和列席人员名单，除依次另起一行并将“出席”二字改为“请假”或“列席”外，编排方法同出席人员名单。

纪要格式可以根据实际制定。

四、公文格式的其他要求

1. 幅面尺寸

公文用纸采用GB/T 148中规定的A4型纸，其成品幅面尺寸为：210毫米×297毫米。

2. 版面要求

页边与版心尺寸：公文用纸天头（上白边）为37毫米±1毫米，公文用纸订口（左白边）为28毫米±1毫米，版心尺寸为156毫米×225毫米。

如无特殊说明，公文格式各要素一般用3号仿宋体字，文字的颜色均为黑色。公文一般每面排22行，每行排28个字，并撑满版心。特定情况可以做适当调整。

3. 制版要求

版面应干净无底灰，字迹清楚无断划，尺寸标准，版心不斜，误差不超过1毫米。

4. 印刷要求

公文应双面印刷；页码套正，两面误差不超过2毫米。黑色油墨应当达到色谱所标BL100%，红色油墨应当达到色谱所标Y80%、M80%。印品着墨实、均匀；字面不花、不白、无断划。

5. 装订要求

公文应当左侧装订，不掉页，两页页码之间误差不超过4毫米，裁切后的成品尺寸允许误差±2毫米，四角成90°，无毛茬或缺损。

包本装订公文的封皮（封面、书脊、封底）与书芯应吻合、包紧、包平、不脱落。

【提醒您】

装订公文的注意事项

使用骑马订或平订装订公文，应当做到以下三点：

第一，订位为两钉外订眼距版面上下边缘各70毫米处，允许误差±4毫米；

第二，无坏钉、漏钉、重钉，钉脚平伏牢固；

第三，骑马订钉锯均订在折缝线上，平订钉锯与书脊间的距离为3～5毫米。

6. 公文中的横排表格

A4纸型的表格横排时，页码位置与公文其他页码保持一致，单页码表头在订口一边，双页码表头在切口一边。

7. 公文中计量单位、标点符号和数字的用法

公文中计量单位的用法应当符合GB3100、GB3101和GB3102（所有部分），标点符号的用法应当符合GB/T15834，数字用法应当符合GB/T15835。

第二节 公文稿本

因为公文在内容、外观形式、效用等方面不同，所以同一份公文在形成过程中根据文件处理的不同需要，产生了形式、内容、作用不同的公文稿本。

一、公文稿本的含义

公文稿本指的是同一文件在撰写、审核、印制过程中根据文书处理的需要而形成的在形式、内容、作用上有所不同的文稿和文本。

长期以来，人们对文书各种稿本的叫法名目繁多，理解也不尽一致，有同一稿本叫法不同的。也有同一叫法却是兼指不同的多种稿本的。

对文书各种稿本的不同称谓总的可以分为两大类：一类是从稿本的性质和作用上去区别、称呼它，如草稿、定稿、正本、副本等；另一类是从稿本的制作方式上去区别、称呼它，如手稿、抄本、复写本、打印本、复印本、影印本等。前一类主要是揭示稿本的性质、用途，所以要严格分清；后一类主要是揭示稿本在形式上、制作及材料上的不同特点和外形特征，区分的主要目的是便于做好文书档案的保管工作。本节主要介绍第一类稿本。

二、文稿

文稿主要是公文形成前期所产生的文字材料。文稿主要有两种：一是草稿，二是定稿。

（一）草稿

草稿分为广义和狭义两种。狭义的草稿主要指作者根据腹稿草拟成文的初始稿件。广义的草稿还包括讨论稿、修改稿、送审稿、草案、修正案等。

草稿、草案都是文件的原始稿本，它反映了文件的撰制、起草过程，主要供修改、讨论和审批使用。草稿在内容和文字表述等方面，都还未成熟，所以不是正式文件，主要在机关内部使用。规划、计划、章程、条例、规定等法规性公文的草稿，一般称为草案。草案一般是特重要的文件，这些文件虽经起草，有的还在一定范围内讨论、修改过，但未在法定机关审查批准或一定会议讨论通过之前，仍是草稿，这种草稿用“草案”表示，以示问题的重大和态度的慎重。草案有时也对外发出，但主要目的是征求意见，不产生实际执行效用。有些机关的文字工作人员，由于不懂这种稿本的性质和作用，以致将草稿或草案下发，要求别人贯彻执行。例如某大学教材科起草了一份《教材发放试行办法(草案)》的公文，报送给学校领导审批，并要求批转试行，学校在收到这份公文后，认为可行，于是做了批转，此时在批转通知的标题中，就应将“草案”二字去掉，但这份批转通知的标题却是：《××大学批转教材科关于教材发放试行办法(草案)的通知》，并在通知内容里写道：“望各单位严格贯彻执行”，这就欠妥当了。

（二）定稿

定稿是文件的标准稿，是经过修改审阅后，由机关领导人签发或会议正式讨论通过的最后完成稿，它是发出的正式文件的标准和依据。草稿经过审核修改签发以后，才能成为定稿。定稿的标志是领导人的签发字样，如“同意打印下发，共印××份。局长：××××年××月××日”。联合发文，最后一个单位的领导人签发以后才可成为定稿。

定稿标志着文件全部酝酿时期的结果，最大限度地体现了文件形成者的思想成果。只有定稿，才能形成正式文件。文秘人员在制发文件时，应注意，一定要有定稿依据才能加盖公章向外发出。文件在印制过程中，如发现定稿有误，必须经过签发人同意后方可修改。

三、文本

根据定稿印制的文件成为文本。文书文本主要有：

（一）正本、副本

正本是根据定稿印制或缮写的，供向外发出用的正式文件文本。正本应具有标准的格式，上面有发文机关盖章或发文机关领导人的签署。它是收文机关处理工作的依据，具有法定的实际效用。

正本具有三个特征：第一，它是根据定稿制作的；第二，它是发送给主送机关的；第三，它具有实际效用，具有行政或法律的作用。这三个特征是紧密联系、不可分割的，只有同时具备这三个特征的文本，才能称为文本。

文书形成后期，由于实际工作的需要，往往使正本文件产生许多衍生文本，这些文本如果是与正本全文相符的，统称为副本。副本又叫抄本（“抄送”即此意），按原意它是根据正本另行复制、誊抄的，由于现代印刷技术的发展，副本往往是和正本同时印刷出来的。为避免多头主送，副本一般注明“副本”字样。没有“副本”字样的，凡发送给抄送机关的文件，或复制、翻印出的文件，刊登于报刊未注明“不另行文”的文件等，都可视为副本。副本的作用，主要是代替正本供传阅、参考和备查使用。例如，收文机关可以将收到的文件复制若干份副本，便于机关各位负责人、各有关部门传阅，以提高公文处理和运转效率。在机关向外发文时，为使收文机关便于阅读和处理，也可以同时对一个机关发送若干份副本。

关于正本和副本的使用，目前主要有三个问题值得研究：

一是正本、副本不分。如有些机关，不管什么文件，都要求下级报送一式 10 份，这显然是正本文件 10 份，如果收文机关收到文件后，划分出正本、副本，处理时可能要好一些，如果不加区分，就会在公文处理上带来麻烦。10 份正本文件都分别送有关领导和部门传阅处理，虽提高了运转效率，但是究竟以哪一份文件的处理意见为准呢？如果是请示性文件，以哪一份文件的批示意见作为批复的依据呢？这样很可能产生许多不必要的意见分歧。最好的办法是使用副本，正本文件只报一份，其余作为副本。当然，有些文件也可以是多份正本。如上级机关向所有下级机关发送的执行性文件。文件处理的依据应是正本，副本可作为参考或供集中意见时使用，归纳意见或会议讨论决定的意见可在正本文件“处理签”上体现。

二是发文往往是只有一份正本，没有副本，这样，上级机关在处理文件时就要转圈传阅（上级机关亦没有复制副本），这势必拉长文件的运转周期。下级机关在发文时如能提供若干份副本，有关领导同时阅文，然后再开会讨论，或者把意见集中起来，就会加快文件的处理速度。

三是上级机关下发的文件（指发文对象是一个机关）只有 1 份正本，没有副本。上级的文件是下级贯彻执行的依据，但一份文件往往传达贯彻很不方便，特别是批复性的文件，下级机关往往需要运用它找有关部门联系工作。如果只有一份正本，牵涉到需要找几个部门的，就很难联系处理。因为有的部门为了有依据，往往要将正本收回留存，再找第二个部门就失去了依据，本机关也同样失去了依据。如果上级机关在发文时，根据情况，同时下发一些副本，就会对下级机关的公文处理带来方便。当然，下级机关也可根据需要复制副本。

【知识拓展】

副本的功能及其使用

副本是对正本文字不加删改，按原样重新抄录的文字文本，就其所包含的内容而言，副本比之于正本来说，几乎没有任何意义，但对于保护信息源和保存信息的空间意义来说，副本又实现了正本所无法达成的目的。下面作一张有关正本副本目的、功能以及数量、持有人的对照表，以明示两者之区别。

正本、副本对照表

	正本	副本
目的	记言、记事、记数	保留信息， 扩大文本的持有人或场所
功能	延伸人类记忆能力， 保留信息， 传递信息， 备忘查证	保留信息， 备忘查证， 多方持有共同的信息
数量	一件	多件(可任意多件)
持有人	一方	多方(可任意多方)

由上表可见，虽然正本和副本显示的文字内容相同，但是其产生的目的和功能却有差别。正本是文字记录的原始文本，其目的在于记言、记事和记数，具有延伸人类记忆的功能。文字记录除了有帮助人类的记忆之外，其留下的文本还具备了保留信息的直接作用，有学者概括文字的作用为“记录性”和“纪念性”不无道理。而副本制作的目的，不是为了记言、记事或记数，因为这一功能已经由正本达成。保留信息和让数人(或数个场所)持有相同内容的文本，才是副本的主要目的。因此副本在保留信息、备忘查证的方面，与正本的作用重叠，但是，副本使得数人或数个场所得以持有文本；或当正本不在的时候，副本成为正本最可靠的信息保留载体，从这个意义上说副本又是保护正本的谨慎做法。因此，如果人们为了记录历史事实、保留圣哲之言，保存本民族的记忆，记录财产的数量，或者为了日后的查证监督，正本足以满足人类的这些社会需求。可是，当数人或数个场所同时需要相同的文本时，或者预知正本即将消失，而又必须保留正本内容的情况下，就产生了对副本的需求。

而副本所具有的任意空间保存文字信息的优势，在社会的行政管理中，尤其发挥了不可替代的重要作用。自春秋中期以来，晋、楚、秦等国在新占领的地区或新开辟的荒地上相继设立原、温、申、息、商等县，并且一改历来由王分封亲属、臣下领治的传统控制方式，采用了对地方社会直接支配管理的新手段，即郡县制度的萌芽。秦统一六国，“分天下以为三十六郡”，继续和完善春秋战国以来的这一新型的政治控制手段。以皇帝为首的中央政府，通过下达诏书、发布命令和法规法律，推行统治政策；地方基层的郡、县，通过对所辖土地山川、林木矿产资源的管理利用，对民众的人口、财产、劳动力的统计控制，做成文书，向中央报告。在郡县制的政治体制中，行政文书的上行下达，成为维系中央和地方、最高统治者与民众的主要纽带，更是维持郡县体制正常运转的主要手段。在金字塔式的政治结构里，当居于顶端的最高统治者，向全国数十余郡、上千万县同时群发诏令、法规的时候，就需要通过制作诏书、法令的副本，来完成向全国郡、县各级的群发工作。

其次，副本文书也成为行政管理中不可或缺的重要依据，它对日后的备忘查证，考核统计，保留了最原始的信息源。《周礼·春官》在叙"内史"之职时就已经说道："执国法及国令之贰，以考政事，以逆会计。"唐代贾公彦揭示副本做法所带来的后续作用时说："因即句考其政事及会计，以知得失善恶而诛赏。"因此，副本所延伸的新功能——作为考察官吏业绩的依据，成为行政管理中必不可少的一项重要内容。在里耶古井中所出土的副本特征明显的秦代公文书，为我们展示了秦代成熟和发达的行政文书管理制度。这种制度上的周密和完善，成为秦代专制主义中央集权的国家机器得以正常运转的保证。

先秦、秦汉社会中，关于副本，除了上述盟书和行政文书两类场合下的使用和流行以外，书籍的写副行为亦已出现。关于书籍的写副，《汉书》中记录了一件有趣的事情。《汉书·景十三王传》河间献王德传中记载，"河间献王德以孝景前二年立，修古好学，实事求是。从民得善书，必为好写与之，留其真，加金帛赐以招之。"颜师古注曰："留其正本，而以付本、写本付还于民之有书者。"此事发生在汉初景帝年间。当初秦始皇听从李斯建议，推行燔书令，秦以外所有记录思想言论、历史经典的书籍，均被付之一炬，行文化上的专制政策。待汉朝建立，首先否定秦的文化政策，汉惠帝四年(公元前 191 年)颁布除挟书令，"三月甲子，皇帝冠，赦天下。省法令妨吏民者；除挟书律"。于是，从朝廷到民间，从王室贵族到学儒庶人，出现了寻访收集六国书籍的热潮，也引发了伏生、张苍等文人献自藏之书，以及像河内女子等不懂文字书籍的百姓，发老屋得逸书不毁而献的佳话。在爱书、惜书、搜书和藏书人中，汉室河间献王刘德，堪称成绩辉煌的代表人物。景帝二年(公元前 155 年)刘德被立为献王之时，就开始向民间征购善书。其凭借王侯的实力，用金帛之利悬赏收集古书，所以"四方道术之人，不远千里"，给刘德献上藏书。而刘德在得到善本古书以后，极为珍视，费力保存。他专门请人将善本书籍一一誊抄，把复制的副本还给献书人，而留下真本收藏。献王藏书之多之优，可与汉王室相比。

在雕版术未发明之时，人们传诵阅览的经典传记，应该是一种传抄本。就形式而言抄本也是一种副本。正如所知，现在已经出土的各种楚竹书、秦汉竹简帛书，绝大多数都是抄本。通过书籍的抄录写副，书籍得到不断的复制，可让更多的阅读者看到喜爱的先圣言语、传记、故事和日常用书，使得书籍在更大的范围内传播。而书肆的出现，可能使得这种书籍抄副的行为商业化和规模化。我们知道，至少在东汉的时候，洛阳已经有出售书籍的市场，谓之书"肆"。《后汉书·王充传》记载："(充)家贫无书，常游洛阳市肆，阅所卖书，一见辄能诵忆，遂博通众流百家之言。"扬雄在《法言·吾子》说："好书而不要诸仲尼，书肆也。"因此，陈梦家推测在东汉有职业的抄书人，叫作"佣书""写书"。

资料来源：吕静，《中国古代文书副本之考察》，《史林》2010 年第 5 期，略有删改。

(二)存本

存本指的是发文机关留存的印制本，它是作为发出的正本的样本留作查考用的。存本是由正本转化来的，其转化的条件就是它失去了"发给主送机关"的特征，而被作者自己留存下来，作为与定稿相对照和检查正本文件发出后是否达到了预期目的之用。当产生疑问时，用存本与定稿核对，以分清内部责任；用存本与正本相核对，以分清与外部的责任。所以，保留存本时，应与定稿留存一起，同时整理归档。

(三)试行本、暂行本

试行本和暂行本主要是用于条例、规章、办法等法规性的文件。试行本是在文件制发机关认为文件内容还不够成熟，有待于通过实践总结经验，才能最后修改定稿时，为了稳妥起见,往往先用试行本的方式发布试行。暂行本是制发机关认为一时还来不及制定详细周密的规定时,先发一个暂行的文件,经过一定时期,积累经验,经过修订后再发布正式规定。

试行本和暂行本在本质上没有区别,但试行本着重强调试行,暂行本着重强调时间。试行本和暂行本不同于草稿、草案,它们都是具有实际执行效用的正式文件,在试行和暂行期间,有关单位应认真贯彻执行,不能因为是试行和暂行而在执行中打折扣。

目前在试行本和暂行本的使用上,制发机关应该注意:既然是试行,在取得经验和经过修改趋于成熟以后,就应发布正式文件,试行本即行作废;既然是暂行,就不应当长期不动,应当在充分调查研究、广泛征求意见的基础上,尽可能制发正式规定。试行本和暂行本如果使用太多,周期太长,往往影响文件的执行效用。

(四)两种以上文字文本

同一份文件,有时也有两种以上文字的文本。如在我国少数民族自治地区,有时就需要同时使用汉文文本和其他兄弟民族文字文本,以便于汉族和兄弟民族与群众阅读。在外事工作中,也往往同时使用中文和外文文本,为避免文字解释上的争议,有时还规定以哪种文字文本为准。

文稿和文本的使用是一个很重要的问题,应该从性质和作用上,认真加以区分,正确使用。

【本章小结】

1. 公文格式是指各种公文文体的表现样式和形式。我国党政机关公文格式的构成要素包括份号、密级和保密期限、紧急程度、发文机关标志、发文字号、签发人、标题、主送机关、正文、附件说明、发文机关署名、成文日期、印章、附注、附件、抄送机关、印发机关和印发日期、页码等,这些要素都应符合各自的编排规则。

2. 同一文件在撰写、审核、印制过程中根据文书处理的需要而形成的在形式、内容、作用上有所不同的文稿和文本称之为公文稿本。

3. 文稿主要有草稿和定稿两种。

4. 公文的文本有正本、副本、存本、试行本、暂行本和两种以上文字文本等。

【练习题】

1. 什么是公文格式?我国党政机关公文格式由哪些部分组成?

2. 什么是公文稿本?各种公文稿本的性质和作用是什么?

3. 下列发文字号的格式是否规范,为什么,请修改。

(1)京农办(2019)57号　　(2)沪教人[2020]第5　　(3)豫档字[2021]000008

(4)新发〔2019年〕23号　　(5)〔2018〕晋组027号　　(6)津卫计(2019)四号

【技能训练任务】

任务一

1. 训练目标

掌握公文的格式和要求，掌握份号、密级和保密期限、紧急程度、发文机关标志、发文字号、签发人、标题、主送机关、正文、附件说明、发文机关署名、成文日期、印章、附注、附件、抄送机关、印发机关、印发日期、页码等要素的概念和编排规则。

2. 训练内容

(1)在标准 A4 纸上画出公文用纸的页边和版心尺寸。

(2)利用计算机软件，参照《党政机关公文格式》国家标准中的“式样”，制作公文首页版式、末页版式、附件说明页版式、带附件公文末页版式和信函格式首页版式。

3. 训练要求

符合《党政机关公文格式》国家标准的有关要求，格式正确，要素齐全，样式规范。

任务二

1. 训练目标

熟悉公文的格式和要求，能按照党政机关公文格式要求和式样制发公文。

2. 训练内容

(1)国务院关于机构设置的通知。

(2)中华人民共和国国务院令第 641 号。

(3)吉林省 2013 年人防工作会议纪要。

3. 训练要求

将以上三份公文(公文内容见第二章中的“范例阅读”)分别按照党政机关公文格式、命令格式和纪要格式的规范格式和编排规则加以排版，画出整份公文的图示，包括版头、主体和版记的各要素(三份公文中未出现的格式要素可以自行拟制)。

第四章
公文处理

学习目标

知识目标：

熟悉公文处理工作，掌握公文拟制、公文办理和公文管理三个工作程序。

掌握公文拟制和公文办理中各环节的流程和操作要点。

掌握公文管理的原则、内容和要求。

能力目标：

能按照《党政机关公文处理工作条例》进行公文拟制、发文办理、收文办理和公文管理，形成公文处理工作技能。

能运用公文处理工作的有关知识分析案例。

【案例导读】

字入公门莫轻视　因小失大惹官司

某区政府主管部门在代该区政府拟写一份给某外资企业的批复文稿时，由于起草人员疏忽大意，将文稿中“需缴纳土地征用某某费和某某费”误写为“需缴纳土地征用某某费或某某费”，区政府办公室在核稿和送审过程中都没有发现这一字之错。该外企收到政府批文后，即在规定期限内向有关部门缴纳了其中的一项数额少的土地征用费，而没有缴纳另一项数额较大的土地征用费。直至数月后，该区有关部门发现这一情况，向该外企致函责询，才发现区政府公文中一字之差的政策性差错。

由于该项土地征用费是国家法律规定必须缴纳且数额较大，区政府和有关部门只好拿着国家相关法律多次上门解释，要求该外企尽快补交。但该外企均以区政府已有正式批复为由，不愿再缴纳另一项土地征用费。区政府只好采取强制措施，想迫使该企业补交。于是，该外企一纸诉状将该区政府告上法庭。法庭经过审理，认为该区政府的批文格式规范，文字、印章、生效时间准确无误，应属有效公文，判决区政府败诉。区政府万般无奈，又以国家法律为依据，发文撤销已发的批复公文，并上诉法院要求判处该外企补交土地征用费。

资料来源：杨戎主编，《公文处理案例精选》（案例5—8），四川人民出版社2010年版，有删改。

互动问题：

1. 某区政府主管部门和区政府办公室的公文处理工作分别存在什么问题？应该怎样纠正？

2. 区政府给某外资企业的批复是一份规范的公文吗？

3. 区政府怎样才能撤销已发的公文？被撤销的批复有效吗？为什么？

公文处理工作是指公文拟制、办理、管理等一系列相互关联、衔接有序的工作，是按照公务文书的拟制、办理和管理的规律，对公文做出的一系列操作环节、工作步骤的有序组合和合理安排，反映了文书在机关、团体、企事业单位以及其他社会组织内部运转的全过程。

一般来说，公文处理工作包括公文拟制、公文办理和公文管理三个方面的运转程序，其中，公文办理要经过收文办理、发文办理和整理归档三个环节。

第一节　公文拟制

公文拟制包括公文的起草、审核、签发等程序。公文的拟制是整个公文处理过程的第一个步骤，拟制公文的质量和实效是公文处理工作能否顺利进行的关键。

一、起草

起草即草拟文稿，它是整个公文处理过程的首要环节。

公文起草是一项极其严肃的工作，不仅要有较高的写作能力，还要了解实际工作情况，掌握有关政策和法规等，因此必须认真对待。

起草公文前，领导应把拟写的目的、意图、大致内容、行文对象等交代清楚。起草公文时，起草人员必须认真领会领导意图，在做好调查研究和分析各类情况和需要的基础上拟稿。

【提醒您】

公文起草的注意事项

公文在起草时应该注意：

第一，符合党的路线方针政策和国家法律法规，完整准确体现发文机关意图，并同现行有关公文相衔接。

第二，一切从实际出发，分析问题实事求是，所提政策措施和办法切实可行。

第三，内容简洁，主题突出，观点鲜明，结构严谨，表述准确，文字精练。

第四，文种正确，格式规范。

第五，深入调查研究，充分论证，广泛听取意见。

第六，公文涉及其他地区或者部门职权范围内的事项，起草单位必须征求相关地区或者部门意见，力求达成一致。

第七，机关负责人应当主持、指导重要公文起草工作。

二、审核

审核又称核稿，是指文稿在送交机关领导签发之前，对文稿的内容、体式等进行全面的检查审定。这是关系到公文质量的重要程序，也是公文拟制中一个必经的重要环节。

公文文稿签发前，应当由发文机关办公厅(室)审核。一般文件也可以指定经验丰富、各方面素质都较高又有较高文字水平的秘书人员负责把关。审核主要是把好"三关"，即行文确认关、政策法规关和文字质量关。

需要发文机关审议的重要公文文稿，审议前由发文机关办公厅(室)初核。

需要强调的是，公文文稿经审核后，认为不宜发文的，应当退回起草单位并说明理由；符合发文条件但内容需进一步研究和修改的，由起草单位修改后重新报送。

【提醒您】

公文审核的重点内容

公文在审核时应该重点审核以下内容：

第一，行文理由是否充分，行文依据是否准确。

第二，内容是否符合党的路线方针政策和国家法律法规；是否完整准确体现发文机关意图；是否同现行有关公文相衔接；所提政策措施和办法是否切实可行。

第三，涉及有关地区或者部门职权范围内的事项是否经过充分协商并达成一致意见；

第四，文种是否正确，格式是否规范；人名、地名、时间、数字、段落顺序、引文等是否准确；文字、数字、计量单位和标点符号等用法是否规范。

第五，其他内容是否符合公文起草的有关要求。

三、签发

公文应当经本机关负责人审批签发。签发是发文机关单位主管领导对已经审核的文稿进行最后的审定后，在发文稿纸上签署批准发文意见，并签注自己的姓名和日期的环节。

签发是公文拟制过程中最重要的一个程序。文稿一经签发即成定稿(以后虽然还有几个程序，但都是一些事务性的工作)，办理人员无权改动，一旦出错，文件发出后势必造成工作的被动。因此，在整个公文处理过程中，它是最严肃的一项工作，任何人都不得越权签发，签发人在签发文件时也不能有一点马虎，更不能随意让他人代签。

签发环节是领导人行使职权的一种表现，签发人代表本机关单位对所发出的文件及文件的文字表述负有完全的责任。因此各机关单位对于签发文件的职能分工，应有明确的原则和规定。

表 4—1 **发文稿纸**

文号		份数	
签发		会签	
拟稿		审核	
密级		紧急程度	

续表

事由	
附件	
主送机关	
抄送机关	
发文日期	

【小技巧】

公文签发的原则

签发公文时，应该遵循以下原则：

第一，重要公文和上行文由机关主要负责人签发；

第二，党委、政府的办公厅（室）根据党委、政府授权制发的公文，由授权机关主要负责人签发或者按照有关规定签发；

第三，联合发文由所有联署机关的负责人会签；

第四，签发人签发公文，应当签署意见、姓名和完整日期；圈阅或者签名的，视为同意。

【范例阅读】

《决定》诞生记：习近平要求起草“三不写”

2013 年 11 月 12 日下午 3 时，中国共产党第十八届中央委员会第三次全体会议举行闭幕会，出席全会的中央委员经表决，一致通过了《中共中央关于全面深化改革若干重大问题的决定》（下称《决定》）。

这是一份具有划时代意义的蓝图，对在新的历史起点上全面深化改革做出战略部署，《决定》共 16 个部分、60 条、300 多项改革举措，在理论和实践上取得一系列重大创新。

从 4 月 24 日文件起草组第一次全体会议，到 11 月 9 日党的十八届三中全会召开，《决定》稿起草工作历经了整整 200 个日夜。

《决定》·起草——总书记担任起草组负责人

2013 年 4 月，新一届国家机构换届选举刚刚完成。中共中央政治局做出了一项意义重大而深远的历史决策——党的十八届三中全会重点研究全面深化改革问题并做出决定。

中共中央政治局同时批准成立党的十八届三中全会文件起草组，由习近平总书记亲自担任组长。这是进入新世纪以来党的最高领导人首次担任全会文件起草组负责人，彰显了党中央对全面深化改革的高度重视。

4 月 20 日，中共中央向各省、自治区、直辖市，中央和国家机关，解放军和各人民团体发出通知，征求全面深化改革的意见。不到一个月的时间里，118 份意见和建议从全国各地汇集到北京。从上到下、自下而上，成千上万条关于深化改革开放的意见和建议反映上来。

夜以继日、连续奋战，驻地的灯火彻夜长明。60 多位文件起草组成员对《决定》稿框架反复进行集中讨论研究。

《决定》·调研——起草组专题调研农村土地

党的十八大以来，习近平总书记调研的足迹遍及大江南北，遍及社区、乡村、企业、学校。他以深邃的洞察力和高屋建瓴的战略眼光，提出了全面深化改革需要调查研究的6个重大问题。

7月22日，农历大暑时节，习近平来到湖北武汉农村综合产权交易所调研，他向工作人员详细了解涉农产权交易尤其是土地流转交易情况。习近平强调，这是一个积极探索。如何在坚持农村土地集体所有性质的前提下完善联产承包责任制，既保障基本农田和粮食安全，又通过合乎规范的流转增加农民收入？一系列问题在下一步改革中要好好研究。

为深入弄清情况，文件起草组立即成立专题调研小组，并委托有关单位，进农村，访农民，开展有关农村土地问题专题调研。

文件起草组直接调研、委托部门和机构调研、听取专家意见、旁听政协会议……一个个重大改革命题，正是在这样的调研过程中不断得出答案。

《决定》·要求——不“十全大补”、不面面俱到

对于《决定》稿的起草，习近平总书记明确要求，要把握全党全社会关注的重点，回答各方面问题和关切，研究提出改革总体设计和针对性举措，明确改革的战略目标、战略重点、优先顺序、主攻方向、工作机制、推进方式；重大改革举措牵一发而动全身，一旦出现偏差纠正很难，必须反复论证，使之行之有效、行之久远，不能随意“翻烧饼”，要坚持摸着石头过河，胆子要大、步子要稳，改革重大举措多听各方意见，最后是政治决断……

深入思考、重点研究，不断深化、不断细化、不断系统化……《决定》稿在多次讨论和修改中渐具雏形。

按照习近平总书记“不‘十全大补’、不面面俱到”的要求，文件起草组坚持“三不写”：一般性的举措不写；重复性的举措不写；纯属发展性的举措不写。

半年多时间，80余次分组会议。文件起草组对《决定》稿反复修改，从重大表述、重大举措，到文字表述、遣词用句，一一认真推敲、细致打磨，力争每句话都论据充分、精益求精。

资料来源：新华网，2013年11月19日，http://news.xinhuanet.com/finance/2013—11/19/c_125727619.htm。

互动问题：

1. 结合案例，谈谈你如何认识公文拟制过程。

2. 习近平同志担任十八届三中全会《决定》文件起草组组长，这是进入新世纪以来党的最高领导人首次担任全会文件起草组负责人。你对此怎么看？

3. 你能从本案例中得到哪些启发？

第二节 公文办理

《党政机关公文处理工作条例》从运转角度出发，以工作流程为主线来阐述公文办理，将公文办理分为收文办理、发文办理和整理归档三方面的工作。

本节考虑到“发文办理”和上节“公文拟制”内容上相衔接，所以将“发文办理”安排在“收文办理”之前阐述。

一、发文办理

发文办理主要有复核、登记、印制、核发等程序。

(一)复核

复核是指文秘部门对已经发文机关负责人签批的公文在正式印发前对公文进行二次审核的环节。

复核的内容主要包括审批手续、内容、文种、格式等。

另外,经复核需对文稿实质性修改的,应当报原签批人复审。

(二)登记

登记是指对复核后的公文的发文字号、分送范围和印制份数等内容进行记载的环节。其作用主要是便于对发文的管理、统计和核查。

在发文办理时,文秘人员可以根据文件发文字号、分送范围和印制份数等内容设计见表4－2发文登记表。

表4－2 **发文登记表**

序号	发文字号	发文日期	公文标题	分送范围	份数	签收人	备注

【知识拓展】

发文登记簿简介

发文登记一般使用簿册式。采用簿册登记,一般以年度为单位,每年度使用一册。一个单位常常有三种发文登记簿,即内收发的发文登记簿、内收发对外收发的送文登记簿和外收发发文登记簿。

内收发的发文登记簿的登记项目有顺序号(发文在簿册中的流水顺序登记号)、登记日期、发文字号、密级、文件标题、发往机关(主送机关和抄送机关)、份数、归卷情况、备注等栏,发文时应逐项登记,以便于统计与核查。

内收发对外收发的送文登记簿的登记项目一般有登记日期、封皮号(发文在内收发的发文登记簿中的流水顺序号,同时要写在送文的封皮上,故称之为封皮号)、发往机关(主送机关和抄送机关)、发往方式(标明所发文件是否急件、密件,是否由机要交通发送或通过邮局挂号发送等)、签收时间和签收人(由外收发填写,收文后签名或盖章)、备注等栏。内收发向外收发送交待发文件时,就履行上述送文登记的交接手续。

外收发的发文登记簿的登记项目与收文登记簿基本相似,可以直接使用与收文登记簿同样格式的登记簿。

资料来源:赵映诚主编,《公文工作与档案管理》,高等教育出版社2007年版,第147页。

(三)印制

印制是公文的印刷制作环节，是根据发文定稿制成文件正本的过程。

文稿必须经过印制才能成为完整美观的正本，才能在发出以后正确传达发文机关的意图，发挥其效用。因此，印制时必须严肃认真、准确细致，以保证公文制作的质量。公文印制必须在规定的时限范围内完成，涉密公文的印制应当符合保密要求。

【小技巧】

公文印制的“三个确保”

公文在印制时应该做到以下“三个确保”：

一是确保质量。公文印制必须以经过机关负责人签发的定稿为依据。

二是确保时效。尤其是对于标注特急或要求限时发出的公文，要严格按照时限印制完毕，不得延误。

三是确保安全保密。涉密公文应当在具有国家秘密载体印制资质的单位或机关内部非经营性印刷厂、文印中心印制。

(四)核发

核发是指公文印制完毕后，对需要发出的公文的文字、格式和印刷质量进行核查后分装和发送的环节。

待发文件在印制完成后还应该认真核查，尤其需要注意附件是否纰漏，文件有无遗漏（如漏盖公章等）和错误（如缺页、错页或倒页等）的问题。只有在仔细核查确保文件完全正确的前提下才能分发。文件的分发一般包括书写封面、装入文件、封口、登记、发送文件等一系列工作。

二、收文办理

收文办理主要有签收、登记、初审、承办、传阅、催办、答复等程序。

(一)签收

签收是收文办理的第一道程序，是指收件人对收到的公文进行清点确认的过程。签收主要有三种方式：签字、签字并盖章、出具收条。签收的作用，一是为明确交代双方的责任提供一种凭证；二是为保证公文运转安全。

签收时应对收到的公文逐件清点，核对无误后签字或者盖章，并注明签收时间。

收文经过审核后，加盖收文章后应该立即登记。

【提醒您】

签收的注意事项

签收公文时应该注意：

第一，对所收文件的件数（包括附件的件数）与发文通知单的件数是否相符。

第二，检查所收文件与封套上注明的收文机关、收件人是否相符，检查封套是否有破损或开封等现象，检查是否有错投现象。

第三，经清点、检查无误后，在对方的送文簿或发文通知单，或在投递单上签署收件人姓名和收到时间。

（二）登记

登记是指文秘部门按照一定的形式对收受的公文的主要信息和办理情况等进行记载的环节。

收文后登记可以使文件来龙去脉清楚，便于对收文的控制与管理，便于对收文的查找和检查收文的下落及承办情况，便于对收文的催办和统计，还有利于防止收文的紊乱、积压和丢失，有利于提高工作效率和保证归档文件的齐全完整。

登记时必须将公文的主要信息，如收文时间、来文机关或单位、发文字号、文件标题或摘要、密级、缓急时限、份数及承办单位、复文号、归入卷号、备注等办理情况逐项登记清楚，以备查询。其中收文时间、来文机关或单位、发文字号、文件标题或摘要、密级、缓急时限、份数等项记载来文的自然特征，其余各项记载收文的运转和办理终结情况。在收文的运转过程中，完成一项即可填写一项。

（三）初审

初审是指文秘部门对收到的需要办理的公文进行审核的环节。经初审不符合规定的公文，应当及时退回来文单位并说明理由。

【提醒您】

公文初审的重点

公文在初审时应该围绕以下重点内容进行：

第一，是否应当由本机关办理。看看文件内容是否属于本机关职权范围内需阅知或办理的事项，如是误送，应立即退回发文机关，不要擅自处理，不要代转。

第二，是否符合行文规则。

第三，文种、格式是否符合要求。

第四，涉及其他地区或者部门职权范围内的事项是否已经协商、会签。

第五，是否符合公文起草的其他要求。

（四）承办

承办是遵照领导人对文件的办理意见，根据来文的内容和要求，由有关职能部门或个人承接办理来文并予以贯彻落实的办理环节。

承办部门收到交办的公文后应当及时办理，有明确办理时限要求的，应当在规定时限内办理完毕，不得延误、推诿。

在承办公文时，秘书部门或经授权的部门可以在领导提出处理意见前对需要办理或答复的收文提出初步的办理意见，这个环节称之为“拟办”。拟办的目的主要是便于领导批示时参阅。领导者在将收文包括拟办意见审阅后，对文件的处理原则、方法、步骤、注意事项等在文件阅办单上加以批示，签署意见，这个环节称之为“批办”。批办是行使领导职权的一种具体体现。

【小技巧】

公文承办的技巧

第一，阅知性公文可以根据公文内容、要求和工作需要确定范围后分送。

第二，批办性公文可以提出拟办意见报本机关负责人批示或者转有关部门办理。

第三，需要两个以上部门办理的，应当明确主办部门。

第四，紧急公文应按时限要求办理，确有困难的，应及时予以说明。

（五）传阅

传阅是指根据领导批示和工作需要将公文及时送传阅对象阅知或者批示的办理环节。公文传阅时应当随时掌握公文去向，不得漏传、误传、延误。

需要办理的公文可以通过填写文件阅办单（见表4—3）来进行承办和传阅。文件阅办单应贴在所收文件的前面，随文件运转和归档。

表4—3 **文件阅办单**

来文单位		文件字号		份数	
收文日期		办文编号		密级	
文件标题					
办公室意见					
领导批示					
传阅签字					
办理结果					
备注					

【小技巧】

公文传阅中的“六要”

公文在传阅时要做到以下“六要”：

一要随时掌握公文传阅去向和进度；

二要控制公文传阅周期（时间）；

三要严格公文传阅范围；

四要减轻机关负责人阅文负担（可以先进行摘编）；

五要确保传阅安全保密；

六要适时将已传阅完毕的文件收回归档。

【知识拓展】

传阅的方法

传阅的方法一般可分为以下三种。

1. 轮辐式

这种传阅方法是以文秘人员为中心,以阅文人为外圈。由中心点开始,先送给第一个人看,看后退回中心点,再由中心点送给第二个人看,看完后又退回,又送出,如此下推,直到阅完。每传阅一人,通过中心点一次,传阅路线如同车轮辐条形状,所以称之为"轮辐式"。

采用轮辐式的好处是:可以有效地控制公文,掌握公文的行踪;可以避免公文中途积压,下落不明;还可以随时调整传阅人员次序(已规定有传阅次序的除外),保证公文尽快阅完。

2. 接力式

这种传阅方法是公文一旦传出,不再经由中心点,由阅文人依次下传,直至最后一个阅文人,阅毕后再交回中心点。这种方法不宜提倡,因为公文的行踪难以控制。只有在特殊情况下才能偶尔用之。

3. 专人送传

专人送传是指派专人把需要传阅的公文在限定的时间内依次送给阅文人阅读,必须专人送传的公文有两种,一是特急件,二是绝密件。

专人送传一般都是直接上门送阅,当场看完,立即拿走,再送传给下一个人,直接传阅完为止。

这种传阅方法的特点是快、准、保密。

资料来源:夏海波,《公文写作与处理》,北京大学出版社2010年版,第225页。

(六)催办

催办是指按照文件办理时限,文秘部门对承办工作进行检查与催促,防止公文办理的漏办和延误。催办是提高办文效率,防止推诿、拖拉的一个重要环节。进行催办时,文秘人员应及时了解掌握公文的办理进展情况,督促承办部门按期办结。

收文办理的催办环节必须按公文的紧急程度和重要程度确定工作的重点。送负责人批示或者交有关部门办理的公文,秘书部门要负责催办,紧急公文或者重要公文应当由专人负责催办,做到紧急公文跟踪催办,重要公文重点催办,一般公文定期催办,并将催办过程中发现的问题及时向领导汇报,以便及时采取相应的有效措施。

【小技巧】

催办的方法

催办的具体方法很多,但最主要的有以下几种:

第一,书面催办。通过下发催办通知单、催办函等书面催办。

第二,电话催办。通过电话催办,要注意把电话内容记录下来,以便于答复或备查。

第三,当面催办。

无论采用哪种方法催办,语气都要和缓,应用商量的口气,不要动不动就拿领导机关或领导个人的牌子压人。

（七）答复

答复是指公文办理的结果应及时反馈回来文单位，并根据需要告知相关单位。答复环节标志着收文办理程序的终结。

答复时，可以是书面答复（如制发答复公文，印发领导批件等），也可以是口头答复（如电话答复、面谈答复等）。

需要补充说明的是，在答复等收文办理程序结束之后，公文承办人员可以在文件阅办单上就公文承办的情况和结果做出简要的说明，这个环节称之为“注办”。注办的目的主要是便于公文的整理和日后的查考。

三、整理归档

公文在经过收文办理或发文办理完毕后，应当根据有关档案法律法规以及机关档案管理规定，及时收集齐全、整理归档。

有关“公文整理归档”的相关问题在第五章中详细论述。

第三节　公文管理

公文管理是指以安全保密和充分发挥公文效用为目标，在公文形成、传递、运转、存储、利用、整理归档、清退销毁等环节中所进行的规划、组织、控制、监督、保管、整理、统计、提供服务等职能活动。

公文管理贯穿于公文处理工作全过程，是公文处理工作的重要保障。

一、公文管理的原则

1. 完善制度

《党政机关公文处理工作条例》（以下简称《案例》）第二十八条规定：“各级党政机关应当建立健全本机关公文管理制度，确保管理严格规范，充分发挥公文效用。”可见，完善公文管理制度是确保公文严格管理和发挥效用的前提，是做好公文管理工作的基本原则。

各级党政机关公文管理单位或部门都必须以有关法规为依据，结合自身的具体情况，建立健全本机关公文管理制度，使公文管理工作真正实现制度化和规范化。

2. 统一管理

《条例》指出：“党政机关公文由文秘部门或者专人统一管理。”统一管理成为公文管理的又一要求。统一管理公文主要表现在收文发文归口管理、统一公文办理规章制度、统一公文运转程序、统一审核用印、统一整理归档、统一清退销毁等方面。

3. 安全保密

安全保密工作贯穿于秘书工作各项具体事务的始终。在公文管理工作中，负责管理公文的文秘部门或专人除应做好日常的安全保密外，还需符合以下两条原则。

第一，配备保密设施设备管理。这是针对设立党委（党组）的县级以上单位的特定要求。《条例》指出，设立党委（党组）的县级以上单位应当建立机要保密室和机要阅文室，并按照有关保密规定配备工作人员和必要的安全保密设施设备。

第二，依照公文密级管理。《条例》规定：“公文确定密级前，应当按照拟定的密级先行采取保密措施。确定密级后，应当按照所定密级管理。公文的密级需要变更或者解除的，由原确定密级的机关或者其上级机关决定。”

【提醒您】

公文管理中怎样保密

保密工作在公文管理中尤为重要。在工作中，应该从以下几方面入手加强公文的保密管理。

第一，绝密级国家秘密载体公文应当在符合国家保密标准的设施、设备中保存，并指定专人管理。

第二，未经原定密机关、单位或者其上级机关批准，不得随意复制和摘抄公文。

第三，收发、传递和外出携带公文，应当指定人员负责，并采取必要的安全措施。

第四，对接触、知悉公文的人员要做文字记载，禁止携带公文参加涉外活动或出境。

二、公文管理的内容和要求

公文管理的具体内容包括印发传达、复制汇编翻印、撤销和废止、清退和销毁、移交、发文立户等几方面。

1. 印发传达管理

公文的印发传达范围应严格按照发布层次和发文机关的要求执行。印发传达范围若有需要变更的，应当经发文机关批准。

【小技巧】

公文公开发布的原则

公开发布是印发传达的一种常见形式，实际上是变更了公文的印发传达范围。公文公开发布时可以遵循以下原则：

第一，公开发布权限。公文的公开发布必须经发文机关批准。不能将公文不涉密作为公文可随意公开的依据，凡没有标注可公开发布的，公开时必须请示。

第二，涉密公文公开发布前应当履行解密程序。解密的不一定公开，但公开的一定是已经解密的。

第三，公开发布的时间、形式和渠道，由发文机关确定。

第四，经批准公开发布的公文，同发文机关正式印发的公文具有同等效力。

2. 复制汇编翻印管理

在公文管理中会经常遇到复制、汇编、翻印公文等情况，文秘部门和专人应该按照《条例》的具体规定执行（文件翻印范例见图 4—1）。

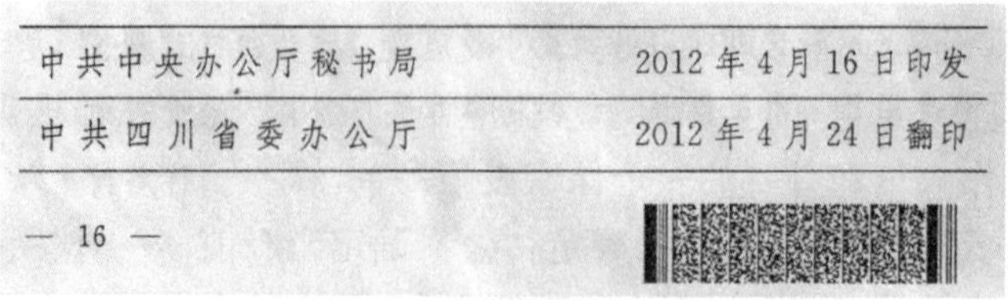

中共中央办公厅秘书局	2012 年 4 月 16 日印发
中共四川省委办公厅	2012 年 4 月 24 日翻印

— 16 —

图 4—1　文件翻印范例

【提醒您】

公文复制汇编翻印管理的规定

《条例》对公文复制汇编翻印管理做出如下规定：

第一，复制、汇编机密级、秘密级公文，应当符合有关规定并经本机关负责人批准。

第二，绝密级公文一般不得复制、汇编，确有工作需要的，应当经发文机关或者发文机关的上级机关批准。

第三，复制、汇编公文视同原件管理。复制件应当加盖复制机关戳记。汇编本要有相关戳记和密级标志。汇编后形成的涉密汇编本，按其中最高密级和最长保密期限在封面做出标志并管理。

第四，翻印件应当注明翻印机关的名称、日期。

3. 撤销和废止管理

公文在使用过程中会遇到撤销和废止的情形。根据《条例》规定，公文的撤销和废止由发文机关、上级机关或者权力机关根据职权范围和有关法律法规决定。公文被撤销的，视为自始无效；公文被废止的，视为自废止之日起失效。

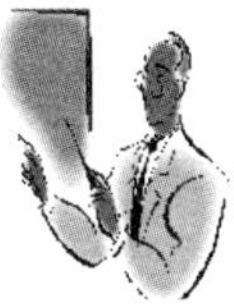

【范例阅读】

中华人民共和国国家卫生和计划生育委员会令

第2号

为了适应经济社会和卫生计生事业发展，维护法制统一，推进依法行政，经2012年3月19日原卫生部部务会议和2013年7月30日国家卫生计生委委主任会议讨论通过，决定废止《妇幼卫生工作条例》等7件部门规章（见附件）。

本决定自发布之日起施行。

附件：国家卫生计生委决定废止的部门规章目录（7件）

主任　李　斌

2013年9月6日

附件：

国家卫生计生委决定废止的部门规章目录(7件)

序号	规章名称	公布机关	公布日期
1	妇幼卫生工作条例	原卫生部	1986年4月20日
2	综合医院评审标准	原卫生部	1997年9月1日
3	卫生部健康相关产品审批工作程序	原卫生部	1999年3月26日
4	卫生部消毒产品申报与受理规定	原卫生部	1999年4月13日
5	卫生部涉及饮用水卫生安全产品申报与受理规定	原卫生部	1999年4月13日
6	卫生部卫生立法工作管理办法	原卫生部	1999年10月25日

续表

序号	规章名称	公布机关	公布日期
7	卫生部行政复议与行政应诉管理办法	原卫生部	1999 年 12 月 29 日

资料来源：《中华人民共和国国务院公报》2013 年第 33 号。

互动问题：

1. 被废止的《卫生部卫生立法工作管理办法》从(　　)开始失效。

A. 1999 年 10 月 25 日　　B. 2012 年 3 月 19 日

C. 2013 年 7 月 30 日　　D. 2013 年 9 月 6 日

2. 被撤销公文的无效日期和被废止公文的失效日期分别从什么时候算起?

4. 清退和销毁管理

清退是指文秘部门按照有关规定和要求，定期或不定期地对办理完毕的公文特别是涉密公文，进行清点、核对、收缴，退归原发文机关或由其指定的单位。下级机关报送的涉密公文，一般不予退回，由上级机关销毁或暂存备查。有重大错情的公文一经发现即由主管机关立即全部收回，下级机关不得以任何理由不退、少退或故意拖延留存。

销毁是指对失去留存价值或留存可能性的办毕公文所进行的毁灭性的处理。不具备归档和保存价值的公文可以销毁。销毁公文时，应履行清点、登记手续，经本机关、单位主管负责人批准后，送交专门的涉密载体销毁机构销毁。销毁涉密公文必须严格按照有关规定履行审批登记手续，确保不丢失、不漏销。机关自行销毁的，应严格执行国家有关保密规定和标准，确保涉密信息无法还原。禁止将待销公文当作废品出售。个人不得私自销毁、留存涉密公文。

5. 移交管理

《条例》规定："机关合并时，全部公文应当随之合并管理；机关撤销时，需要归档的公文经整理后按照有关规定移交档案管理部门。工作人员离岗离职时，所在机关应当督促其将暂存、借用的公文按照有关规定移交、清退。"

公文移交的范围不只是"红头文件"，而是应将个人使用和管理的涉密载体和各种公文资料全部清理并退还原工作单位。涉密人员离岗、离职对知悉的国家秘密仍然负有保密义务，除做好清退移交外，还要签订离岗保密承诺书，遵守脱密期管理规定。

6. 发文立户管理

发文立户管理是《条例》增加的内容，使公文管理从源头上就步入了正轨。《条例》指出，新设立的机关应当向本级党委、政府的办公厅(室)提出发文立户申请。经审查符合条件的，列为发文单位，机关合并或者撤销时，相应调整。

发文立户总的原则是：严格控制，以属地管理为主，按照机构隶属关系和干部管理权限决定。

【本章小结】

1. 公文处理工作是按照公务文书的拟制、收发、办理和管理的规律，对公文做出的一系列操作环节、工作步骤的有序组合和合理安排，包括公文拟制、公文办理和公文管理三方面的运转程序。

2. 公文的拟制是整个公文处理工作过程的第一个步骤，包括公文的起草、审核、签发等程序。

3.《党政机关公文处理工作条例》从运转角度出发，以工作流程为主线来阐述公文办理，将公文办理分为收文办理、发文办理和整理归档三方面的工作。其中，收文办理主要有签收、登记、初审、承办、传阅、催办、答复等程序。发文办理主要有复核、登记、印制、核发等程序。

4. 公文管理的具体内容包括印发传达、复制汇编翻印、撤销和废止、清退和销毁、移交、发文立户等几方面。在公文管理中，我们应该遵循完善制度、统一管理、安全保密的工作原则。

【练习题】

1. 回答"案例导读"和"案例阅读"后的"互动问题"。
2."公文拟制"中的审核与"发文办理"中的复核有哪些相同点和不同点？
3. 简述公文拟制、收文办理和发文办理的主要程序。
4. 公文管理工作有哪些原则和要求？

【技能训练任务】

任务一

1. 训练目标

了解公文处理工作，熟悉公文拟制、公文办理和公文管理三个工作程序。

2. 训练内容

参观自己学校或学校附近的企事业单位，了解其公文处理工作的程序。

3. 训练要求

(1)以"某某单位公文处理工作之我见"为题写一份参观心得。

(2)可以写整个公文处理程序，也可着重写公文拟制、公文办理和公文管理中的某一个环节，分析这些企事业单位的公文处理工作是否符合《条例》的有关规定，或是存在哪些需要改进的问题并予以指出。

任务二

1. 训练目标

掌握公文格式和文种拟写规范，能按照公文格式要求拟制、修改公文。熟悉公文管理，能发现公文管理中的问题并予以纠正。

2. 训练内容

下面是某集团党政办公室就"销毁公文"所拟写的两份公文。

关于某集团收回过期公文进行销毁的通知

根据《集团文书档案管理规定》第八条、第九条规定，现将集团党政办字、集团工字、集团任字过期公文，统一收回并销毁。集团各单位和机关各职能部门行文下发的公文由行文部门负责收回销毁；作废公文由行文部门留存一份备查，并加盖"作废保存"印章；正在执行使用的公文不作为作废文件处理，继续使用。

机关各部门及各单位按照本文件附件“收文登记”清点整理，收文登记电子版发至公文管理员邮箱，请及时查收，并于2013年3月29日之前将整理后的文件目录电子版上交党政办公室。如公文丢失应附说明，盖单位公章，并由本单位负责人签字。

凡过保存期的，应按照文件管理规定收回销毁。如不能按时销毁，公文检查时将按不合格项处理。

特此通知。

2013年3月25日

附件：收文登记

通　报

集团各单位：

根据党政办公室下发的《关于某集团收回销毁过期公文的通知》要求，现将收回作废文件情况通报如下：

1. ××物业管理公司上交62份文件。由于传阅中未及时收回归档，丢失3份公文，未能上交。

2. ××商贸服务公司上交42份文件。因公司搬迁，文件管理员更换频繁，导致23份文件丢失，未能上交。

3. ××服务中心上交4份文件。××服务中心2010年成立，由于文件未能及时存档，丢失2份文件。

4. ××幼儿园上交51份公文。由于2011年暖气设备漏水，致使部分文件泡水，不能保存，其中14份公文未能上交。

5. ××动力服务公司、××餐饮服务公司、××接待服务公司、××管理服务公司、集团财务管理部、后勤客服中心，公文全部上交。

6. 集团综合管理部上交24份文件。部分文件由于公文管理员更换及单位搬迁已丢失。

7. 集团人力与质量管理部由于单位搬迁未能找到要收回的文件，致使公文未能上交。

希望全部交回的单位再接再厉，未按要求交回的单位认真整改，共同把公文管理工作做好、做实。

各单位都能够按时上交过期公文，由于2006年公文管理还不规范，部分公文丢失未能上交，共收回过期公文401件。

……

2013年4月10日

3. 训练要求

(1)指出以上两份公文的错误并说明理由后修改。

(2)某集团收回过期公文销毁的做法是否正确，为什么？

(3)从第二份公文中可以看出某集团各单位在公文管理工作中存在哪些问题？应该怎样改进？

任务三

1. 训练目标

熟悉收文办理的程序和环节，掌握收文办理各环节的流程和操作要领，能够进行公文的签收、登记、初审、承办、传阅、催办、答复等，形成收文办理的工作技能。

2. 训练内容

广州蓝色光标有限责任公司是一家生产计算机芯片的企业。公司在发展业务的同时，还建立了与生产规模相适应的组织机构体系，形成了一套严明的规章制度和办事程序。公司现设机构如下图所示。

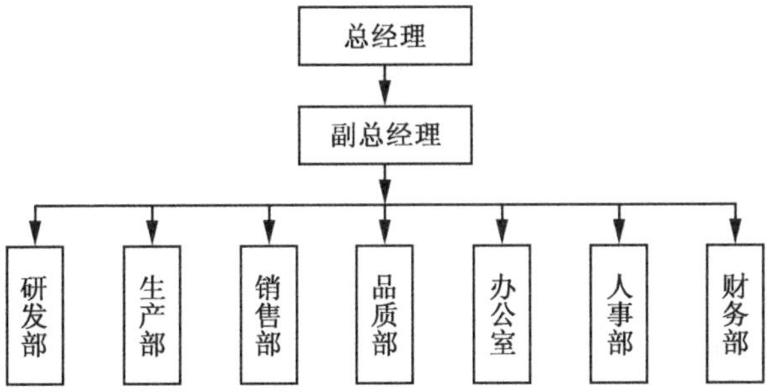

王秘书的工作单位是公司办公室，在办公室主任的领导下，专门负责该公司的文件处理工作。每天上班，她首先处理公司的文件，根据不同情况进行相应办理，并进行登记、分发等收文工作。

这天，王秘书收到几份文件，其中一份是市质量技术监督局下发的公文，内容是通知全市将要开展产品质量专项整治行动和全面普查建档工作，质监局副局长将率相关工作人员前往各企业、工厂巡查调研，要求公司领导和生产部、品质部负责人陪同。王秘书立即开始对这份公文进行处理。

王秘书拿出收文登记簿，将此份文件按照有关要求进行了登记，并取出文件阅办单，按内容填写。再将文件阅办单与该文件夹在一起，交给办公室主任。办公室主任审核了该文件，提出"请总经理批示"的意见，让王秘书给总经理送去。王秘书将已经提出初步办理意见的文件拿到总经理办公室。总经理阅读文件后，给予如下处理意见："请副总经理负责，生产部经理和品质部经理协助，共同做好各项准备工作。"总经理打电话让王秘书过来，让她将这份文件和办理意见传达给副总经理，并要求将文件及时送其他副总经理传阅。

王秘书将总经理批示的文件送到副总经理处，副总经理看了文件之后，对总经理的意见进行了具体承办。为落实各项准备工作，副总经理召开了管理层全体会议，要求生产部和品质部共同协助，迎接产品质量专项整治行动和全面普查建档工作组的到来，开展有关工作。并对加强质量管理，提高产品质量，迎接巡查和抽查的各项任务与工作进行了布置，决定在各个部门开展相应的宣传活动和动员工作。要求各部门首先自查，明天将自查情况向副总经理汇报。

办公室准备明天催办，办公室主任把催办工作交给了王秘书。第二天，王秘书催办。

在各项工作落实完毕之后，王秘书在文件阅办单上，写清该文件的处理情况："该文件已批办，由副总经理负责，生产部经理和品质部经理协助。"并填好日期，然后和原文件一起，按要求进行归档。

3. 实训要求

(1)设计制作训练内容中涉及的收文登记簿、文件阅办单和催办单等表格。

(2)根据训练内容,判断市质量技术监督局下发的公文的种类并拟定这份公文的标题。

(3)评价训练内容中出现的人物的公文处理行为。

(4)分组实训。每组6位同学,讨论并撰写一份收文演示方案后,实训小组成员分别扮演总经理、副总经理、办公室主任、生产部经理、品质部经理、王秘书等角色,按训练内容描述的场景顺序模拟演示收文的各个环节。

任务四

1. 训练目标

熟悉公文拟制和发文办理的程序和环节,掌握公文拟制和发文办理各环节的流程和操作要领,能够进行公文的拟制、登记、印制、核发等,形成公文拟制和发文办理的工作技能。

2. 训练内容

广州蓝色光标有限责任公司为了更好地发展业务,在公司办公会议上决定,在新年到来之际将在广州白云饭店召开2019年订货会议,责成销售部负责此项工作。

销售部经理会后立即着手安排有关工作,要求办公室文员小杨起草有关文件。经理经过与有关方面联系,确定了会议的有关事项,向小杨布置工作:2018年12月20日前发出2019年订货函,会期3天,2019年1月8日报到,报到地点在广州白云饭店大厅。请各地的供销商前来参加会议,会务费自理,并要求小杨拟写一份函,告知有关活动事项。

小杨用记事本将经理的话记录下来,走出经理办公室,回到自己的办公室,立即开始拟写函。完成了文稿初稿的撰拟工作后,小杨将函写在统一的发文稿纸上,交给了销售部经理审核。经理对函的内容、要求、文字表达等方面进行了审核和修改,并签了字。小杨将修改后的审核稿再交给副总经理签发,副总经理看过后签字同意发出。

领导签发之后小杨对文件进行了注发编号,将编号写在发文稿纸的相应栏内,打印份数为500份。然后又将这份函审核一遍,确定无误后,把这份发文稿拿到文印室交给打字员小马打印制成正稿。随后,小杨将印制好的函从文印室取回,逐一加盖单位公章,又将发放的文件在发文登记簿上填写好内容,分别将每份函用信封套好,封上口。通过邮局分发给各地的供销商,同时还保留了一份函便于归档。

3. 实训要求

(1)设计制作训练内容中涉及的发文登记簿和发文稿纸等表格。

(2)按照函的格式,拟写并制作训练内容中提及的订货函。

(3)评价训练内容中出现的人物的公文处理行为。

(4)分组实训。每组4名同学,讨论并撰写一份收文演示方案后,实训小组成员分别扮演副总经理、销售部经理、文员小杨和打字员小马等角色,按训练内容描述的场景顺序模拟演示收文的各个环节。

第五章
文书整理归档

学习目标

知识目标：

了解文书整理归档工作，理解文书整理归档的原则。

熟悉文书整理归档的质量要求，掌握文书整理归档的方法、步骤及要求。

了解电子文件的含义和种类，掌握电子文件日常管理的技巧。

熟悉电子文件收集和积累的要求，掌握电子文件归档的要求、程序和方法。

能力目标：

能按照《归档文件整理规则》对办毕文件进行收集、判断、整理和归档，

能对案盒内文件装订、分类、排列、编号，能规范填写文件目录、备考表等。

能按照《电子文件归档与管理规范》和《电子公文归档管理暂行办法》对电子文件进行归档和管理。

能运用文书整理归档的有关知识分析案例。

【案例导读】

急性子老总

2月某日上午，我们几个都到国际展览中心，参观一个国际科技博览会。由于下午一点我要顶替小石值班，所以，我一个人先回公司。

刚要进办公室，只见小石眼泪滂沱地冲了出来，我正要问她发生了什么事，她已进了洗手间了。我进办公室，只见科长一个人对着天花板抽闷烟。“发生了什么事?”我小心翼翼地问科长。

原来，就在十来分钟之前，一个看上去似乎有些耳聋的大爷来找他孙子，应该到17楼去，却来到了18楼，小石正好要去17楼取材料，所以，就带老人去17楼了。小石刚走，姜总就来电话，让科长马上把上周与西安方面签的几份投资意向书送过去。负责文件档案管理的是小石，科长平时基本上不过问，所以找了一阵也没找到，于是，姜总在电话里大发雷霆：“你这个科长究竟是怎么当的?！连个文件放在什么地方都不知道，你一天到晚到底在干什么?！”

刚挨完姜总的训斥，小石就拿着资料回来了。

“小石，托您的福，刚才姜总发火了！你刚才到底干什么去了?!”一见小石，科长马上就把自己一肚的怒火朝小石头上倾泻。见小石想分辩，科长的火气更大了，不给她说话的余地。“废物？饭桶！要你这种秘书有什么用?!”从小到大，小石什么时候挨过这样的骂，所以带着一肚子委屈冲进了洗手间。

“科长，实在对不起，我要是早回来一会儿就好了。”听完科长的说明，我一边向科长道歉，一边赶紧找那几件资料，平时是我辅导小石学习存档，所以，我知道那几件文件大致存在哪个文件夹；把文件找出来后，我把它递给科长：“科长，姜总要的是不是这几份文件?”科长说：“是的。”他正要给姜总送去，我拦住了科长，科长一愣，马上明白了我的意思，把文件又递给了我，说了声“谢谢”。这个时候科长去姜总那里，即使不再挨训斥，也会有几句唠叨；如果由我替科长送过去，即使姜总的脾气再大，也不至于再冲我发火了。秘书在这个非常时刻，必须沉着和冷静；当领导因承受巨大的压力而沉不住气或者大发脾气的时候，秘书不仅自己要能平静正常地继续工作，而且要能缓和气氛，给领导一个体面地下台阶的机会。

姜总看到文件后，虽然还是有些不高兴，但也没多说什么。从姜总的办公室出来，我在洗手间找到了还在使劲擦眼泪的小石，一起来到小接待室。在这个时候，我不能再批评小石了。如果我说“因为你存放文件有问题”或者“谁让你在这个时候离开办公室，惹科长生气”之类责备的话，小石会感到更加委屈。

让小石慢慢平静了一会后，我说：“小石，这个事过去了就算了。科长马上就要调走了，心情有些不太好受，你也多理解理解他。你来公司快一年了，你工作认真，努力，这是大家公认的，上上下下对你的印象都不错。”表扬了之后，我还是要批评她几句：“你也知道，昨天存放的那几份文件这几天要用，所以，在存放的时候，如果跟大家打个招呼，说这些文件放在某某文件夹，这样，科长就有可能自己找到，不会生那么大的气。当然，这也跟我有关，要是我早提醒你，也就不会出今天这样的局面……”

资料来源：谭一平，《女秘书日记》，江苏文艺出版社 2011 年版，略有删改。

互动问题：

1. 小石的公文整理工作是否存在问题？如有问题，是什么问题，应该怎样纠正？
2. 文秘部门或文秘人员应该怎样做好文书整理归档工作？这则案例给我们什么启示？

第一节　文书整理归档工作

文书整理归档是文件向档案转化的标志，是文书处理的终点、档案管理的起点。《党政机关公文处理工作条例》规定：“需要归档的公文及有关材料，应当根据有关档案法律法规以及机关档案管理规定，及时收集齐全、整理归档。”通过公文整理归档，可以使公文从动态转入静态，为日后的工作提供查证和参考的依据，继续发挥公文的效用。

一、文书整理归档工作

文书整理归档工作是指将处理完毕的、具有一定查考利用价值的、应作为档案保存的文件材料，按照它们在形成过程中的联系，以“件”为单位，装订、分类整理，并装盒归档使之有序化的过程。

理解这个定义，应清楚理解以下两点：

1. 整理归档的文书，必须是办理完毕的。

所谓“办理完毕”并不是说文书内容所涉及的事情已经全部办完，而是指文书处理程序上已经办理完毕，其界定要根据不同的具体情况，但总的要求是，没有处理完毕的文书不能整理归档。

2. 归整的文书，必须具有一定的查考利用价值。

文书部门进行文书整理，需剔除非重要的、临时性的文书材料，将重要的有查考利用研究价值的文书归档。文书整理不能“有文必档”，没有查考利用价值的文书材料可以不整理归档。

【小技巧】

不同类型文书整理归档时间的确定原则

不同类型文书的整理归档时间不同。在确定其整理归档时间时可以依据下列原则：

第一，领导指导性的文书是从普遍意义上阐明问题的，不要求某一方面的机关马上答复，如规定性文件以及重要决议、年度计划、长期规划等，从发文机关来说在文件发出前就可以将定稿和正本随即归整；如果是收文的机关，则经有关领导人阅知、下达或采取了措施之后，才算告一段落，然后再把文件归整。

第二，不必办复的收文，经机关有关负责人阅批或传阅后，即可归整。

第三，询问答复性文书，一来一往了事的，也可随时归整。如请示与批复、问函与复函等，有的在发文机关发出或对方机关单位收到后就算办完，可以归整。

第四，重大问题，可能要处理较长一段时间方能结束，但大问题是由许多小问题构成的，只要其中某项具体问题已解决，有关具体文件在处理程序上就算处理完毕，因此可以归整。

二、归档文件整理的原则

1. 归档文件整理应遵循文件的形成规律，保持文件之间的有机联系。
2. 归档文件整理应区分不同价值，便于保管和利用。
3. 归档文件整理应符合文档一体化管理要求，便于计算机管理或计算机辅助管理。
4. 归档文件整理应保证纸质文件和电子文件整理协调统一。

三、归档文件整理的质量要求

《归档文件整理规则》明确规定了归档文件应符合以下质量要求：

1. 归档文件应齐全完整。

齐全完整一方面是指所收集的文书材料应齐全、完整，没有缺漏，特别是有关重要文书材料应尽力收集齐全，否则就会造成损失。另一方面是指收集到的文书材料没有漏页及破损等情况。漏页的应找齐，破损的应予以修整，字迹模糊或易褪色的文书应予以复制。

2. 整理归档文件要符合档案保护的要求。

整理归档的文件材料所使用的书写材料、纸张、装订材料等要符合经久、耐用等要求，以利于能够妥善地保管。

第二节 归档文件整理

文书整理归档是文书办理的最后一个环节，主要是对归档文件的整理，包括办毕文件的收集、判断、整理和归档四个主要步骤。这里所说的“归档文件”是指立档单位在其职能活动中形成的、办理完毕、应作为文书档案保存的文件材料，包括纸质和电子文件材料。这里所说的“件”是归档文件的整理单位，一般以每份文件为一件，文件正本与定稿为一件，正文与附件为一件，原件与复制件为一件，转发文与被转发文为一件，报表、名册、图册等一册（本）为一件，来文与复文为一件。

一、归档文件的收集

收集是公文整理归档的前提，没有收集齐全完整的文件材料，整理归档就不能很好地反映立档单位的历史面貌和工作情况。因此，收集应归档的文件材料必须保证齐全完整；收集范围是本单位的收文、发文、内部文件。文书管理部门和人员要及时归整平时处理完毕的文件资料，并应积极主动地经常催促文件承办人清退办毕的文件。

收集归档文件可以采取以下措施：

第一，立档单位要建立健全收发文登记制度，有完整的收文登记本、发文登记本、印章登记本，依据归档范围，收集所登记的“红头文件”归档。

第二，检查本单位在年度工作中产生的“白头文件”材料是否收集归档。如（1）会议材料：本单位年度工作会议材料（总结、计划）、表彰材料，专业会议材料，代表发言材料；本单位在上级工作会议上的发言、汇报、经验材料、典型材料、交流或发表论文、考察报告等。（2）综合材料：会议记录本（党委会议，行政办公会议）等；各类花名册、登记簿（干部职工、党员、专业技术人员等花名册及主要业务工作登记簿）；年报表（业务、党员、人事劳资等各种统计报表）；各种介绍信存根（党团组织关系、干部调动、行政事务等）、协议、合同等。

以上收集到的“红头文件”和“白头文件”材料是本单位工作过程中形成的属于立档单位应收集的文件材料。

二、归档文件的判断

立档单位将收集到的文件材料，依照《机关文件材料归档范围和文书档案保管期限规定》（国家档案局令第8号）的归档范围和不归档范围，剔除不归档的文件材料，剩下的就是立档单位应归档的文件材料，必须归档。

不归档的文件材料主要有三方面的文件：（1）重份文件。指本单位的发文及部分收到的重份文件。（2）普发性文件。主要指上级、本级非隶属单位给本单位的普发性不需本机关办理的文件材料，任免、奖励非本机关工作人员的文件材料，供工作参考的抄件等。（3）未生效文件。如本单位代上级机关起草的未成为正式文件的稿本等。

【知识拓展】

公文整理归档的范围

文书整理归档的范围是指在工作活动中形成的文书材料哪些应该归档，哪些不需要归档。

一、应该整理归档的文件材料

文书整理归档的范围，概括起来说，就是本机关在工作活动中形成的、办理完毕的、具有查考价值的收发文件、电报、会议文件、内部文件、电话记录，本机关编印的出版物原稿以及编制的图表、簿册等需要整理归档的文书。具体包括：

1. 上级机关来文

包括针对本机关的指示性、指导性的文件，本机关必须贯彻执行的文件，或与本机关业务有关、需要参照办理的文件。如专门针对本机关的命令、批示，本机关必须贯彻执行的决定、决议、条例，本机关需要参照办理的规章(如劳动、工资、财务方面的规定)等。

2. 本机关文件

包括反映本机关主要工作职能活动和基本情况及今后工作还需要查考的文件材料。

(1)党政工团会议文件、记录、讲话和为参加上级机关召开的重要会议准备的文件。

(2)本机关编制的反映主要职能活动的工作计划、总结、报告，调查研究材料及本机关填报或汇总的统计表和统计材料。

(3)对下级机关的指导性文件及与有关机关协商工作的来往文件。

(4)本机关专业活动形成的专业文件材料。

(5)外事活动形成的文件材料(包括请示、报告、计划、总结、重要简报、会谈记录、照片、来往文书及与外方签订的合同、协议等)。

(6)本机关或本机关批准的关于区域变化、征用土地的文件材料。

(7)本机关和本机关批准的关于机构成立、合并、撤销、更改名称、启用印信的文件。

(8)干部任免及干部、职工的录用、转正、定级、调资、评定职称、退职、退休、离休、奖惩、抚恤、死亡等有关文件材料。

(9)本机关的组织规则、规章制度、人员编制，干部、职工、党团员名册，干部年报表，干部、职工转移行政、党团组织关系介绍信存根。

(10)本机关的历史沿革、大事记及反映本机关重要活动的剪报、照片、录音带等。

(11)本机关财产、物资、档案等的交接凭证及产权材料。

(12)重要的人民来信和处理人民来信来访的记录、摘要单、处理报告等。

3. 下级机关来文

指向本机关报送的有关方针政策性的、请示性的或反映重要活动及反映较长时间内全面情况的文件。如有关重要问题的请示和备案文件，典型的、重要的或年度和年度以上的工作报告、总结、统计报表等。

4. 同级或非隶属机关的来文

指这类来文中，与本机关业务有关的、有参考价值的文件。如本机关工作中需要参考或作为依据的各种条例、规定、通知等。

5. 其他文件资料

另外，还要注意机关内部使用的文件，如外出开会、检查工作等带回来的文件材料，涉及本机关职能活动的、有利用参考价值的文件，应整理归档。同时还要注意区分文件材料与内部刊物、图书资料的区别。一般刊物、图书资料不需整理归档，可作为资料留存。

关于文电统一立卷问题。电报也是机关文书的一种，只是传递的方式不同。文件和电报都是在机关工作活动中形成的，都是反映机关工作活动的文字记录，应同等看待，实行文电统一整理归档。

二、无须整理归档的文件材料

1. 重份文件

同一份文件有时会有几份甚至许多份，包括一式多份的收文及本机关印制、复印的文书材料。整理时只需由主办单位或业务主管单位保存一份，其他多余的份数应当拣选处理。拣选时要注意保留上面有领导批示或有其他承办标记、说明的。同一份文件的草稿、定稿和存本，不能作为重份文件处理。

2. 未成文的草稿和一般性文件的历次修改稿

文件起草人在构思撰稿过程中起草的、未成文的、未经审批的一些提纲、素材、废稿等不需要整理归档。一般性文件写作过程中的修改稿一般不需整理归档，只有非常重要的、有查考价值的文件（如法规文件、重要的方针政策性文件、长远规划等）的历次草稿才需要都保存，以反映出讨论修改过程。

3. 事务性的、临时性的、没有查考价值的文件材料

例如：一般召开业务会议的临时通知；要求上报计划、总结、统计报表的公函；不相隶属机关的首长任命、到职及其他机关驻地迁移、启用印信的通知；了解工作、接洽业务的介绍信；承办人随手做的简单记录、摘录材料；不属本机关主要职能活动的文件，如卫生检查、节假日通知等，均不需整理归档。

4. 与本机关或本部门主管业务无关的文件及非隶属的机关送来的参考性文件

如某财政厅收到的有关社会治安、市场管理问题的文件及其他单位抄送来的供参考的文件材料（工作情况、经验总结等）。这些文件多半是不需要具体执行和办理的，不反映本机关的工作活动。

5. 内容被其他文件所包括了的文件材料

如日报、周报、旬报的内容，已被月报、季报所包括的。这方面需要注意的是应看其内容是否真正被包括，不能一概认为那些远比年度总结详细具体的月份、季度总结或专题总结，都是已经被包括了的文件。

6. 一般机关来往发文的信封

信封、封皮、封套通常不需保存，如果需要记录发文机关的地址，可以另行登记。除非有特殊意义的作者，才有必要保存来文的信封，如党和国家领导人的亲笔信、个别知名人物的来函等。

上述无须整理归档的文件材料，也可简单整理、登记，按规定经本机关的办公厅（室）主任或单位负责人批准后销毁。文件销毁涉及机密的，应当到指定场所由两人以上监销，保证不丢失，不漏销。其中，销毁绝密文书（含密码电报）应当登记。

资料来源：赵映诚主编，《文书工作与档案管理》，高等教育出版社 2007 年版，第 161—163 页。

三、归档文件的整理

归档文件整理是指将归档文件以件为单位组件、分类、排列、编号、编目等（纸质归档文件还包括修整、装订、编页、装盒、排架；电子文件还包括格式转换、元数据收集、归档数据包组织、存储等），使之有序化的过程。

详见第七章第二节中的“五、归档文件的整理方法——以‘件’为单位”。

四、归档制度

文书经过整理后，形成了系统的案盒，这时应向机关档案室移交。归档就是指文书部门将系统整理后的案盒文件向档案室移交以便集中保管。移交时要注意办理好移交手续。

国家档案局发布的《机关档案室工作业务规范》具体规定了文书的归档制度，主要包括归档范围、归档时间及归档质量要求。

1. 归档范围

归档范围即文书整理的范围，凡属整理归档范围的文件，一律归档；不属于文书整理归档范围的文件，不需归档。不归档的文件可按制度销毁。

2. 归档时间

机关档案经文书或业务部门整理完毕后，应当在第二年 6 月底前向机关档案部门归档；采用办公自动化或其他业务系统的，应当随办随归。归档时间有特殊规定的，从其规定。

归档时交接双方根据归档目录清点核对，并履行交接手续。机关档案实现随办随归的，还应当按规定履行登记手续，记录电子文件归档过程元数据。任何部门和人员不得将应归档文件材料据为已有或拒绝归档。

3. 归档质量要求

应归档的文件材料收集齐全、完整。

按照文件之间的有机联系和保存价值，科学地整理归档。

归档的案盒应符合文书整理归档的各项质量要求。

编制移交目录，至少一式两份；接双方经过清点案盒，履行签字手续。

第三节 电子文件归档

随着社会进入知识经济时代，计算机被广泛应用于各种领域。计算机的广泛应用产生了大量电子文件，电子文件是现代社会发展的必然趋势。

一、电子文件及其种类

电子文件从属于文件，是存储于电子存储载体上的文件。具体来讲，电子文件指在数字设备及环境中生成，以数码形式存储于磁带、磁盘、光盘等载体，依赖计算机等数字设备阅读、处理，并可在通信网络上传送的文件。而需要归档的电子文件一般是指具有参考和利用价值并作为档案保存的电子文件。

根据电子文件的信息存在形式和用途，电子文件的种类大致可分为以下几种：

1. 文本文件，是指用文字处理技术形成的电子文件。

2. 命令文件，是指为处理各种事务用计算机语言编写的程序，是一种计算机软件。

3. 图像文件，是指用扫描仪等设备获得的采用非通用文件格式的电子文件。

4. 数据文件，是指以数据库形式存在的具有文件属性的记录。

5. 图形文件，是指用计算机辅助设计或绘图等设备获得的电子文件。

6. 影像文件，是指用视频或多媒体设备获得的文件以及用超媒体链接技术制作的文件。

7. 声音文件，是指记录声音的文件。

8. 多媒体文件，是指运用多媒体技术制作的，需要借助多媒体体现出来的文件。

【知识拓展】

电子文件的特征

电子文件具有许多不同于纸质文件的特质，主要表现在以下几方面：

1. 电子文件对设备的依赖性

电子文件从形成、传输到存储都是通过电子计算机实现的，所以电子文件与计算机系统中的各种设备有着密不可分的关系，也可以说计算机是生成电子文件的前提和基础。离开计算机的软硬件平台，电子文件就看不见、摸不着，这就决定了电子文件对设备的依赖性。

2. 电子文件载体的非直读性

存储在某种载体上的电子文件，在制作时是把可识别的文件、图形等输入计算机中转换成二进制数码来表示的。计算机内形成的电子文件记录到载体上时，也是数字编码序列，因而不能直接观看其内容，必须有相应的计算机设备将载体上的编码序列读取出来，再转换成人能识别的形式，显示在屏幕上或打印在纸上。

3. 电子文件的信息与载体的可分离性

电子文件内容的存放位置是不固定的，可以从一个载体转换到另一个载体，其内容却不发生变化。而且，它还可以通过网络传给远方的接收者。

4. 电子文件的信息共享性

由于电子文件信息与载体的可分离性，决定了它可以通过网络实现信息的共享。

5. 电子文件信息的易更改性

由于电子计算机的内存储器、磁带、磁盘、可擦写光盘等存储介质的可重写性和电子文件与载体的可分离性，决定了电子文件在起草过程中或做其他处理时存在着易于更改的可能性，而且更改后不留任何痕迹。

资料来源：赵映诚主编，《文书工作与档案管理》，高等教育出版社 2007 年版，第 267 页。

二、电子文件的日常管理

平时收集积累的电子文件，应做好日常管理工作，以便顺利归档和查找利用。

1. 建立文件夹

内容相同或相近的电子文件，应放在一个文件夹中。这样可以分类保管。

2. 合理分类

平时产生的电子文件，应该简单分类，使之有序化。

【小技巧】

电子文件的分类方法

电子文件一般可以根据以下方法分类：

(1)按时间分类。将同一时间的文件放在一起，然后按照重要程度或按照文件格式等排列。

(2)按内容分类。将同一内容、事由的文件放在一起，然后按照时间或重要程度等排列。

(3)按文件格式。可按照文本文件、命令文件、图像文件、数据文件、图形文件、影像文件等来分类,在每一格式内或按时间或按重要程度等排列。

3. 登记

平时收集积累的电子文件,均要及时登记。登记时要将电子文件的特征、运行环境等重要内容逐一登记后形成一个表册,它不仅能起到登记统计作用,还可以起到目录查询的作用。

电子文件登记表应与电子文件同时保存;如果电子文件登记表制成电子表格形式,也应与电子文件一同保存,永久保存的电子表格应附有纸质等拷贝件并与相应的电子文件拷贝一起保存。

4. 拷贝另存

为避免电脑故障或其他特殊原因造成电子文件的丢失损坏,应对产生的电子文件及时复制,并及时地把它另存到其他载体上。另外,还要采取必要的保护措施,确保电子文件的安全。

5. 及时归档

按照《电子文件归档与电子档案管理规范》(GB/T18894－2016)的规定,及时把有价值的电子文件归档,转化为电子档案。

三、电子文件的收集与积累

收集与积累电子文件应该符合下列要求:

1. 记录了重要文件的主要修改过程和办理情况,有查考价值的电子文件及电子版本的定稿均应被保留。当正式文件是纸质的,如果保管部门已开始向计算机全文的转换工作,则与正式文件定稿内容相同的电子文件应当保留,否则可根据实际条件或需要确定是否保留。

2. 当公务或其他事务处理过程只产生电子文件时,应采取严格的安全措施,保证电子文件不被非正常改动。同时应随时对电子文件备份,存储于能够脱机保存的载体上。

3. 对在网络系统中处于流转状态,暂时无法确定其保管责任的电子文件,应采取捕获措施,集中存储在符合安全要求的电子文件暂存存储器中,以防散失。

4. 对用文字处理技术形成的文本电子文件,收集时应注明文件存储格式、文字处理工具等,必要时同时保留文字处理工具软件。文字型电子文件以 XML、RTF、TXT 为通用格式。

5. 对用扫描仪等设备获得的采用非通用文件格式的图像电子文件,收集时应将其转换成通用格式,如无法转换,则应将相关软件一并收集。扫描型电子文件以 JPEG、TIFF 为通用格式。

6. 对用计算机辅助设计或绘图等设备获得的图形电子文件,收集时应注明其软硬件环境和相关数据。

7. 对用视频或多媒体设备获得的文件以及用超媒体链接技术制作的文件,应同时收集其非通用格式的压缩算法和相关软件。视频或多媒体电子文件以 MPEG、AVI 为通用格式。

8. 对用音频设备获得的声音文件,应同时收集其属性表识、参数和非通用格式的相关软件。音频电子文件以 WAV、MP3 为通用格式。

9. 对通用软件产生的电子文件,应同时收集其软件型号、名称、版本号和相关参数手册、说明资料等。专用软件产生的电子文件原则上应转换成通用型电子文件，如不能转换，收集时则应连同专用软件一并收集。

10. 计算机系统运行和信息处理等过程中涉及的与电子文件处理有关的参数、管理数据等应与电子文件一同收集。

11. 对套用统一模板的电子文件，在保证能恢复原形态的情况下，其内容信息可脱离套用模板存储，被套用模板作为电子文件的元数据保存。

12. 定期制作电子文件的备份。

四、电子文件的归档

电子文件归档，是将经过初步整理登记的具有保存价值的电子文件，从计算机或网络的存储器上拷贝或刻录到可移动的磁、光介质上并移交至档案室（馆）以便长期保存的工作过程。

（一）归档要求

文件形成部门或信息管理部门应定期把经过鉴定符合归档条件的电子文件向档案部门移交，并按档案管理要求的格式将其存储到符合保管期限要求的脱机载体上。

归档电子文件的质量关系到以后电子文件的保管与利用，因此档案部门应采取措施，保证电子文件归档的质量要求。具体要求如下：

（1）归档电子文件必须真实有效。要运用各种技术手段保障电子文件的真实性与凭证性，严格审定归档电子文件的版本。文本文件应以最后定稿归档。图形文件如经更改，需将与当时技术状态一致的版本归档。

（2）归档电子文件必须完整、准确、系统、安全、视听正常、无病毒、无机械损伤。

（3）归档电子文件必须按照统一要求转换为标准的文本文件格式，保证日后能够顺利读出。外来文件还要具有系统兼容性。

（4）归档电子文件必须经过演示和检测及一定的整理和编辑，划分保管期限，保证其内容与文件正本相一致和利用的方便。

（5）禁止重复归档，杜绝信息垃圾，保障系统自动管理的实现，而且对归档的电子文件做出备份，一份封存，一份供利用。

（6）文件形成部门应对归档的电子文件编制归档说明，需简要说明磁带、光盘中存储文件的内容，运行的软硬件环境、版本号、文件的完整性和准确性等。归档说明可兼作移交清单，一式两份，移交部门和档案室双方签字后各保存一份备查。

（二）归档模式

由于电子文件的特殊性及现有科技条件和档案管理水平的限制，目前大多数人赞成“双套制”，即同时把电子文件和相应的纸质档案一同归档。实行“双套制”并非是使纸质管理系统和电子管理系统独立地、没有任何管理的保管，而应把电子档案与纸质档案有机对应，相互建立准确可行的标识关系，即在纸质档案的卷内目录、备考表等注明相应的电子文件的存放地址、编号等信息；在电子档案后标上相应纸质档案的库房编号、柜号、目录号等信息。当档案的著录、编号或内容等更改时，应注意保证电子档案与相应纸质档案的一致性。

（三）归档范围

电子文件的归档范围参照国家关于纸质文件材料归档的有关规定执行，并应包括相应的背景信息和元数据。

（四）归档时间

逻辑归档可在文件处理完毕后随时进行，物理归档应按照纸质文件的规定定期完成。

（五）归档电子文件的整理要求

1. 归档电子文件组件（件的组织）、分类、排列、编号、编目，应符合《归档文件整理规则》一般要求的规定。

2. 归档电子文件的格式转换、元数据收集、归档数据包组织、存储等整理要求，参照《数字档案室建设指南》（2014 年）、GB/T 18894、DA/T 48、DA/T 38 等标准执行。

3. 归档电子文件整理，应使用符合《数字档案室建设指南》（2014 年）、GB/T 18894 等标准的应用系统。

（六）归档程序与方法

电子文件的归档，按照鉴定标识进行。电子文件的归档一般可分两步：先做逻辑归档，即办结后随时归档，以防止文件丢失，然后定期完成物理归档。

1. 逻辑归档

逻辑归档指在计算机网络上进行，不改变原存储方式和位置而实现的将电子文件的管理权限向档案部门移交的过程。逻辑归档使电子文件的管理权从网络上转移至档案部门，在归档工作中，存储格式和位置暂时保持不变。

2. 物理归档

物理归档指把电子文件集中下载到可脱机保存的载体上，向档案部门移交的过程。凡在网络中予以逻辑归档的电子文件均应定期完成物理归档。

【提醒您】

物理归档的注意事项

电子文件在物理归档时应注意：

第一，把带有归档标识的电子文件集中，拷贝至耐久性好的载体上，一式三套，一套封存保管，一套供查阅使用，一套异地保存。对于加密电子文件，则应在解密后再制作拷贝。

第二，存储电子文件的载体或装具上应贴有标签，标签上应注明载体序号、全宗号、类别号、密级、保管期限、存入日期等，归档后的电子文件的载体应设置成禁止写操作的状态。

第三，将相应的电子文件机读目录、相关软件、其他说明等一同归档，并附归档电子文件登记表。

第四，对需要长期保存的电子文件，应在每一个电子文件的载体中同时存有相应的机读目录。

3. 移交、接收

（1）检验。文件形成单位在移交电子文件之前，档案保管部门在接受电子文件之前，均应对归档的每套载体及其技术环境进行检验，合格率达到 100%时方可交接。

检验结果分别由移交单位、接收单位填入归档电子文件移交、接受检验登记表。

【提醒您】

移交电子文件需检验的项目

移交电子文件时，要检验如下项目：

第一，载体有无划痕，是否清洁。

第二，有无病毒。

第三，核实归档电子文件的真实性、完整性、有效性检验及审核手续。

第四，核实登记表、软件、说明资料等是否齐全。

第五，对特殊格式的电子文件，应核实其相关的软件、版本、操作手册等是否完整。

(2)移交手续。档案保管部门验收合格，完成归档电子文件移交、接受检验登记表(见表5—5)的填写、签字、盖章环节。登记表一式两份，一份交电子文件形成单位，一份由档案保管部门自存(注：归档完毕，电子文件形成部门应将存有归档前电子文件的载体保存至少1年)。

表5—5　　归档电子文件移交、接受检验登记表

年　月　日

检验项目	移交单位	接受单位
载体外观		
病毒		
真实性		
完整性		
有效性		
技术方法与相关软件说明登记表、软件、说明资料		
填表人		
审核人		
单位(印章)		

【知识拓展】

电子文件归档管理中存在的问题及策略

人类进入信息化时代，随着办公自动化的普及、电子政务、电子商务的广泛应用，以及国家机关和企事业借助计算机和互联网开展各项工作，电子文档大量产生，改变了过去以纸质文件为主的状况。由于电子文件的接收、储存、传递的文件数量庞大，类型繁多，因此如何将电子文件进行归档管理，是个十分关键的问题。电子文件具有一定的特性，因此在归档的过程中常常存在一些易被忽视的问题，只有解决了电子文件的归档管理中存在的这些问题，才能更好地保障信息资源的真实、完整、规范和安全。

一、电子文件归档过程中存在的问题

(1)文件内容易变化。电子文件的内容容易变化,且很容易被篡改。目前虽已出现一些防止伪造和篡改的软件和技术,但还是无法完全避免文件内容被修改或是发生变化。一些不法分子更是会非法截取文件进行修改。

(2)难以界定原件。由于电子文件的制作过程是利用计算机操作的,因此并非每一份文件都能够制作出一批原件,有时候许多信息和内容都是在某个软件的窗口内制作,而这个窗口中的内容能够被复制或拷贝到其他计算机上,因此很难分辨出究竟哪一份才是原件。

(3)字迹不固定。因电子文件的字体都是利用计算机编辑,因此没有固定的可分辨的字迹。人们根据不同的字体和字迹输出电子文件,但不能够从字迹上分辨文件的原始性。

(4)电子文件签署技术不成熟。因目前还未能够普及电子文件签署技术,因此还无法借助签署来判断文件是否为原件。

二、电子文件归档管理的解决对策

(1)加强电子文件归档的组织领导。各级行政管理部门按照《电子文件归档与电子档案管理规范》(GB/T18894—2016)的要求,结合本单位实际情况制定电子文件归档管理的规章制度,明确好归档工作程序、内容和要求,让电子文件归档按照程序进行,才能够最大限度地保留文件的真实、完整性和有效性。

(2)文档一体化管理。联合软件供应商,让文件的管理软件与办公自动化系统能够结合起来,形成真正的文档一体化管理。文档一体化管理利于档案部门与电子文件形成部门更好地协调,落实好管理文件的责任,将责任落实到具体负责人身上,按规章制度检测和考核。文档一体化管理让文件形成到归档整个过程具有连续性,有利于文档的管理。

(3)制订分类方案。按照中华人民共和国国家标准《电子文件归档与电子档案管理规范》(GB/T18894—2016)的相关要求,并且结合本单位的实际要求制订出分类方案,更好地管理电子文件,又能够有效地利用文件资源。

(4)辅助管理。使用了文件管理系统的单位可以再对各类文件归档时在目录中增加“文件稿本代码”“文件类别代码”及“载体编号”等辅助管理的编码,让电子文件归档的顺序同纸质文档一致,减轻了归类和登记的麻烦,减少了工作量,提高了工作效率。一些非文字的文件也可使用此类方法,提高检索效率和准确性。

(5)建立长期可读的保障机制。对于一些要长期保存的电子文件,要保证在长期保存的过程中电子文件的可读性,应当定期检查和维护电子文件储存设备,做好文件的备份。

资料来源:吴彦,《刍议电子文件归档管理中存在的问题及策略》,《文史月刊》2012 年第 12 期。

【法规链接】

电子文件归档与电子档案管理规范(GB/T18894—2016,摘录)

(国家档案局 2016 年 8 月 29 日发布,2017 年 3 月 1 日起施行)

1. 范围

本标准规定了在公务活动中产生的,具有保存价值的电子文件的收集、整理、归档与电子档案的编目、管理与处置的一般方法。

本标准适用于机关、团体、企事业单位和其他组织在处理公务过程中产生的电子文件归档与电子档案管理，其他活动中产生的电子文件归档与电子档案管理可参照执行。

2. 规范性引用文件

（略）

3. 术语和定义

下列术语和定义适用于本文件。

3.1 电子文件 electronic document

国家机构、社会组织或个人在履行其法定职责或处理事务过程中，通过计算机等电子设备形成、办理、传输和存储的数字格式的各种信息记录。电子文件由内容、结构、背景组成。

3.2 电子档案 electronic records

具有凭证、查考和保存价值并归档保存的电子文件(3.1)。

3.3 元数据 metadata

描述电子文件和电子档案的内容、背景、结构及其管理过程的数据。

3.4 组件 component

构成电子文件、电子档案且独立存在的一个比特流。

示例：文书类电子档案的组件包括电子公文正文、若干附件、定稿或修改稿、公文处理单等。

3.5 真实性 authenticity

电子文件、电子档案的内容、逻辑结构和形成背景与形成时的原始状况相一致的性质。

3.6 可靠性 reliability

电子文件、电子档案的内容完全和正确地表达其所反映的事务、活动或事实的性质。

3.7 完整性 integrity

电子文件、电子档案的内容、结构和背景信息齐全且没有破坏、变异或丢失的性质。

3.8 可用性 usability

电子文件、电子档案可以被检索、呈现或理解的性质。

3.9 业务系统 business system

形成或管理机构活动数据的计算机信息系统。

3.10 电子档案管理系统 electronic records management system

对电子档案进行采集、归档、编目、管理和处置的计算机信息系统。

3.11 采集 capture

对电子文件、电子档案及其元数据进行收集和存储的方法与过程。

3.12 归档 archiving

将具有凭证、查考和保存价值且办理完毕、经系统整理的电子文件及其元数据管理权限向档案部门提交的过程。

3.13 移交 transfer

按照国家规定将电子档案的保管权交给国家档案馆的过程。

3.14 登记 registration

电子档案进入电子档案管理系统时赋予电子档案唯一标识符的行为。

3.15 转换 conversion

在维护真实性、完整性和可用性前提下，将电子档案从一种载体转换到另一种载体或从一种格式转换成另一种格式的过程。

3.16 迁移 migration

在维护真实性、完整性和可用性的前提下，将电子档案从一个系统转移到另一个系统的过程。

4. 总则

4.1 电子文件归档与电子档案管理应遵循纳入单位信息化建设规划、技术与管理并重、便于利用和安全可靠的原则。

4.2 应对电子文件、电子档案实施全程和集中管理，确保电子档案的真实性、可靠性、完整性与可用性。

4.3 应建立严格的管理制度，明确相关部门电子文件归档和电子档案管理的职责与分工，主要包括以下四类部门的职责与分工：

(a)档案部门负责制定电子文件归档与电子档案管理制度，提出业务系统电子文件归档功能要求，负责电子档案管理系统的建设与应用培训；负责指导电子文件形成或办理部门按归档要求管理应归档电子文件；负责电子文件归档和电子档案编目、管理和处置等各项工作；

(b)电子文件形成或办理部门负责电子文件的收集、整理、著录和移交归档等工作；

(c)信息化部门负责依据标准建设业务系统电子文件归档功能，参与电子档案管理系统建设，为电子档案管理提供信息化支持；

(d)保密部门负责监督涉密电子文件归档和电子档案的保密管理。

4.4 应明确各门类电子文件及其元数据的归档范围、时间、程序、接口和格式等要求。

4.5 应执行规范的工作程序，采取必要的技术手段，对电子文件归档和电子档案管理全过程实行监控。

4.6 应基于安全的网络和离线存储介质实施电子文件归档和电子档案管理。

5. 业务系统与电子档案管理系统

5.1 业务系统电子文件归档功能

5.1.1 应能按6、7、8.1—8.4给出的相关要求形成、收集、整理、归档电子文件及其元数据。

5.1.2 应内置电子文件分类方案、保管期限表等工具，支持电子文件形成或办理部门完整收集、整理应归档电子文件及其元数据。

5.1.3 应能以单个流式文档集中记录电子文件拟制、办理过程中对其进行的全部修改信息。

5.1.4 能按内置规则自动命名、存储电子文件及其组件，保持电子文件内在的有机联系，建立电子文件与元数据之间的关联关系。

5.1.5 能按标准生成电子文件及其元数据归档数据包，或向归档接口推送电子文件及其元数据。

5.1.6 能对已收集、积累的电子文件的所有操作进行跟踪、审计。

5.1.7 需通过业务系统开展电子档案管理活动时，业务系统电子档案管理功能应参照GB/T 29194—2012、ISO 16175—3:2010等标准以及5.2给出的要求执行。

5.2 电子档案管理系统基本功能

5.2.1 电子档案管理系统基本功能和可选功能应参照GB/T 29194— 2012、DA/T 31、ISO 13028—2010、ISO 16175—2:2011等标准以及同级国家综合档案馆的相关要求执行。

5.2.2 应具备电子档案管理配置功能，包括分类方案管理、档号规则管理、保管期限表管理、元数据方案管理、门类定义等功能。

5.2.3 应具备电子档案管理功能，包括电子档案及其元数据的采集、登记、分类、编目、命名、存储、利用、统计、鉴定、销毁、移交、备份、报表管理等功能。

5.2.4 应具备电子档案安全管理功能，包括身份认证、权限管理、跟踪审计、生成固化信息等功能。

5.2.5 应具备系统管理功能，包括系统参数管理、系统用户和资源管理、系统功能配置、操作权限分配、事件报告等功能。

5.2.6 应具备各门类纸质档案管理功能，包括对电子档案和纸质档案同步编目、排序、编制档号等功能。

5.2.7 应具备纸质档案数字化以及纸质档案数字副本管理功能。

5.3 档案信息化基础设施

5.3.1 档案信息化基础设施和信息安全设施应能保障电子档案管理系统的正常运行，满足电子文件归档与电子档案管理活动的实际需求。

5.3.2 应为档案部门配备局域网、政务网和互联网等网络基础设施，网络性能应能适应各门类电子文件、电子档案传输、利用要求。

5.3.3 应配备与电子档案管理系统以及电子档案管理需求相适应的系统硬件、基础软件和存储、备份等设备。

5.3.4 应配备与电子档案管理系统相适应的安全保障设施，包括杀毒软件、防火墙等设备。

5.4 电子档案管理系统安全管理

5.4.1 电子档案管理系统安全管理应参照《档案信息系统安全等级保护定级工作指南》、涉密计算机信息系统分级保护等规定执行。

5.4.2 应建立电子档案管理系统安全管理制度，明确管理职责和要求，规范操作行为。

5.4.3 电子档案管理系统以及档案信息化基础设施、信息安全设施等各种设备的选型、采购应符合国家有关信息安全和知识产权保护等方面的规定。

5.4.4 支撑电子档案管理系统运行的网络应与互联网物理隔离，与互联网设备之间的数据传输应通过一次性写入光盘实施。

5.4.5 严格管理电子档案管理系统的专用离线存储介质及其用户，定期查杀病毒，监控非授权用户的登录与操作行为。

5.4.6 应制定并实施电子档案管理系统应急处置预案，明确职责分工和保障措施，建立预防预警、应急响应和奖惩等应急处置机制。

6. 电子文件归档范围

6.1 电子文件归档范围

6.1.1 反映单位职能活动、具有查考和保存价值的各门类电子文件及其元数据应收集、归档。

6.1.2 文书类电子文件归档范围按照《机关文件材料归档范围和档案保管期限规定》《企业文件材料归档范围和档案保管期限规定》等执行。

6.1.3 照片、录音、录像等声像类电子文件归档范围参照 GB/T 11821—2002 执行。

6.1.4 科技类电子文件的归档范围按照 GB/T 11822—2008、DA/T 28—2002 等标准执行。

6.1.5 各种专业类电子文件归档范围按照国家相关规定执行。

6.1.6 邮件类电子文件的归档范围按照 DA/T 32—2005 等标准执行。

6.1.7 网页、社交媒体类电子文件归档范围可参照《机关文件材料归档范围和档案保管期限规定》执行。

6.2 电子文件元数据归档范围

6.2.1 应归档电子文件元数据应与电子文件一并收集、归档。

6.2.2 文书类电子文件应归档元数据按照 DA/T 46—2009 等标准执行，至少包括：

(a)题名、文件编号、责任者、日期、机构或问题、保管期限、密级、格式信息、计算机文件名、计算机文件大小、文档创建程序等文件实体元数据；

(b)记录有关电子文件拟制、办理活动的业务行为、行为时间和机构人员名称等元数据，应记录的拟制、办理活动包括：发文的起草、审核、签发、复核、登记、用印、核发等，收文的签收、登记、初审、承办、传阅、催办、答复等。

6.2.3 科技、专业、邮件、网页、社交媒体类电子文件应归档元数据可参照 6.2.2 给出的要求执行。

6.2.4 声像类电子文件应归档元数据包括题名、摄影者、录音者、摄像者、人物、地点、业务活动描述、密级、计算机文件名等。

7. 电子文件的收集与整理

7.1 电子文件及其元数据的收集

7.1.1 应在业务系统电子文件拟制、办理过程中完成电子文件的收集，声像类电子文件、在单台计算机中经办公、绘图等应用软件形成的电子文件的收集由电子文件形成部门基于电子档案管理系统或手工完成。

7.1.2 应齐全、完整地收集电子文件及其组件，电子文件内容信息与其形成时保持一致，包括但不限于以下 6 个方面的要求：

(a)同一业务活动形成的电子文件应齐全、完整。

(b)电子公文的正本、正文与附件、定稿或修改稿、公文处理单等应齐全、完整，电子公文格式要素符合 GB/T 9704—2012 的有关要求。

(c)在计算机辅助设计和制造过程中形成的产品模型图、装配图、工程图、物料清单、工艺卡片、设计与工艺变更通知等电子文件及其组件应齐全、完整，

(d)声像类电子文件应能客观、完整地反映业务活动的主要内容、人物和场景等。

(e)邮件、网页、社交媒体类电子文件的文字信息、图像、动画、音视频文件等应齐全、完整，网页版面格式保持不变。需收集、归档完整的网站系统时，应同时收集网站设计文件、维护手册等。

(f)以专有格式存储的电子文件不能转换为通用格式时，应同时收集专用软件、技术资料、操作手册等。

7.1.3 以公务电子邮件附件形式传输、交换的电子文件，应下载并收集、归入业务系统或存储文件夹中。

7.1.4 应由业务系统按照 6.2.2、6.2.3 给出的要求，在电子文件拟制、办理过程中采集

文书、科技、专业等类电子文件元数据。

7.1.5 可使用WPS表格或电子档案管理系统按照6.2.2(a)、6.2.4给出的要求著录、采集在单台计算机中经办公、绘图等应用软件形成的各门类电子文件元数据，以及声像类电子文件元数据。

7.2 电子文件的整理

7.2.1 应在电子文件拟制、办理或收集过程中完成保管期限鉴定、分类、排序、命名、存储等整理活动，并同步完成会议记录、涉密文件等纸质文件的整理。

7.2.2 应以件为管理单位整理电子文件，也可根据实际以卷为管理单位进行整理。整理活动应保持电子文件内在的有机联系，建立电子文件与元数据的关联。

7.2.3 应基于业务系统完成电子文件、纸质文件的整理，声像类电子文件的整理由电子文件形成部门基于电子档案管理系统或手工完成。

7.2.4 应归档电子文件保管期限分为永久、定期30年和定期10年等。

7.2.5 电子文件分类按照电子档案分类方案执行，可执行的标准或分类方案有：

(a)文书类电子文件的分类管理按照DA/T22执行。

(b)科技类电子文件应按照GB/T11822—2008、DA/T28—2002、《企业文件材料归档范围和档案保管期限规定》等进行分类。

(c)专业、邮件、网页、社交媒体等类电子文件可参照DA/T22等要求进行分类。有其他专门规定的，从其规定。

(d)声像类电子文件应按照年度—保管期限—业务活动，或保管期限—年度—业务活动等分类方案进行分类。

7.2.6 应在整理过程中基于业务系统电子文件元数据库建立纸质文件目录数据，涉密纸质文件目录数据的录入应符合国家保密管理要求，目录数据项参照6.2.2(a)给出的要求执行。

7.2.7 应在分类方案下按照业务活动、形成时间等关键字，对电子文件元数据、纸质文件目录数据进行同步排序，排序结果应能保持电子文件、纸质文件之间的有机联系。

7.2.8 应按规则命名电子文件，命名规则应能保持电子文件及其组件的内在有机联系与排列顺序，能通过计算机文件名元数据建立电子文件与相应元数据的关联，具体要求如下：

(a)应由业务系统按内置命名规则自动、有序地为电子文件及其组件命名；

(b)在单台计算机中经办公、绘图等类应用软件形成的电子文件，应采用完整、准确的电子文件题名命名；

(c)声像类电子文件可采用数字摄录设备自动赋予的计算机文件名。

7.2.9 可参照分类方案在计算机存储器中建立文件夹集中存储电子文件及其组件，完成整理活动。

8. 电子文件归档与电子档案编目

8.1 电子文件归档程序与要求

8.1.1 电子文件形成或办理部门、档案部门可在归档过程中基于业务系统、电子档案管理系统完成电子文件及其元数据的清点、鉴定、登记、填写电子文件归档登记表等主要归档程序。

8.1.2 应清点、核实电子文件的门类、形成年度、保管期限、件数及其元数据数量等。

8.1.3 应对电子文件的真实性、可靠性、完整性和可用性进行鉴定，鉴定合格率应达到100％，包括：

(a)电子文件及其元数据的形成、收集和归档符合制度要求；

(b)电子文件及其元数据的能一一对应，数量准确且齐全完整；

(c)电子文件与元数据格式符合8.3、8.4给出的要求；

(d)以专有格式归档的，其专用软件、技术资料等齐全完整；

(e)加密电子文件已解密；

(f)电子文件及其元数据经安全网路或专用离线存储介质传输、移交；

(g)电子文件无病毒，电子文件离线存储介质无病毒、无损伤、可正常使用。

8.1.4 档案部门应将清点、鉴定合格的电子文件及其元数据导入电子档案管理系统预归档库，自动采集电子文件结构元数据，通过计算机文件名建立电子文件与元数据的关联，在管理过程元数据中记录登记行为，登记归档电子文件。

8.1.5 应依据清点、鉴定结果，按批次或归档年度填写电子文件归档登记表，完成电子文件的归档。

8.2 电子文件归档时间与归档方式

8.2.1 电子文件形成或办理部门应定期将已收集、积累并经过整理的电子文件及其元数据向档案部门提交归档，归档时间最迟不能超过电子文件形成后的第二年6月。

8.2.2 应基于安全的网络环境或专用离线存储介质，采用在线归档或离线归档方式，通过电子档案管理系统客户端或归档接口完成电子文件及其元数据的归档。

8.2.3 应结合业务系统、电子档案管理系统运行网络环境以及本单位实际，确定电子文件及其元数据归档接口并作出书面说明，归档接口通常包括但不限于以下三种：

(a)webservice归档接口；

(b)中间数据库归档接口；

(c)归档电子文件及其元数据的规范存储结构。

8.3 电子文件归档格式

8.3.1 电子文件归档格式应具备格式开放、不绑定软硬件、显示一致性、可转换、易于利用等性能，能够支持同级国家综合档案馆向长期保存格式转换。

8.3.2 电子文件应以通用格式形成、收集并归档，或在归档前转换为通用格式。版式文件格式应按照DA/T 47—2009执行，可采用PDF、PDF/A格式。

8.3.3 以文本、位图文件形成的文书、科技、专业类电子文件应按以下要求归档：

(a)电子公文正本、定稿、公文处理单应以版式文件格式，其他电子文件、电子文件组件可以版式文件、RTF、WPS、DOCX、JPG、TIF、PNG等通用格式归档；或

(b)电子文件及其组件按顺序合并转换为一个版式文件。

8.3.4 在计算机辅助设计与制造过程中形成的科技类电子文件应按以下要求归档：

(a)二维矢量文件以SVG、SWF、WMF、EMF、EPS、DXF等格式归档；

(b)三维矢量：文件，需永久保存的应转换为STEP格式归档，其他可根据需要按8.3.4 a)给出的要求转为二维矢量文件归档。

8.3.5 以数据库文件形成的科技、专业类电子文件，应根据数据库表结构及电子档案管理要求转换为以下格式归档：

(a)以ET、XLS、DBF、XML等任一格式归档，或

(b)参照纸质表单或电子表单版面格式，将应归档数据库数据转换为版式文件归档。

8.3.6 照片类电子文件以JPG、TIF等格式归档；录音类电子文件以WAV、MP3等格式归档；录像类电子文件以MPG、MP4、FLV、AVI等格式归档，珍贵且需永久保存的可收集、归档一套MXF格式文件。

8.3.7 公务电子邮件以EML格式，网页、社交媒体类电子文件以HTML等格式归档。

8.3.8 专用软件生成的电子文件原则上应转换成通用格式归档。

8.4 电子文件元数据归档格式

8.4.1 应根据电子文件归档接口以及元数据形成情况确定电子文件元数据归档格式。

8.4.2 经业务系统形成的各门类电子文件元数据应根据归档接口确定归档格式：

(a)选择8.2.3(a)或8.2.3(c)所述归档接口时，可以ET、XLS、DBF、XML等任一格式归档；

(b)选择8.2.3(b)所述归档接口时，可与电子文件一并由业务系统数据库推送至中间数据库，也可再由中间数据库导出数据库数据文件。

8.4.3 声像类电子文件元数据、在单台计算机中经办公、绘图等应用软件形成的电子文件，可以ET、XLS、DBF等格式归档。

8.5 电子档案的编目

8.5.1 应对电子档案与纸质档案进行同步整理审核、编制档号等编目活动。

8.5.2 应对整理阶段划定的电子档案保管期限与分类结果进行审核和确认，对不合理或不准确的应进行修正。

8.5.3 应在整理审核基础上，对电子档案、纸质档案重新排序，并依据排序结果编制文件级档号。

8.5.4 应采用文件级档号或唯一标识符作为要素为电子档案及其组件重命名，同时更新相应的计算机文件名元数据。

8.5.5 应按照DA/T 18—1999以及6.2.4给出的要求对电子档案、纸质档案做进一步著录，规范、客观、准确地描述主题内容与形式特征。

8.5.6 完成整理编目后，应将电子档案及其元数据、纸质档案目录数据归入电子档案管理系统正式库，并参照7.2.9给出的要求分类、有序地存储电子档案及其组件。

8.6 档号编制要求

8.6.1 应按照DA/T 13—1994等标准以及电子档案全程管理要求确定档号编制规则。

8.6.2 应采用同级国家综合档案馆档号编制规则为室藏电子档案、纸质档案编制档号。

8.6.3 档号应能唯一标识全宗内任一电子档案或纸质档案。

8.6.4 以档号作为电子档案命名要素时，计算机文件名应能在计算机存储器中唯一标识、有序存储全宗内任意一件电子档案及其组件。

9. 电子档案的管理

9.1 电子档案的存储

9.1.1 应为电子档案及其元数据的安全存储配置与电子档案管理系统相适应的在线存储设备。

9.1.2 电子档案管理系统应依据档号等标识符构成要素在计算机存储器中逐级建立文件夹，分门别类、集中有序地存储电子档案及其组件，并在元数据中自动记录电子档案在线存储路径。

9.1.3 在线存储系统应实施容错技术方案,定期扫描、诊断硬磁盘,发现问题应及时处置。

9.2 电子档案的备份

9.2.1 应结合单位电子档案管理和信息化建设实际,在确保电子档案的真实、完整、可用和安全基础上,统筹制定电子档案备份方案和策略,实施电子档案及其元数据、电子档案管理系统及其配置数据、日志数据等备份管理。

9.2.2 电子档案近线备份与灾难备份的基本要求如下:

(a)宜采用磁带备份系统进行近线备份,应定期对电子档案及其元数据、电子档案管理系统的配置数据和日志数据等进行全量、增量或差异备份。

(b)电子档案数量达到一定量且条件许可时,可实施电子档案管理系统和数据库系统的热备份。

(c)本单位建设灾难备份中心时,应将电子档案及其元数据、电子档案管理系统的灾难备份纳入规划之中,进行同步分析、设计和建设。电子档案的灾难备份和灾难应参照GB/T 20988—2007等标准要求执行。

9.2.3 电子档案离线备份的基本要求如下:

(a)应采用一次写光盘、磁带、硬磁盘等离线存储介质,参照GB/T 2828.1—2012、GB/T 12628—2008、GB/T 17678—1999、DA/T 15—1995、DA/T 38—2008等标准实施电子档案及其元数据、电子档案管理系统配置数据、日志数据等的离线备份。

(b)电子档案离线存储介质至少应制作一套。可根据异地备份、电子档案珍贵程度和日常应用需 要等实际情况,制作第二套、第三套离线存储介质,并在装具上标识套别。

(c)应对离线存储介质进行规范管理,按规则编制离线存储介质编号,按规范结构存储备份对象和相应的说明文件,标识离线存储介质。禁止在光盘表面粘贴标签。

(d)离线存储介质的保管除参照纸质档案保管要求外,还应符合下列条件:

——应作防写处理。避免擦、划、触摸记录涂层。

——应装盒,竖立存放或平放,避免挤压。

——应远离强磁场、强热源,并与有害气体隔离。

——保管环境温度选定范围:光盘17 ℃~20℃,磁性载体15℃~27 ℃;相对湿度选定范围:光盘20%~50%,磁性载体40%~60%。具体要求见DA/T 15—1995、DA/T 38—2008。

(e)电子档案或电子档案离线存储介质自形成起一年内可送同级国家综合档案馆电子档案中心进行备份。

(f)应定期对磁性载体进行抽样检测,抽样率不低于10%;抽样检测过程中如果发现永久性误差时应扩大抽检范围或进行100%的检测,并立即对发生永久性误差的磁性存储介质进行复制或更新。

(g)对光盘进行定期检测,检测结果超过三级预警线时应立即实施更新。

(h)离线存储介质所采用的技术即将淘汰时,应立即将其中存储的电子档案及其元数据等转换至新型且性能可靠的离线存储介质之中。

(i)确认离线存储介质的复制、更新和转换等管理活动成功时,再按照相关规定对原离线存储介质实施破坏性销毁。应对离线存储介质管理活动进行登记。

9.3 电子档案的利用

9.3.1 电子档案的提供利用应严格遵守国家相关保密规定。

9.3.2 应根据工作岗位、职责等要求在电子档案管理系统为利用者设置相应的电子档案利用权限。

9.3.3 利用者应在权限允许范围内检索、浏览、复制、下载电子档案、电子档案组件及其元数据。

9.3.4 电子档案及其元数据的离线存储介质不得外借，其使用应在档案部门的监控范围内。

9.3.5 对电子档案采用在线方式提供利用时，应遵守国家有关信息安全的相关规定，从技术和管理两方面采取严格的管理措施。

9.4 电子档案的统计

9.4.1 应按照档案统计年报要求及本单位实际需要对各门类电子档案情况进行统计。

9.4.2 可按档案门类、年度、保管期限、密级、卷数、件数、大小、格式、时长、销毁、移交等要素，对室藏电子档案数量等情况进行统计。

9.4.3 可按年度、档案门类、保管期限、卷数、件数、利用人次、利用目的、复制、下载等要素对电子档案利用情况进行统计。

9.5 电子档案元数据的维护

9.5.1 应基于电子档案管理系统在电子档案管理全过程中持续开展电子档案元数据采集、备份、转换和迁移等管理活动。

9.5.2 实施电子档案管理系统升级或更新、电子档案格式转换等管理活动时，应自动采集新增的电子档案背景、结构元数据，包括信息系统描述、格式信息、音频编码标准、视频编码标准、技术参数等。

9.5.3 应参照 GB/T 26163.1—2010 等标准持续并自动采集电子档案管理过程元数据，应记录的电子档案管理过程包括登记、格式转换、迁移、鉴定、销毁、移交等，具体见 8.1.4、10.2.5、10.3.4 给出的要求。

9.5.4 应通过备份、格式转换、迁移等措施管理电子档案元数据，包括电子文件归档接收的以及归档后形成的电子档案元数据，具体见 9.2、10.2、10.3.4 给出的要求。

9.5.5 应禁止修改电子档案背景、结构和管理过程元数据，对题名、责任者、文件编号、日期、人物、保管期限、密级等元数据的修改应符合管理规定，修改操作应记录于日志文件中。

9.5.6 应确保电子档案与其元数据之间的关联关系得到维护。

10. 电子档案的处置

10.1 电子档案的鉴定与审查

10.1.1 应定期对电子档案进行销毁鉴定和解密审查，鉴定、审查程序应符合国家有关规定。

10.1.2 档案部门应根据本单位档案保管期限表进行电子档案销毁鉴定，提出被鉴定对象的续存或销毁意见，必要时可协商相关职能部门。销毁鉴定意见经上级领导或主管部门审核、批准后方可实施。

10.1.3 电子档案的解密审查应由档案部门、保密部门共同实施，必要时可协商相关职能部门。解密审查意见经上级领导或主管部门审核、批准后方可实施。

10.1.4 应根据电子档案所标密级并结合国家有关政策、要求，参照 GB/T 7156—2003

等标准定期对涉密电子档案进行密级审查,实施解密、延长保密期限或提升密级等处置活动。

10.1.5 到期电子档案移交进馆前,应进行解密审查。

10.2 电子档案的转换与迁移

10.2.1 应在确保电子档案的真实、可靠、完整和可用基础上,参照 ISO 13008—2012 等标准实施电子档案及其元数据的转换或迁移。

10.2.2 出现以下但不限于以下情况时,应实施电子档案及其元数据的转换或迁移:

(a)电子档案当前格式将被淘汰或失去技术支持时,应实施电子档案或元数据的格式转换;

(b)因技术更新、介质检测不合格等原因需更换离线存储介质时,应实施电子档案或元数据离线存储介质的转换;

(c)支撑电子档案管理系统运行的操作系统、数据库管理系统、台式计算机、服务器、磁盘阵列等主要系统硬件、基础软件等设备升级、更新时,应实施电子档案管理系统、电子档案及其元数据的迁移;

(d)电子档案管理系统更新时,应实施电子档案及其元数据的迁移。

10.2.3 应按照确认转换或迁移需求、评估转换或迁移风险、制定转换或迁移方案、审批转换戒迁移方案、转换或迁移测试、实施转换或迁移、评估转换或迁移结果、报告转换或迁移结果等步骤实施电子档案及/成元数据的转换或迁移。

10.2.4 应在确信转换或迁移活动成功实施之后,根据本单位实际对转换或迁移前的电子档案及其元数据进行销毁或继续留存的处置。

10.2.5 电子档案及其元数据库的转换、迁移活动应记录于电子档案管理过程元数据中,并填写电子档案格式转换与迁移登记表。

10.2.6 重新对经过格式转换后的电子档案及其元数据进行备份。

10.3 电子档案的移交与销毁

10.3.1 保管期限为永久的电子档案及其元数据自形成之日起 5 年内应向同级国家综合档案馆移交,移交工作按照《电子档案移交与接收办法》和同级国家综合档案馆的要求执行。

10.3.2 纸质、银盐感光材料等各门类传统载体档案应以数字副本及其目录数据移交进馆,以确保移交年度内数字档案资源的完整性。纸质档案数字化转换应按照 DA/T—31、JSO/TR 13028—2010 以及同级国家综合档案馆的要求执行。

10.3.3 电子档案的销毁应参照国家关于档案销毁的有关规定与程序执行。

10.3.4 应从在线存储设备、异地容灾备份系统中彻底删除应销毁电子档案,电子档案管理系统应在管理过程元数据、日志中自动记录鉴定、销毁活动,将被销毁电子档案的元数据移入销毁数据库。

10.3.5 应销毁电子档案的离线存储介质,应对其实施破坏性销毁。实施销毁前,应对备份其中的其他电子档案进行离线存储介质的转换。

10.3.6 属于保密范围的电子档案,其销毁应按国家保密规定实施。

10.3.7 应填写电子档案销毁登记表并归档保存。

【本章小结】

1. 文书整理归档是文件向档案转化的标志，是文书处理的终点、档案管理的起点。

2. 文书整理归档工作是指将处理完毕的、具有一定查考利用价值的、应作为档案保存的文件材料，按照它们在形成过程中的联系，以“件”为单位，组件、分类整理，并装盒归档使之有序化的过程。文书整理归档应遵循一定的整理原则，符合有关的质量要求。

3. 文书整理归档是文书办理的最后一个环节，主要是对归档文件的整理，包括办毕文件的收集、判断、整理和归档四个主要步骤。

4. 电子文件是现代社会发展的必然趋势。具体来讲，电子文件指在数字设备及环境中生成，以数码形式存储于磁带、磁盘、光盘等载体，依赖计算机等数字设备阅读、处理，并可在通信网络上传送的文件。电子文件同样应按归档的要求、程序和方法进行整理归档。

【练习题】

1. 回答“案例导读”和“案例阅读”后的“互动问题”。
2. 办毕文件进行整理归档有哪些步骤和方法？
3. 怎样对电子文件进行日常管理？
4. 电子文件归档有哪些程序和方法？

【技能训练任务】

任务一

1. 训练目标

加深对文书整理归档工作的理解。

2. 训练内容

参观学校的档案室或所在市的档案馆，深入了解文书整理归档工作。

3. 训练要求

(1)以“某某单位公文整理归档工作之我见”为题写一份参观心得。

(2)可以写整个公文整理归档过程，也可就公文整理归档中的一个环节进行详细的了解，分析这些企事业单位的公文整理归档工作是否符合《归档文件整理规则》等有关规定，或是存在哪些需要改进的问题并予以指出。

任务二

1. 训练目标

熟悉文书整理归档的程序和环节，掌握文书整理归档各环节的流程和操作要领，能够对案盒内文件进行整理归档，形成文书整理归档的工作技能。

2. 训练内容

2019 年 12 月 23 日上午 8:30，广州蓝色光标有限责任公司办公室主任把办公室文员小杨叫到自己办公室，开始安排年底的工作，其中一项重要的工作就是进行 2019 年全年公文的整理归档。小杨用记事本记下了工作任务后，回到自己的办公室，立即开始工作。小杨拿出了内收发的发文登记簿、内收发对外收发的送文登记簿和外收发的发文登记簿，根据登记内容，找出了 2019 年的文件资料等。她把重份文件等不需要归档的材料放到一边。随后，她又找出了起钉器、燕尾夹、不锈钢钉、档案章、打号机、归档文件目录、备考表等用品，细心地按照《归档文件整理规范》对文件进行了整理。

经过 3 天的辛勤工作，小杨完成了归档文件的整理。办公室主任对整理好的文件进行了抽查。办公室主任发现了小杨在归档文件整理中出现的一些问题，友好地提出来一些改进意见，小杨虚心地接受了办公室主任的意见并立即纠正了整理文件中出现的错误。

3. 实训要求

(1)评价训练内容中出现的人物的公文整理归档行为。

(2)分组实训。每组 4 位同学，讨论并撰写一份文件整理演示方案后，实训小组成员分别扮演办公室主任和文员小杨等角色，按训练内容描述的场景顺序模拟公文归档整理的各个环节。

第六章
档案收集与鉴定

学习目标

知识目标：

了解档案室和档案馆收集工作的方法。

了解档案鉴定工作的程序、制度与原则。

了解档案保管期限表的含义与意义。

能力目标：

熟悉档案室和档案馆的档案收集工作。

掌握鉴定档案价值的标准和方法。

运用档案保管期限表鉴定档案。

【案例导读】

小王档案收集工作的尴尬

档案学专业的小王在学校学习非常认真，他的档案学理论知识十分扎实，是大家公认的好学生，他自己对将来的工作也很有信心。大学毕业后，他被分配到一家国有企业档案室。档案室人手不多，工作也比较简单，小王的工作能力也得到了领导的肯定和赏识。公司每年年底都要对档案进行一次大规模的收集，这次档案部门主管叫小王去收集科研处去年的档案。到了科研处，当他说明来意后，得到的答复是："还没到时间呢！不是最迟到6月底吗？"小王解释说，按照规定年底接收档案，只有个别特殊情况能推延日期。早点收也是为了便于档案整理以及以后各项工作的开展，大家用起来才方便。可是那人却不以为然地回答说："便于你们整理，便于大家利用，可是对我们而言没什么方便啊！我们这也需要这些档案啊！"说完就做自己的事情头也不抬了，小王只好无功而返。

到了6月底，领导又派小王去了科研处，他想这次收集全那些档案肯定没问题了。没想到科研处的人却说："我们现在还没整理好，你过两天再来吧！"小王很生气，感到很委屈，大声对那个人说道："怎么这样啊？半年前我来你说没到时间，这次到时间了，你又说没整理好，你们到底在干什么啊？归档制度你懂不懂啊？”“你说什么？我不懂你懂啊！让你多跑两趟又怎么了？这是你的工作，你不跑谁跑！”就这样，两人互不相让争吵起来……

资料来源：浙江经济职业技术学院精品课程《企业档案工作实务》，http://wlkc.zjtie.edu.cn/dasw/content/detail.php?id=5&sid=19&cid=183。

互动问题：

1. 什么是档案的收集工作？档案收集在档案管理工作中处于什么地位？
2. 什么是“归档制度”？《中华人民共和国档案法》中对归档制度有哪些规定？

第一节 档案收集

档案收集就是接收和征集档案的意思，档案收集工作就是按照规定，通过例行的接收制度和专门的征集方法，把分散在各机关、部门、个人手中和散失在社会上的档案，集中到机关档案室和国家档案馆进行科学管理的一项业务环节。档案的收集工作可以分为两大部分：其一，对于本单位的档案室来说，主要是接收归档的文件和进行必要的零散文件的收集；其二，对于各级各类档案馆来说，主要是接收档案室移交的档案、撤销机关的档案和征集历史档案。档案收集工作最基本的要求是收集齐全完整，因为，收集工作是档案部门取得档案的手段，是开展其他业务活动的基础和前提条件。若收集得不齐全完整，就必定影响整个档案工作的开展和档案作用的发挥。

一、档案室收集工作

档案室收集工作是按照归档制度的要求，定期接收本单位文书部门和业务部门移交的经过系统整理的归档文件。档案室的收集工作包括接收本单位归档的文件和收集未及时归档的零散文件两个方面的内容。其中，文件归档是档案室收集档案的主渠道，零散文件的收集则是一种补充的形式。

（一）文件归档

《中华人民共和国档案法》第十四条规定：“应当归档的材料，按照国家有关规定定期向本单位档案机构或者档案工作人员移交，集中管理，任何人不得拒绝归档或者据为己有。”这条规定明确指出了文件归档是机关档案室收集档案的主要途径。机关文件归档工作包括两个方面的内容。

文件归档是指各单位处理完毕的具有保存价值的文件，经文书部门或承办部门整理立卷后，定期向档案室或档案人员移交的过程。在一个具体的单位中，文件归档是一项涉及文书部门和档案部门两个部门的工作。文书部门在文件归档中要做的工作是对处理完毕的文件进行鉴定和整理；档案部门在文件归档中要做的是接收文书部门移交的案卷。文件归档流程如图6—1所示。

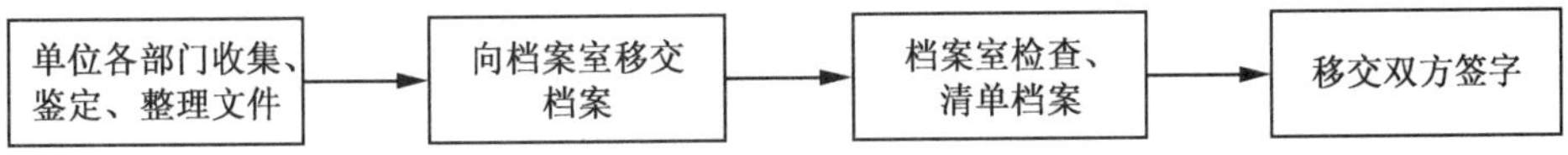

图6—1 文件归档工作

单位各部门办理完毕的文件是档案室档案的主要来源，建立健全单位内文件材料的归档工作制度是档案部门开展档案收集工作的主要途径。档案室接收归档文件要检查移交目录与归档文件是否相符，审核归档文件是否齐全完整、系统规范，履行交接手续。

机关、团体、企事业单位和其他社会组织，发生机构变动、撤销、合并时，应当按照规定，向有关单位移交档案。在社会发展的过程中，机构变动是一种常态，机构撤销了，或者被合并到另一个机构中去了，原有的档案要按规定，移交给某个机构的档案部门，或移交给新单位的档案部门，不得擅自丢弃。移交手续与上述文件归档流程基本相同。

（二）零散文件的收集

零散文件主要是指单位在收集工作中未及时归档，容易被忽略、遗漏的文件。出现零散文件的主要原因是，由于归档制度不健全，一些临时机构、突发事件、未列入计划的工作和活动形成的文件材料容易被忽略；一些文件材料留存在部门和个人手中未归档；一些单位内部文件没有经过文书部门登记在册，在收发登记簿上无记录可查，在归档时容易出现遗漏。零散文件通常表现在以下一些方面：

1. 机关单位设立临时机构处理专项工作形成的文件材料。临时机构的存在具有临时性、短暂性，其工作中形成的文件材料在归档时容易被忽略。

2. 处置突发事件、举办重要活动、承担重大建设项目、承接重大科研课题、上级检查评估形成的文件材料。

3. 由参加会议人员直接从会场带回的文件。

4. 一些文件材料保存在部门或个人手中。

5. 一些承办部门或工作人员未及时交回文件。

6. 领导人手中传阅和参考的文件未交还。

7. 领导人工作调动带走文件材料或未交出。

8. 向上级机关和部门呈送请示、报告，未留底存档。

9. 机关单位撤、转、并、迁，使文件材料流失。

10. 机关单位向社会和个人征集的、与机关有关的文件材料。

由于多方面的原因，单位即使建立了归档制度，开展了正常的归档工作，也难免出现零散文件的现象。对此，档案室和档案管理人员应开展零散文件的收集工作。

收集零散文件可以采取下列方法：

其一，建立和健全零散文件归档制度。根据单位内部结构调整、领导干部职务调动、工作人员岗位变动等情况，收集散存在承办部门或人员手中的文件。

其二，结合单位的管理评估、安全检查等重大活动，清理和收集文件。

其三，通过编写单位大事记、组织沿革等参考资料，有针对性地收集一些散存的文件。

【资讯浏览】

云南省档案馆征集散存资料

2013年9月23日，云南省著名探险家金飞豹将多年来珍藏的探险档案资料全部捐赠给云南省档案馆，标志着云南省档案馆向社会各界征集散存档案资料正式启动。活动呼吁社会各界树立档案保护意识，积极捐赠手中有价值的档案。

金飞豹捐赠的探险档案包括他徒步到达南北极、穿越撒哈拉沙漠、徒步滇越铁路等资料,共计 12 937 张电子照片,55 页个人奖状证书扫描,200 余张路线图,110 余个视音频,1 面盖有南极印章的奥运旗帜等。“我想把我在探险中看到的历史、人文、风景等资料捐赠出来,分享给大家,让更多的人看到广阔的生命、厚重的历史和美好的梦想。”金飞豹说。

据了解,云南省档案馆共保管档案 580 个全宗,121 万卷(件),近年来一直致力于征集散存于民间的家庭个人档案,反映个人奋斗、市井生活、民众百态的珍贵民间档案。

资料来源:http://news.163.com/13/0924/02/99GN62LG00014AED.html。

【提醒您】

零散文件的收集并非一项可有可无的工作,应纳入工作日程。可以通过协助单位的领导制定会议文件归档制度、干部离任档案移交制度等,将零散文件的收集工作制度化,变被动为主动,保证档案的齐全完整。

(三)档案室收集工作的职责

从归档程序上看,档案室或档案管理人员只是负责验收案卷,但实际上,为了达到齐全完整地将档案集中到档案部门的目的,档案室或档案管理人员不仅需要关注文件归档的结果,更重要的是需要关注和参与文件的形成、运行、立卷归档的全过程。

1. 监督文件的形成过程

文件的形成是归档的源头。在实际工作中,一些单位因忽视文件的形成而导致了档案不完整,因此,不仅要力求将已经形成的具有保存价值的文件收集齐全,而且还应该注意文件在形成和处理过程中的情况。例如,要注意了解本单位是否建立了电话记录制度,会议或活动的记录制度、文书工作制度是否完善等情况,这样才能发现本单位在文件形成和管理过程中存在的问题,并向有关部门或领导反映,提出改进的建议。

2. 指导文件形成部门的归档工作

档案室或档案管理人员对文书归档的业务指导工作包括如下内容:

第一,指导和协助文书部门或业务部门明确归档责任者。文件材料归档责任定在哪一级,可根据机关的大小、内设机构的复杂程度和文书处理方式合理选择。一般来说,大型机关单位内设机构层次复杂,文书处理多采用分散方式,因此,归档工作也相应地采取分散方式,即由各个二级机构收集整理后汇集到其上级主管部门统一向档案部门移交。中型机关单位内设机构层次较少,文书处理多采用分散和集中相结合的方式,因此,归档工作相应采取分散和集中相结合的方式,即由办公室或文书部门负责综合性文件材料归档工作,各业务部门负责其职能活动中形成的文件材料的归档工作。小型机关单位内设机构简单,文书处理多采用集中方式,因此,也相应采取集中归档的方式,即由办公室或业务部门统一收集、集中整理归档。

第二,指导和帮助文书部门或业务部门恰当确定某些文件材料的归档分工。为了避免文件材料的重复归档或遗漏归档,应对文件材料归档责任予以明确的规定。首先,凡是机关单位自己形成的文件材料,按党政分开的原则,党组织的文件材料由党组织的办公室和各个工作部门负责收集整理归档;行政机关形成的文件材料由行政办公室和各职能部门负责收集整理归档;党政联合发文则由文号所属部门归档;几个部门联合发文则由第一责任部门或主要责任部门负责归档,也可指定其中的一个部门负责归档。其次,外来文件材料,如属党政机关来文则由相应的党政部门负责归档；如属业务主管机关来文则由对口业务部门负责归档。其他文件，可由档案部门与有关部门协商明确归档责任。

第三，指导和协助归档责任部门编制归档文件类目和文件归档范围，督促责任部门做好平时文件收集工作。归档文件类目是事先编制好的归档计划，它由文件材料类别和条款组成，每一个条款形成一组文件材料（归档时可将其组成一个或若干个档案盒）。归档文件类目的编制方法是：

（1）编制时间。一般在上年底或本年初。

（2）编制办法。在档案人员的指导和协助下，文书人员按照上年归档文件的类目情况和本部门文件制作规律，参照本年度部门工作计划，预计本年度文件材料收发基数，预定当年文件材料收集类目。

（3）操作程序。首先根据预定类目即文件数量，准备数量相等的档案盒，并在档案盒封面和脊背上写明类目名称，以备收集文件时使用；然后，在文书处理过程中，及时把办理完毕的文件材料放进相应的档案盒，并编制归档文件目录。平时文件收集是一件很重要的文件材料形成积累工作，如果做得很认真、细致、规范，文件材料收集齐全完整，那么，年度文件归档工作就很轻松、顺利。否则，年度归档工作就很麻烦，归档质量也得不到保证。

知识拓展

开辟档案收集新渠道

档案资源是档案工作服务构建和谐社会的基本保障。实现档案资源的极大丰富、馆藏结构的最大优化，是档案工作的首要任务，也是档案工作服务构建和谐社会的物质基础。因此，要拓宽档案资源建设的新渠道，既保证目前应归档的文件材料收集完整齐全，又研究探索档案收集的新渠道、新领域，把档案的收集范围向外延伸。通过拓展档案工作监督与指导的新领域，开辟档案收集的新渠道，获取一些科研单位、经济部门、专业领域形成的有现实作用的档案资料，大量收集具有地方特色、区域特色、民族特色的鲜活的档案资料，最大限度地收集散落在民间的具有重要意义的档案资料，使档案库内容丰富、形式多样。

资料来源：刘萌，《文书与档案管理》，电子工业出版社 2011 年版。

互动问题：档案收集有哪些新渠道？

二、档案馆对档案的收集

《中华人民共和国档案法》第十五条规定："机关、团体、企业事业和其他组织应当按照国家有关规定，定期向档案馆移交档案，档案馆不得拒绝接收。"

根据《中华人民共和国档案法》的规定，各单位对国家和社会有保存价值的，需要长远保管的档案，要集中由国家设立的各级各类档案馆保存。档案馆收集档案的主要途径有：接收现行机关移交的档案，接收撤销机关的档案，征集社会散存的档案。征集方式为：接受捐献、购买、代存等。在必要时，档案馆之间还要开展交换档案的活动。

（一）档案馆接收现行机关的档案

1. 接收的范围

根据《档案馆工作通则》的规定，我国各级档案馆接收档案的范围是：各机关、团体及其所属单位具有永久保存价值的档案，省辖市（州、盟）和县级档案馆同时接收长期保存的档案。例如,中央档案馆接收中共中央、国务院及所属部委办的档案;北京市档案馆接收北京市委、市政府及所属单位的档案。

2. 接收的期限

根据《〈中华人民共和国档案法〉实施办法》《机关档案工作条例》和《档案馆工作通则》的规定,列入省综合档案馆接收范围的档案自档案形成之日起满20年,向省综合档案馆移交;列入自治州、设区的市、地区和县综合档案馆接收范围的档案,自档案形成之日起满10年,向当地综合档案馆移交。例如,北京市延庆区政府应该将其永久和长期保存的档案在本单位保存10年左右后向延庆区档案馆移交。

3. 接收档案的要求和手续

档案馆在接收档案时要遵守如下要求:进馆档案应保持全宗的完整性,并按规定整理好;立档单位编制的组织沿革、全宗介绍和有关检索工具应随同档案一起接收;交接双方必须根据移交目录清点核对,并在交接文据上签名盖章。

(二)档案馆接收撤销机关的档案

在社会活动中,经常会发生单位调整、变动或者撤销、合并等情况,"撤销机关"由此而出现。一个单位撤销了,意味着其活动的终止;然而,"撤销机关"在历史上是客观存在的,其历史面貌应该保留。《机关档案工作条例》规定,机关撤销或合并必须将本机关的全部档案进行认真整理,妥善保管,不得分散,并按下列办法处理:

(1)撤销机关的档案,应向有关的档案馆移交或由有关主管机关代管。

(2)机关撤销的业务分别划归几个机关的,其档案材料不得分散,可由其中一个机关代管或向有关的档案馆移交。

(3)一个机关并入另一个机关或几个机关合并为一个新的机关,其档案材料应移交给合并后的机关代管或向有关的档案馆移交。

(4)一个机关内一部分业务或者一个部门划给另一个机关接收,其档案材料不得带入接收机关,如果接收机关需要利用,可以借阅或者复制。

(5)机关撤销或者合并时,没有处理完毕的文件材料,可以移交给新的机关继续处理,并作为新的机关的档案加以保存。

(6)一个机关改变了领导关系,在其工作活动中形成的全部档案仍属原来的全宗,实行集中统一管理。

各种临时工作机构撤销时,其档案应向有关的主管机关或档案馆移交。

【案例阅读】

组建人力资源和社会保障部

2008年3月11日下午,根据党的十七大和十七届二中全会精神,《国务院机构改革方案》第五条指出:组建人力资源和社会保障部。组建国家公务员局,由人力资源和社会保障部管理。不再保留人事部、劳动和社会保障部。

互动问题:请问人事部、劳动和社会保障部合并为人力资源和社会保障部后,其档案材料应移交给哪个机关代为保管?

【知识拓展】

铁道部被撤销

中华人民共和国铁道部是中华人民共和国铁路事务的最高主管机关，是中华人民共和国国务院的组成部门之一。2013 年 3 月 11 日，根据第十二届全国人民代表大会第一次会议审议的《国务院关于提请审议国务院机构改革和智能转变方案》的议案，铁道部实行铁路政企分开。将铁道部拟定铁路发展规划和政策的行政职责划入交通运输部；组建国家铁路局，由交通运输部管理，承担铁道部的其他行政职责；组建中国铁路总公司，承担铁道部的企业职责；不再保留铁道部。

互动问题：铁道部被撤销后，其档案应该由哪个档案馆负责接收？

（三）对历史档案的接收和征集

档案征集是档案部门按照国家规定征收与本馆业务范围有关的档案、文献的活动，是档案部门丰富馆藏档案史料的必要补充渠道。档案征集主要是把流失在社会上或个人手中的历史档案收集进馆。历史档案是指中华人民共和国成立前，各机关、团体、企业、事业单位以及著名人物在社会活动中形成的档案，包括革命历史档案和旧政权档案，是珍贵的历史文化遗产。接收、征集历史档案是档案馆丰富馆藏的重要手段。

历史档案流失的原因复杂，所以征集工作政策性强、难度大。既要正确把握政策与策略，又要讲究方法和技巧。应统一规划，有组织、有计划、有重点、有目标地开展征集工作，防止征集工作的盲目性。主动调查研究，摸清档案流散情况，以对历史负责的精神，做好档案资料的征集、保管、利用工作。对散失在民间的珍贵档案，可采取接受捐赠、代为保管、征购等形式征集。档案馆可同博物馆、图书馆、纪念馆等单位保存的文物、文献资料等档案开展相互协作，交换重复件、复制件或者目录，联合举办展览，共同研究、编辑出版有关史料。

征集对国家和社会有保存价值的档案资料，是一项具有历史和现实意义的重要工作，各单位、团体及社会各界人士应给予积极支持和配合，形成强大的征集工作的社会合力。

【案例阅读】

原平谷区公安局局长个人资料全部征集进档案馆

王敏同志是原平谷县公安局政治委员、党委书记，1945 年参加革命，1992 年 7 月离休。王敏同志离休后，并没有在家安享晚年，而是根据自己多年生活和工作经验，开始动笔撰写家史与回忆录。2002 年出版了《我是一棵小草》系列第一集《苦难光荣的家族史》，至 2010 年共出版书籍 11 本。王敏同志去世后，他的女儿王小强按照王敏同志遗愿将他全部个人资料捐赠给平谷区档案馆，主要包括“王敏同志人民警察一级金盾”“北京市公安局三等功”等荣誉奖章、证书、工作日记、各类剪报、工作照片、出版书的手稿等共计 200 余件。

为进一步丰富档案馆馆藏人物档案，使这些宝贵的文化资源和精神财富得以更好地保留和弘扬，区档案馆将王敏的个人档案资料全部征集进馆。目前，已完成王敏个人档案的全部整理工作。

资料来源：http://www.bjpg.gov.cn/publish/portal0/tab79/info37270.htm。

互动问题：档案馆可以通过哪些途径开展档案的征集？

【提醒您】

档案收集工作是档案管理工作的第一步。因此档案室和档案管理人员应做到档案收集齐全完整，从文件形成阶段就开始关注其完整性，并监督文件管理的全过程。如果发现问题应尽快通过有关领导建立健全制度，帮助本单位文书部门、承办部门和相关人员堵塞文件在形成、传递、处理和归档中的漏洞。文件齐全，档案收集工作就有了基本的保证。

第二节　档案鉴定

档案作为各项社会活动的历史记录，是重要的信息资源。随着社会的进步，经济的发展，档案的数量与日俱增，因此，档案的价值鉴定工作就成为保证档案质量，提高档案利用价值的重要保证。档案鉴定工作是指对档案价值的鉴定过程，是档案部门按照一定的原则、方法、技能对档案进行鉴定，判定其价值，确定其保存期限，剔除失去保存价值的档案并销毁的工作。

一、档案价值鉴定工作程序

档案价值鉴定工作包括三个方面的内容：其一，制定鉴定档案保存价值的标准，包括单行规定和档案保管期限表等；其二，判定档案的价值，确定其保管期限；其三，对保管期满的档案的价值进行复审，确定其有无继续保存的价值，剔出无保存价值和保管期满且无继续保存价值的档案，按规定的手续进行销毁或做其他方式的处理。

档案价值鉴定工作通常分为三个阶段进行，涉及单位内部的文书工作部门、档案部门以及各级各类档案馆。档案鉴定工作程序如图 6－2 所示。

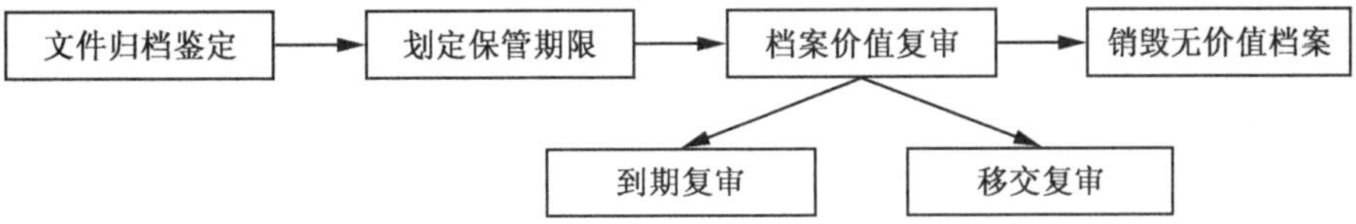

图 6－2　档案价值鉴定工作流程

（一）文件归档鉴定

文件归档鉴定是各单位对处理完毕的文件所进行的划定归档范围的工作。归档鉴定所依据的原则是国家档案局发布的《机关文件材料归档范围和文书档案保管期限规定》。各个单位也可以根据国家的规定确定本单位的归档范围。确定本单位的文件归档范围，一般是先由档案部门编制一个统一的标准，经领导审核同意并报同级档案主管部门审批后实施。各部门按照这个标准对本部门的归档文件进行鉴定，鉴定工作通常由单位的文书人员或秘书人员承担。

（二）划定文件的保管期限

由于各种因素的影响，同属于一个归档范围的文件常具有不同的保管期限，为此，在确定归档范围之后还需要对文件划定具体的保管期限。这项工作也是先由档案部门编制一份本单位各类档案的保管期限表，经领导审核同意并报同级档案主管部门审批后施行。单位的文书人员或秘书人员依据这张表，对每一份归档文件划定保管期限。事实上，归档范围和保管期限表一般都是合并编制并一起报批的。

（三）档案价值复审

除了永久保存的档案外，其他定期保存的文件在保管期满之后，需要对其价值进行复审，以确定是继续保存还是予以淘汰。档案价值复审主要采取以下两种形式。

1. 到期复审

到期复审是指对于短期或长期保管的档案，在保管期满后重新审查其是否确定丧失了保存价值。对保管期满的复审周期可以逐年进行，也可以若干年度进行一次。这项工作由档案室（馆）承担。

2. 移交复审

移交复审是指档案室向档案馆移交档案时，档案室人员和档案馆接收人员共同对所移交的档案的保管期限进行的审查工作。

对于经归档鉴定和价值复审确认没有继续保存价值的档案，应按照规定的手续和方法予以销毁。这项工作通常由档案部门承担。

二、档案鉴定工作的原则

档案鉴定工作总的指导思想和档案价值评价的基本标准是：从党和国家的根本利益出发去衡量档案的价值。档案是国家和人民的宝贵历史文化财产，它的形成、存在及利用等关系到各方面的利益，因此，档案鉴定工作绝不能以个人的好恶和小团体的利益为准则，必须从党和国家的整体利益出发，利用科学的方法、手段判定档案的价值。档案鉴定工作的原则有以下几点。

1. 全面的原则

首先，在对档案进行鉴定时，不仅要看到局部，也要看到整体，既要考虑到本单位的利用，也要考虑到社会的需求。机关档案鉴定存在的问题是，往往只顾及本机关的利用。档案的作用是多方面的，我们考虑档案价值时要从它的多个作用出发。

其次，从档案之间的相互关系上分析其价值。鉴定时，要看到全宗之间及全宗群的联系，甚至要考虑到国家全部档案。

最后，要从把档案移交到档案馆的角度来考虑，既要考虑到进馆档案的完整性，也要考虑避免馆内档案的重复。

2. 历史唯物主义的原则

档案本身就是历史的记录，它是在一定的历史条件下产生的，因此鉴定时应运用历史唯物主义的观点分析档案的价值。从档案产生的时代背景、具体的事件、本身的历史作用等方面预测档案的历史价值。

3. 与时俱进的原则

社会不断向前发展，这决定了档案的价值也在不断发生变化。在鉴定时，不仅要看到档案在当前的作用，而且要估计和预测档案在将来的作用，为子孙后代利用档案着想。

三、档案鉴定工作程序

档案鉴定工作程序见图6—3。

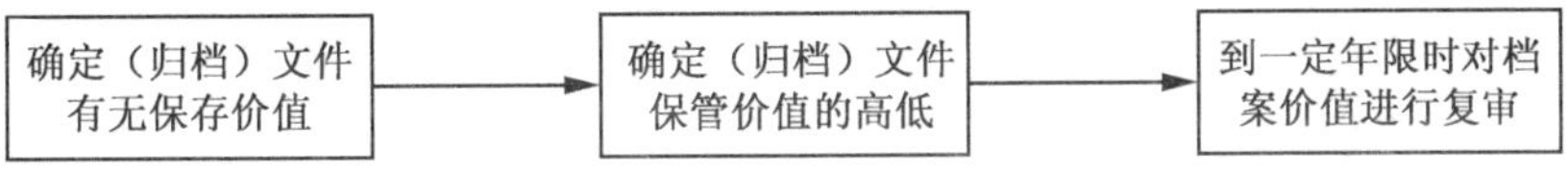

图6—3 档案鉴定工作程序

(一)确定(归档)文件有无保存价值

在机关文件归档时首先应确定归档范围,剔出没有保存价值的文件,由机关文书处理部门或业务部门保存1～2年后销毁。国家档案局对文件归档范围做了明确规定,各机关亦可根据国家档案局的原则精神及本单位的具体情况确定本单位的归档范围。机关文书工作人员、档案工作人员在归档工作中应增强档案价值意识,用档案价值鉴定的原则和方法指导对归档文件的选择。

(二)确定(归档)文件保管价值的高低

通常的做法是各机关在每年的立卷类目中预定每个案卷的保管期限,平时根据每份文件的内容和保存价值分别归档,正式立卷时再以卷为单位确定其保管期限。这一阶段的工作主要由机关文书立卷人员具体实施。

(三)到一定年限时对档案价值进行复审

档案价值复审主要采用两种方式:一种是移交复审,即需要向档案馆移交档案的机关在移交档案时,由本机关档案室工作人员和档案馆有关接收人员共同对移交档案的保管期限加以审查。档案馆工作人员除了对进馆档案自身的价值加以考察外,还特别需要从馆藏整体出发考察各机关档案的内容特色,以消除馆内档案重复等问题。另一种是到期复审,即对短期和长期保管的档案在保管期满后重新审查这些档案是否确实丧失了保存价值,确已丧失保存价值的予以销毁,如尚具一定保存价值则需要重新确定其保管期限,继续保存。

除上述两种主要复审形式外,档案馆还可以通过审查档案开放范围、编写全宗指南等工作检查档案价值鉴定得是否准确,必要时加以调整。

四、档案鉴定工作操作方法

档案鉴定工作的着眼点是挑选和确定哪些档案需要保存以及需要保存的期限。因此,档案鉴定确切地说是鉴定档案的保存价值。档案的保存价值取决于档案的自身特点及社会利用需要两个方面的因素。

在档案鉴定工作中最常用、最有效的方法是直接鉴定法,直接地、具体地审查档案。直接鉴定法是保证档案价值、鉴定工作质量的重要方法,要求鉴定人员逐张逐件地审查档案。鉴定档案的价值主要应从它们本身的内容、来源、时间、稿本、外形、名称以及完整性和有效性等方面分析,具体操作方法见图6—4。

(一)分析文件的内容

分析文件的内容是鉴定档案价值的基础。内容重要的文件价值就大,反之就小。对文件内容的分析,通常围绕着内容的重要性、时效性、独特性三个方面进行。

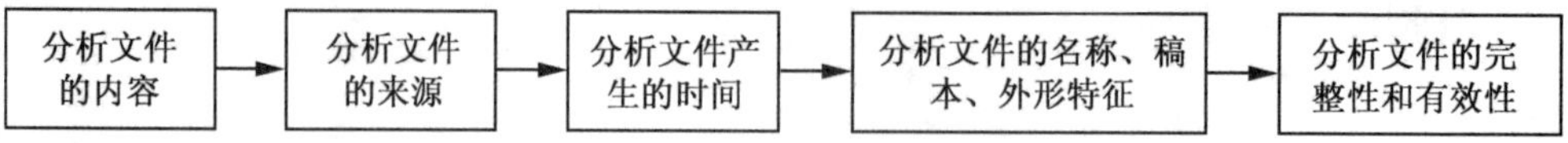

图 6—4　档案鉴定的步骤

（二）分析文件的来源

不同来源的文件往往具有不同的价值，其保存价值也不会相同。一般来讲，本单位形成的重要文件以及党政领导机关、上级主管机关和著名人物形成的文件，保存价值较大；以单位名义形成的文件比以单位内部机构名义形成的文件的价值大。

（三）分析文件产生的时间

文件产生的时间不同，其保存价值也就有所区别。一般而言，文件产生的时间越早，保存的数量越少，就越珍贵，其保存期限也就应该越长。

（四）分析文件的名称、稿本、外形特征

文件的文种或名称在一定程度上反映了文件的价值，如命令、指示、条例、决定往往要比通知、往来信函等文件的保存价值高。不同的文件稿本，其保存价值也是不同的。通常情况下，文件的定稿要比草稿的保存价值大，文件的正本要比副本的保存价值大。文件的外形特征、文字、图案等具有艺术、科学、观赏价值，或者文件上有著名人物的签名、题词的笔迹等，这些文件的保存价值自然会相应增大。

（五）分析文件的完整性和有效性

文件的完整性是指档案全宗中文件的完整程度。通常情况下，全宗内文件比较完整，在分析、判定文件的价值时就要从严，反之，则从宽。如企事业单位的年度总结和年度统计报表，一般要永久保存；但是，在年度总结和年度统计报表残缺不全的情况下，季度和月份的总结及统计报表就显示出了重要性，应当适当延长其保管期限。文件的有效性是指文件在一定时间内具有法律和行政效力。如合同一般在特定的时间和条件下具有效力，一旦超出了特定的时限，其有效性就会消失，合同的价值也就会降低，甚至失去保存价值。

【提醒您】

在鉴定档案价值的时候，文件的内容，文件的来源，文件产生的时间，文件的名称、稿本、外形特征，文件的完整性和有效性，这五个方面的因素是相互联系、有机统一的，要综合考虑，避免以偏概全。

五、档案销毁工作

按照规定，档案管理机关应定期对超过保管期限的档案进行鉴定。鉴定工作结束后，鉴定机构还应提出工作报告，对确无保存价值的档案登记入册，经机关领导批准后销毁。未经鉴定和批准，不得销毁任何档案。销毁准销的档案时，实行两人以上的档案监销制度。

（一）编制档案销毁清册

按照有关规定，机关档案室和档案馆销毁档案前要分别报请有关领导和主管领导机关审查批准，而且如果要销毁 1949 年以前的档案还必须同时报国家档案局批准。为了便于有关机关审查批准和日后查考档案销毁情况，必须编制“档案销毁清册”（见表 6—1）。档案销毁清册封面的内容一般有:全宗号、全宗名称、立档单位名称、编制档案销毁清册单位名称、编制时间等项目。档案销毁清册内页的内容一般由序号、档号、文号、责任者、题名、形成时间、应保管期限、已保管期限、销毁时间等项目组成(见表6—1)。

表6—1　档案销毁清册(内页)

序号	档号	文号	责任者	案卷(文件)题名	形成时间	应保管期限	已保管时间	销毁时间

档案销毁清册一般以全宗为单位编制,每一清册至少应一式两份,一份留在档案馆(室),一份送有关领导审查批准,如果还要报档案行政机关备案,则需一式三份。

为了方便审批档案销毁清册的有关机关及领导人了解必要的情况,在送审档案销毁清册时,一般都要附送一份关于立档单位和全宗情况的简要说明。内容应包括:立档单位的成立时间、内部机构的名称、工作职能、全宗档案的所属年代、保管期限、准备销毁的档案数量和内容、鉴定的概况和销毁的理由等。

(二)负责人在销毁清册上签署意见

下列机关单位档案工作的负责人中的一人或数人:机关分管档案工作的单位负责人、办公厅(室)负责人、档案部门负责人、相关业务部门负责人、档案部门经办人、相关业务部门经办人在档案销毁清册上签署意见。

(三)销毁档案的监督执行和延缓执行

准备销毁的档案在未批准前,应单独系统保管,以便审批时检查或未批准时拣出保存。获得销毁批准后,销毁工作应在指定场所进行。一般可以将档案送到造纸厂做原料。距离造纸厂比较远的地方可以自行销毁,但销毁的时候必须指派两名以上专人监督执行。监销人员在档案销毁前,按照档案销毁清册所列内容清点核对,要确保档案确实被销毁方可离开。在档案销毁后,在销毁清册上注明“已销毁”字样和日期,并签名盖章,工作方算完毕。销毁清册永久保存。

如果有个别档案没有获得销毁批准,尚须继续保存的,也应该在档案销毁清册上进行适当的说明。

(四)电子档案的销毁

电子档案和档案数字复制件需要销毁的,除在指定场所销毁离线存储介质外,还应当确保电子档案和档案数字复制件从系统中彻底删除。销毁时应当留存电子档案和档案数字复制件元数据,并在管理过程元数据、审计日志中自动记录销毁活动。

第三节 档案保管期限表

档案保管期限表是用表册的形式列举档案的来源、内容和形式，并指明其保管期限的指导性、标准性文件，它是档案室（馆）鉴定档案价值，确定档案保管期限的依据。由于档案鉴定过程是一项主观性比较强的工作，因此，对档案进行鉴定除了要求档案鉴定人员掌握一定的方法、技巧之外，还需要根据一定的标准对档案进行鉴定。

一、档案保管期限表的类型

根据档案保管期限表适用性的差异，可以将档案保管期限表分为以下几种类型。

1. 通用档案保管期限表

由国家档案行政机关编制的，供全国各机关、团体、企事业单位鉴定档案时使用的保管期限表称为通用档案保管期限表，也称标准档案保管期限表。通用档案保管期限表概括了全国各机关、团体、企事业单位普遍产生的文件及其保管期限，具有普遍性、依据性等特点，是全国各机关确定一般性档案材料保管期限的依据和标准。

2. 机关档案保管期限表

机关档案保管期限表是由各机关根据本机关的具体情况编制的，供本机关鉴定档案价值时使用的档案保管期限表。

3. 专门档案保管期限表

专门档案保管期限表是由国家档案行政机关会同有关主管部门编制的，供各机关、团体、企事业单位鉴定专门档案时使用的档案保管期限表。

4. 同系统机关档案保管期限表

同系统机关档案保管期限表是由档案行政部门或主管领导机关编制，供同一系统内各机关、单位鉴定档案价值时使用的档案保管期限表。

5. 同类型机关档案保管期限表

同类型机关档案保管期限表是由档案行政部门或档案主管领导机构编制，供同类型机关（如医院、学校等）鉴定档案价值时使用的档案保管期限表。

【提醒您】

文书档案保管期限表是通用的档案保管期限表，各单位应结合自己实际情况，比如单位的性质，产生档案的类型来制定适合本单位的文书档案保管期限表，注意其条款要有一定的稳定性和弹性，稳定性则是便于档案分类，弹性则是为了防止本单位出现的新档案类别，也能很好地划分其保管的期限。

二、档案保管期限表的结构

档案保管期限表一般由顺序号、条款、保管期限、附注以及总的说明等部分组成，其中条款和保管期限是最基本的项目。

1. 顺序号

顺序号是在制定档案保管期限表时，对各条款的统一编号。编号的目的是固定条款的位置,同时也可以作为档案工作人员在使用档案保管期限表时引用条款的代码。

2. 条款

档案保管期限表中的条款是一组同类型文件的名称或标题,如“本单位召开会议的文件材料”“本单位召开的工作会议和重要的专业会议文件材料”等。拟定条款应能反映出同一组文件的来源、内容和形式,文字要简明、确切、合乎语法逻辑。条款可以指出具体的作者、问题和文种,也可以概括出其类型,如“省直属各局”“领导性文件”“报表”等。

3. 保管期限

保管期限是根据各类文件的保存价值所确定的保存年限,列于每一条款之后。根据2006年12月18日国家档案局发布的《机关文件材料归档范围和文书档案保管期限规定》,机关文书档案的保管期限定为永久、定期两种。定期一般分为30年、10年。

永久保管的档案。凡是反映单位只要职能活动和基本面貌的,对本单位、国家建设和历史研究有长远利用价值的文件材料,列为永久保管,如法规政策性文件、机构演变、人事任免等文件。

定期保管的文件。本单位形成的一般性业务文件材料,如学校形成的消防安全检查、放假通知等文件。

【知识拓展】

保管期限表变迁

序号	时间	名称	保管期限	备注
1	1956年11月	《党的机关档案材料保管期限的一般标准》	永久、定期(10年、5年、3年、1年)	
2	1957年2月	《关于国家机关一般档案材料保管期限的暂行规定》	永久、定期(10年、5年、3年)	
3	1964年10月	《机关文书档案保管期限参考表(试行草案)》	永久、长期、定期(15年、15年以下)	
4	1983年4月	《关于文书档案保管期限的规定》	永久、长期(16~50年)、短期(15年及以下)	
5	1987年12月	《关于机关档案保管期限的规定》	永久、长期(16~50年)、短期(15年及以下)	
6	2006年12月	《机关文件材料归档范围和文书档案保管期限规定》	永久、定期(30年、10年)	

4. 附注

附注是在条款之后对条款及保管期限所做的必要的注解和说明。例如,对条款中“重要的”和“一般的”可以进行注释。

5. 说明

总的说明一般用于说明档案保管期限表的适用范围,是制定档案保管期限表的依据。

【知识拓展】

某企业会计档案保管期限表(部分)

序号	档案名称名称	保管期限	备注
一	会计凭证类		
1	原始凭证	10 年	
2	记账凭证	10 年	
3	汇总凭证	10 年	
二	会计账簿类		
4	总账	永久	包括日记账
5	明细账	30 年	
6	日记账	30 年	现金和银行日记账 25 年
7	固定资产卡片	30 年	固定资产报废清理后 5 年
8	辅助账簿		
……	……	……	……

【小技巧】

档案的鉴定

档案鉴定过程中对一些文件是否保留存有异义时，应坚持“本单位的从宽，外单位从严”“孤本从宽，复本从严”“保存从宽，销毁从严”的原则。

【法规链接】

各级各类档案馆收集档案范围的规定

(国家档案局第 9 号，2011 年 11 月 21 日公布实施)

为了建设覆盖人民群众的、内容丰富、结构合理的国家档案资源体系，划定各级各类档案馆收集档案的范围，根据《中华人民共和国档案法》《中华人民共和国档案法实施办法》《全国档案馆设置原则和布局方案》，制定本规定。

第一条　各级各类档案馆要贯彻科学发展、以人为本的理念，在档案行政管理部门的监督指导下，按照统一规划、分级管理的原则，依法开展档案收集工作，将属于本馆收集范围的具有长久保存价值的档案收集进馆。

第二条　各级综合档案馆依法接收本级下列组织机构的档案：

1. 中国共产党委员会及所属各部门；
2. 人民代表大会及其常设机构；
3. 人民政府及其所属各部门和单位；

4. 人民政协及其常设机构；
5. 人民法院、人民检察院；
6. 各民主党派机关；
7. 工会、共青团、妇联等人民团体；
8. 国有企业、事业单位。

各级综合档案馆可全部或部分接收以上机构的下属单位和临时机构的档案。

乡镇机构形成的档案列入县级综合档案馆接收范围。

第三条　新中国成立前本行政区内各个历史时期政权机构、社会组织、著名人物的档案列入综合档案馆收集范围。

本行政区内重大活动、重要事件形成的档案、涉及民生的专业档案列入综合档案馆收集范围。

经协商同意，综合档案馆可以收集或代存本行政区内社会组织、集体和民营企事业单位、基层群众自治组织、家庭和个人形成的对国家和社会有利用价值的档案，也可以通过接受捐赠、购买等形式获取。

第四条　各级部门档案馆，收集本部门及其直属单位形成的档案，但其中履行行政管理职能的档案，要按有关规定定期向综合档案馆移交。

第五条　各级专门档案馆，收集本行政区内某一专门领域或特定载体形态的专门档案或档案副本。

第六条　国有企业、事业单位设立的档案馆，收集本单位及其所属机构形成的档案。国有企业发生破产转制，事业单位发生撤销等情况，其档案可按照有关规定由本级综合档案馆接收。

第七条　省级以上（含省级）档案馆接收保管期限为永久的档案，省级以下（不含省级）档案馆接收保管期限为永久和 30 年以上（含 30 年）的档案。

第八条　档案馆要适应信息化建设的需要，收集电子档案和纸质档案的数字化副本。有条件的档案馆应根据国家灾害备份的要求，建立电子文件备份中心，开展电子文件备份工作。

第九条　档案馆在收集档案时，应同时收集有助于了解档案内容、立档单位历史的资料，收集有助于管理和利用档案所必需的专用设备。

第十条　各级各类档案馆要根据本规定制定本馆的收集档案范围细则和工作方案，经上级档案行政管理部门同意后施行。

第十一条　本规定由国家档案局负责解释。

第十二条　本规定自发布之日起实施。《各级国家档案馆收集档案范围的规定》（1986 年 2 月 7 日国家档案局发布）同时废止。

【本章小结】

1. 档案收集工作是指档案室（馆）按照国家的有关规定，通过接收制度和征集办法而进行的单位档案归档、机关档案移交和社会散存档案征集等活动。

2. 鉴定档案价值应从国家和人民的整体利益出发，用全面的、历史的、发展的、效益的观点判断档案的价值。

3. 各级各单位都应该制定符合本单位实际情况的档案保管期限表作为档案鉴定的标准。

【练习题】

1. 档案室和档案管理人员收集零散文件的方法有哪些?
2. 档案馆接收现行机关档案时有哪些要求?
3. 说明档案鉴定工作的程序。
4. 档案保管期限表有哪些类型?

【技能训练任务】

任务一　档案收集案例分析

1. 训练目标

通过案例分析,掌握档案收集和鉴定的知识。

2. 训练内容

某商贸公司的小程刚刚接任专职档案员的职务就遇上了接收归档文件的工作。公司办公室的文书管理人员小陆将处理完的文件交给了小程,让他鉴定、整理,说以往公司的归档文件就是这么做的。

3. 训练要求

分析该公司这种归档工作的做法是否符合国家的规定,为什么?

任务二　档案价值鉴定

1. 训练目标

通过案例分析,掌握档案价值的鉴定知识。

2. 训练内容

某服装公司在文件归档鉴定时发现:年度综合统计报表、季度报表、月份报表都很齐全,而在总结类文件中缺少年度总结,只有季度总结和一些单项工作总结;有一份本单位职工代表大会的工作定稿遗失,现存的只有草稿。

3. 训练要求

(1)该单位统计类文件的价值如何判定,为什么?

(2)该单位总结类文件的价值如何判定,为什么?

(3)该单位职工代表大会工作报告的草稿需要留存吗? 为什么?

第七章

档案整理

学习目标

知识目标：

熟悉档案分类方案的编写程式和方法，把握档案整理的基本原则，据此知悉单位档案工作全貌。

能力目标：

通过对档案整理方法的了解和训练(包括以"件"为单位和以"卷"为单位两种基本方法)，掌握档案整理工作的基本流程、作业内容，提高不同条件下档案整理的技巧和能力。

【案例导读】

磨刀不误砍柴工

华光集团成立于2001年10月，是一家小型房地产公司，其档案管理工作由办公室秘书小吴一个人负责。什么时候收集、什么时候整理，按照什么原则分类等工作都由小吴一个人自行决定。

因为开始公司规模较小，只有6个部门，工作量不大，一般就是收集和整理各部门的档案，所以她采用机构组织一年度一保管期限的分类方法。随着公司业务量不断扩展，公司规模逐渐变大了。去年领导决定做一些部门调整，由最初的6个部门变为10个，后来又经历了一些人事方面的调动，换了新的领导，新官上任后对公司重新规划，公司最终确定了8个部门。小吴比较心细，有丰富的秘书工作经验，因此一直在领导左右，但是她依旧使用以前的档案分类方法。

一天，领导要查3年前公司刚刚成立时的一份文件，小吴知道老总要的文件是关于市场调查方面的，但由于短时间内公司部门频繁地调整和变动，使得小吴记不清那份文件所属的部门了。没办法，她抱出小山般的档案文件，一个个挨着翻，但是这样找起来真如大海捞针。最后，她向以前一起工作的与这份文件有关系的同事请教了一下，才找到了老总需要的文件。

资料来源：浙江经济职业技术学院精品课程《企业档案工作实务》，http://wlkc.zjtie.edu.cn/dasw/content/detail.php? id=6&sid=19&cid=183。

互动问题：

1. 案例中小吴在档案整理方面存在的主要问题是什么？部门和文件的多少对档案分类有何影响？

2. 如果部门变化了，原来整理好的档案是不是也要做相应改变？

第一节 档案分类方案

档案分类方案，是标列各个类目名称，表示全宗内档案分类体系的纲要，所以又称分类大纲。为了便于档案分类工作的顺利进行，在选定了某种分类方法后，应编制档案分类方案，它是对档案进行分类的依据性文件。一个单位的档案分类方案，实际上就是该单位全部档案的总类目表，通过它可以了解掌握一个单位档案的基本情况。

一、档案分类方案的编制方法和步骤

(一)了解和掌握馆(室)藏档案的内容构成和形成特点

把握本馆(室)藏档案的内容构成，熟悉其形成过程和特点，这是科学进行档案分类的前提和要求。这不仅要求熟悉现有档案的形成和构成，还要对今后的发展变化做出有效预测。

(二)设置分类方案一级类目(即大类)

一般而言，分类方案中一级类目的设置与本单位涵盖的档案基本种类相一致。一级类目的设置数目不能太多，也不能太少，要根据实际情况设置，以最大限度兼顾保管保护和查找利用。

(三)对每一大类档案进行细分

根据分类基本原则(如排他性、均衡性和包容性原则)，对每一大类档案进行细分，确定每一层次具体的分类标准、分类方法和分类深度，对每一大类档案设置若干属类，视情况在属类下再设若干小类。

(四)赋予各级类目代字、代号

对各级类目用固定的代字或者代号给定分类标记，并将类别和类系组成的类目体系用文字叙述或图表形式表达出来，形成系统的分类体系表。

【提醒您】

编制档案分类方案的注意事项

编制档案分类方案，是档案分类工作的一项重要内容，各单位在编制档案分类方案时，要注意以下几方面：

(1)分类方案要具有统一性。即在同一分类系统内，应保持依次划分各级的前后一致性，不能同时并列采用两种以上分类法。如果在同一分类方案中采用两种分类方法，那么只能是在第一级分类时采用一种方法，在第二级分类时采用另一种方法，而不能在同一级中同时使用两种方法，这样才能保持全宗内档案分类标准的统一性。

(2)分类方案要具有排斥性。分类方案中同级的各类,内容上应该相互排斥,不能交叉重叠,不能你中有我、我中有你,它们之间地位平等、相互平行。比如同一级中,不能既有经济类,又有财务类。

(3)分类方案要具有伸缩性。编制档案分类方案时,必须考虑到形成档案的机关的职能性质及机构体制方面的变化情况,使分类方案的类目体系具有一定的弹性,可以增加或减少相应的类别,以适应发展变化的需要。

二、档案分类方案的基本内容和构成

编制分类方案时,除了要有上文提到的系统的分类表之外,还应撰写分类方案编制说明,即对分类方案的编制依据、分类标准以及类目代号的确定、分类方案的使用等给予必要的说明,以利于在分类方案的具体使用过程中起指导作用。

有些地区为了经济便捷地统筹和开展档案工作,将档案分类体系表、归档文件收集范围表和保管期限表等合而为一,形成单位档案分类方案。

为了做好单位档案的分类工作,各单位都应根据自己的实际情况制定相应的档案分类方案。一般而言,分类应保持前后一致,不能随意变动。因档案形成的基本内容或载体发生重大变化,可适时对原有分类方案进行修订。

【知识拓展】

××市国土局档案分类方案

为加强本单位档案管理,实现档案分类、整理、编目、检索的标准化和规范化,便于档案信息资源的开发利用,更好地为领导决策和各项工作服务,根据国家档案局《机关文件材料归档范围和文书档案保管期限规定》和××市档案局《××市档案分类方案编制规则》的规定,结合本单位职能,特制定本方案。

第一条　本方案规定了本单位档案分类的原则和方法、档号标识及归档范围和保管期限。

第二条　档案分类原则是以本单位职能活动中形成的各种门类和载体的全部档案为对象,依据工作职能、结合档案内容和载体形式特点,进行科学分类。

本方案适用于本单位档案实体的分类、整理和排架管理。

第三条　本方案共设置 15 个一级类目,并以两位阿拉伯数字作为一级类目代号。

1. 党群工作(代号:01)。2. 行政管理(代号:02)。3. 业务管理(代号:03)。4. 基本建设(代号:04)。5. 设备仪器(代号:05)。6. 会计档案(代号:06)。7. 人事档案(代号:07)。8. 声像档案(代号:08)。9. 城市规划编制管理(代号:09)。10. 用地管理(代号:10)。11. 市政工程报建管理(代号:11)。12. 建筑工程报建管理(代号:12)。13. 行政监察(代号:17)。14. 地名管理(代号:24)。15. 实物档案(代号:28)。

第四条　二级类目的设置方法如下:

1. 党群工作、行政管理、业务管理类的二级类目,按工作职能设置。
2. 基本建设类的二级类目,按基建项目设置。
3. 设备仪器类的二级类目,按设备种类或型号设置。
4. 会计档案类的二级类目,按会计凭证、会计账簿、财务报告、其他设置。

5. 人事档案类的二级类目，按干部、工人设置。

6. 声像档案类的二级类目，按照片、底片、录音带/录像带、光盘/磁盘等载体特征设置，照片类的三级类目按领导类、荣誉类、业务活动类、文体活动类设置。

7. 实物档案类的二级类目，按荣誉品、纪念品、其他设置。

8. 规划专业档案类的二级类目根据业务职能情况进行设置。

【法规链接】

2020年1月1日起实施的《机关档案管理规定》(国家档案局第13号）第三十三条提出，机关档案门类宜按照文书(WS)、科技(KJ)、人事(RS)、会计(KU)、专业(ZY)、照片(ZP)、录音(LY)、录像(LX)、业务数据(SJ)、公务电子邮件(YJ)、网页信息(WY)、社交媒体(MT)、实物档案(SW)设置一级门类代码，按照科研(KJ·KY)、基建(KJ·JJ)、设备(KJ·SB)设置科技档案二级门类代码。专业档案按照相关规定设置二级门类代码。

第二节 档案整理方法

一、掌握档案整理的基本单位

(一)档案整理的单位

档案由单份或多份文件构成，把一定数量具有关联或共同特征的文件组合成一个档案保管单位的过程称为组卷（立卷)或组件。2000年12月国家档案局颁布《归档文件整理规则》(2015年修订)，文书立卷改革在全国得到迅速推广，其中最根本的一点就是整理单位的不同，传统上以“卷”为单位，改革后以“件”为单位。于是，产生了文书档案整理的两种方法，即以“卷”为单位的和以“件”为单位的整理方法，或称按“卷”/“件”整理。

1. 案卷

案卷是由来源、时间、内容和外形上互有联系的若干文件组合而成并放入卷夹、卷皮的档案保管单位。一个案卷包括案卷封面、卷内文件目录(归档文件目录)、卷内文件(案卷正文实体内容)、卷内备考表等组成部分。

2. 件

件是指以每份文件(自然件)及其背景信息、元数据等作为一个档案保管单位。关于“件”的定义，需注意以下几种情况：文件的正本与定稿为一件；重要文件(法律法规等)的正本与历次修改稿可为一件或各为一件；正文与附件为一件；正文与重要文件、处理单、发文稿头纸、签批条等为一件；原件与复制件为一件；转发文与被转发文为一件；报表、名册、图册等按其原来的装订方式，一册(本)为一件；来文与复文可视为一件。

(二)以“件”为单位与以“卷”为单位整理的区别

以“件”为单位的文书档案整理方法之所以逐渐取代以“卷”为单位的整理方法，主要优势在于：(1)从检索的实际需要及减轻工作量出发，实现文件级管理，免除了繁琐、复杂的组卷过程。装订以“件”为单位进行，对装订材料灵活对待，符合档案保护要求即可；(2)分类方法固定为年度、保管期限、机构(问题)，并允许各单位视具体情况组合及简化分类层次；(3)取消案卷、卷内文件两级目录，只编以“件”为单位的归档文件目录。以件(份)为单位装订，不用拟写案卷题名，跨盒编流水件号，不编页号，只记页数；(4)简化了归档章的项目，只保留检索必备项目；(5)文件排列方法灵活，便于查阅，利于保密；(6)归档文件直接装盒保管，档案盒的项目设置有了较大的变化。无须撰写案卷题名和填写案卷封面，只需填写盒脊。

当然，以“件”为单位的整理方法需要网络和计算机辅助才能提高其检索效率，有一定的系统依赖性。

二、掌握档案整理的最终成果——全宗

(一)“全宗”是什么

“全宗”的字面意义，就是全部卷宗。全宗是档案的基本分类和管理单位，指一个国家机构、社会组织或个人形成的具有联系的档案整体。通常情况下，一个独立从事活动的单位，如一个机关、一个企业、一个学校形成的全部档案应该组成一个全宗。

全宗从其形成角度看，有组织和个人两大类。

1. 组织全宗

在通常情况下，一个独立从事活动的单位，如国家机关的部、局、厅，一个工厂、学校，所形成的档案应该组成一个全宗；机关内部的组织机构，如业务处、科、室，所形成的档案则作为相应的全宗的组成部分。形成全宗的机关单位称作“全宗构成者”，又称“立档单位”。立档单位的主要标志是其在工作上、组织上和财务上是否具有一定的独立性。一般具备下列条件的机构就是立档单位：可以独立行使职权，并能主要以自己的名义单独对外行文；设有会计单位或经济核算单位，自己可以制订预算或财务计划；设有管理人事的机构或人员，并有一定的人事任免权。

2. 个人全宗

个人全宗又称人物全宗，一个人一生无论身份、政治立场如何变化，只构成一个全宗。对档案馆而言，只有那些对社会有突出贡献或重要影响的个人，其档案才可能成为一个实际的个人全宗，即只有名人的档案才可能成为个人全宗。一个人物全宗的全部档案，大致可以分几类：传记材料、创作材料、公务活动材料、个人书信、经济材料、亲属材料、评价材料、音像材料等。

(二)了解全宗编号的方法

全宗编号(简称全宗号)是由档案馆等接收保管机构赋予立档单位的代码，编制方法主要有：大流水编号法、体系分类编号法、分类流水编号法。一般情况下，采用大流水编号法的档案馆居多，总体效果也较好。

1. 大流水编号法

大流水编号法又称顺序流水编号法，即一个档案馆对其所有全宗按进馆顺序用自然整数由小到大顺序编号，第一个进馆的全宗就编为 1 号，第二个进馆的全宗就编为 2 号……。这种编号方法的优点：一是简便实用，且符合唯一性和系统性要求；二是全宗号同时反映全宗进馆的先后顺序和全宗数量。

2. 体系分类编号法

这种方法按某种逻辑框架，将档案馆所收藏的全部全宗构造成一个逻辑类别体系。每一逻辑类别层次中的具体类别都有一个固定的代号(类号)，只有最小的类别代号后面的号码才是该类中具体全宗的固定顺序号。这样，每个全宗号实际上都成了一个由几位数构成的号码，且每一位数都有其特定的逻辑含义。

3. 分类流水编号法

这种方法是上述两种编号方法结合使用的产物，比较适合于规模较大、全宗类型头绪较多的档案馆。具体编法是先将馆藏全宗划分为两个或几个大类，并以固定的代字或代码作标志，然后在各大类中按进馆顺序流水编号。

【知识拓展】

全宗的补充形式有哪些

全宗有常规全宗和特殊形式的全宗两种类型：常规全宗即一般情况下的独立全宗，有的国家也称其为标准全宗；在难以区分或不必要区分独立全宗的情况下，则采取联合全宗、全宗汇集和档案汇集等方法，作为全宗的特殊形式，也称为全宗的补充形式。

1. 联合全宗

联合全宗就是两个或几个关系密切的立档单位形成的，难以区分而统一整理的档案整体。它通常产生于两种情况：继承关系密切的机关，文件彼此混杂；职能互有密切联系的机关，合署办公，"一套机构两块牌子"。

2. 全宗汇集

全宗汇集是按照一定的特征组成的、档案数量很少的若干全宗的集合体。这类全宗包括从相同类型的基层单位选择接收的，具有代表性的若干小全宗或一些残缺不全的全宗。

3. 档案汇集

在整理历史上遗留下来的国家机关、社会组织档案的过程中，有时遇到一些残缺不全的文件，或难以判明其所属立档单位，或无法建立全宗，则可按其基本内容、时间、地区、作者和名称等大致可考的特征组合在一起，以一定的方法整理，标以综合名称并编一个全宗号，即成为一个档案汇集，作为一个全宗单位管理。如"清代末期××地区房产地契档案汇集"。

三、检查文件收集情况

1. 检查文件是否齐全完整

"齐全"是指将应归档的文件材料都收集进来。"完整"是指收到的文件内容及关联材料完整、正确，不能缺张短页。例如，发文是否同时具有文件正本和定稿，各种反映单位基本情况的年报、名册、会议记录，有关本单位机构设置、人事任免、调动和福利等方面的材料是否收集全。

2. 检查文件归档的范围

不属于本机关、本部门归档范围的应剔出；同时，要看是否属于本年度的，不属于本年度的应转出归入相应的年度。

【小技巧】

如何更好地把握文件材料的组卷年度

区分文件材料的年度时应注意以下几点：

一般文件应放在文件材料形成的那一年组卷，文件的形成时间以文件的签发、批准通过的时间为准。

文件的形成时间所在年度与文件内容针对的年度不一致时,应在文件内容针对的年度立卷,如工作计划、总结、年度计划报表、表彰先进的文件等。跨年度的计划放在内容针对的第一年立卷;跨年度的总结放在其内容针对的最后一年立卷。

跨年度的请示和批复,来文与复文不能分开立卷。本机关的请示可以放入收到批复的年度归档,本机关的批复可按复文时间立卷归档,请示与批复时间跨度太大无法同时立卷的可在备考表中相互注明。

3. 检查卷内文件是否有一定的联系

有联系的要归到一块,没有联系的要剔出另组卷。例如,关系同一件事情的请示、批复、名册和会议纪要,一项专题工作、一次会议、一项工程的所有文件等。

四、准备好整理必需的用具和软件

1. 档案装具

档案装具应当符合国家相关标准要求。同时,为了保证以后向档案馆移交的档案规范统一,各立档单位应使用符合进馆要求的档案装具,包括各种档案的卷盒、目录、装订线和归档章等。

【知识拓展】

档案卷盒相关标准

文书档案:《归档文件整理规则》(DA/T 22—2015)或《文书档案案卷格式》(GB/T 9705—2008)

科技档案:《科学技术档案案卷构成的一般要求》(GB/T 11822—2008)

会计凭证盒、会计档案盒:《会计档案案卷格式》(DA/T 39—2008)

底片册、照片册:《照片档案管理规范》(GB/T 11821—2002)

印章档案盒:《印章档案整理规则》(DA/T 40—2008)

2. 装订工具

所有归档文件的装订,不能包含或产生可能损害归档文件的物质,不使用回形针、大头针、燕尾夹、热熔胶、办公胶水、装订夹条、塑料封等装订材料;装订材料应满足归档文件长期保存的需要,建议使用经过消毒处理的档案专用棉线、不锈钢订书钉或糨糊。整理前还要购置取钉器、白纸,以及档案装订机或手持电钻等。

3. 档案管理软件

随着办公自动化和档案管理现代化的推进,现在一般规定在向档案馆移交纸质档案的同时都必须移交与纸质、照片和声像档案相对应的机检目录和电子档案。各立档单位在归档时须购买并使用符合需求的档案管理软件进行信息化管理。

五、归档文件的整理方法——以"件"为单位

归档文件是指立档单位在其职能活动中形成的、办理完毕、应作为文书档案保存的各种纸质文件材料。将归档文件以件为单位装订、分类、排列、编号、编目、装盒,使之有序化的过程,即为归档文件整理。

装订归档文件材料修整完毕后，需要使用符合档案保护要求的装订材料重新加以装订，以从实体上最终确定“件”的形态；同时，可以起到固定文件页次，防止文件张页丢失，便于归档后保管和利用的作用。

（一）归档文件修整

为保证档案能够长期保存和有效地提供利用，装订前必须对不符合要求的归档文件材料进行必要的修整。文件修整一般包括对破损文件进行修裱，对字迹模糊或易褪色的文件进行复制，去除文件上易锈蚀的金属物，对过大的文件进行折叠等。

1. 修裱破损文件

归档文件材料由于使用不当，可能产生文件材料破损、局部残缺等现象。这类文件在装订前需要修裱。修裱是指使用黏合剂和选定的纸张对破损文件进行“修补”或“托裱”，以恢复文件的原有面貌，增加强度，延长寿命。其中，修补主要针对一些有孔洞、残缺或折叠处已经磨损的文件，包括补缺和托补；托裱则是指在文件的一面或两面托上一张纸以加固文件。

当然，为了尽量保持文件的原貌，不必将幅面过小或不规则的文件粘贴在其他纸张上等。此外，修裱工作主要针对有重要保存价值的归档文件，无须移交进馆的档案一般保持原貌即可。

2. 复制字迹模糊或易褪色的文件

档案字迹材料的耐久性是关系到档案寿命长短的重要因素。档案字迹材料发生褪色、扩散等而变得模糊不清时，就会影响档案的利用。

【小技巧】

怎么控制档案字迹材料耐久性

决定档案字迹材料耐久性的因素包括字迹色素成分和字迹转移固定方式。在环境条件相同时，一般来说，最耐久的是以炭黑为色素成分、以结膜为转移固定方式的字迹材料，包括墨和墨汁、黑色油墨等；比较耐久的是以颜料为色素成分，以结膜或吸收方式转移固定的字迹材料，包括彩色油墨、蓝黑墨水、印泥等；不耐久的是以染料为色素成分的字迹材料，如纯蓝墨水、红墨水、复写纸、圆珠笔油等，或者以黏附为转移固定方式的字迹材料，如铅笔。对字迹模糊或易褪色的文件，目前一般采用复印的方式复制。比如传真件字迹耐久性差，须复制后才能归档。但复印件本身也存在耐久性方面的问题，如易粘连等，需要采取一定措施加以防范。为降低复印件粘连的概率，复印时墨粉浓度不宜太浓，颜色不宜太深，并且最好采用单面复印。

3. 超大纸张折叠

实际工作中，某些特殊形式的文件，如报表、图样等，纸张幅面大于标准规格。由于档案盒尺寸是按照 A4 纸张的大小设计的，为方便将来文件装盒，就需要对超大纸张加以折叠。折叠的操作要求比较简单，但要注意尽量减少折叠次数，同时折痕处应尽量位于文件、图表字迹之外。此外文件页数较多时，宜单张折叠，以方便归档后的查阅利用。

4. 去除易锈蚀的金属物

文件制作时普遍使用的装订用品，如订书钉、曲别针、大头针等，其材质以铁、铝等化学性质活泼的金属为主，容易被空气中的二氧化碳、二氧化硫等物质氧化和腐蚀，使文件纸张受到损害。因此文件整理归档时需去除这些易锈蚀的金属物，以避免对档案潜在的危害。

（二）归档文件排序

装订前应对需装订为一件的文件材料排序，使之符合规定要求。

归档文件应按件装订。一般以每份文件为一件，文件正本与定稿为一件，正文与附件为一件，原件与复制件为一件，转发文与被转发文为一件，报表、名册、图册等一册（本）为一件，来文与复文可为一件。装订时，正本在前，定稿在后；正文在前，附件在后；原件在前，复制件在后；转发文在前，被转发文在后；来文与复文作为一件时，复文在前，来文在后；不同文字的文本，无特殊规定的，汉文本在前，少数民族文字文本或外文本在后。具体如图 7—1、图 7—2 所示。

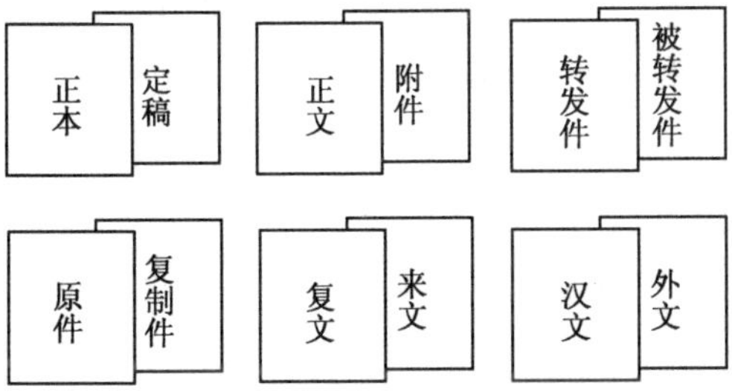

图 7—1 文件排序示意（一）

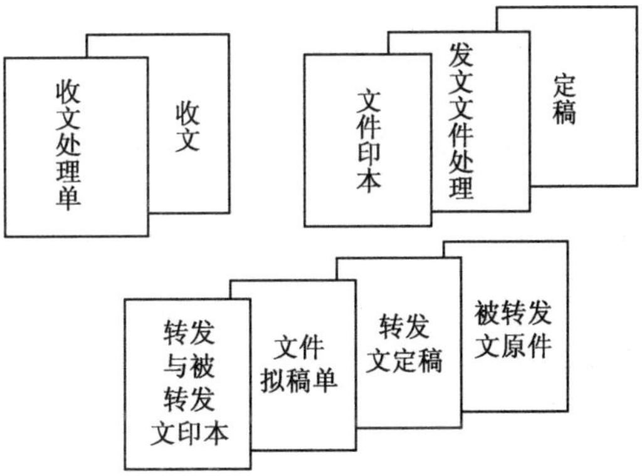

图 7—2 文件排序示意（二）

（三）归档文件装订

文件可采用左上角装订，也可采用左侧装订。采用左上角装订的文件应当左齐上齐，采用左边装订的文件应当左齐下齐。具体装订方法如下：

1. 线装法

从档案保护的角度看，线装无疑是最好的选择。较厚的文件建议用“三孔一线”的装订方法，页数较少的，使用直角装订法（见图 7—3）或使用缝纫机在文件左上角或左侧轧边，但要避免针脚过密而造成纸页从装订处折断的问题。

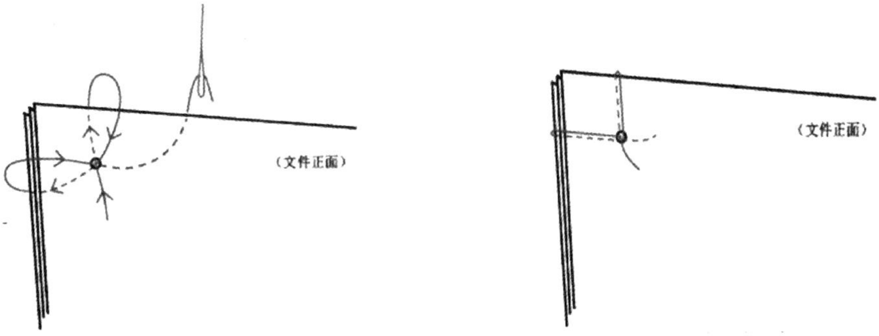

图 7—3 直角装订法及其效果

2. 变形材料装订法

使用变形材料装订方法简单，但对材质必须有较高要求。金属制品，如不锈钢夹等，必须采用质地优良的不锈钢制品，而且必须同时考虑所在地区的气候条件以及库房保管条件，谨慎使用；塑料制品则必须有足够强度，以免年久断裂。要注意，使用金属装订材料的归档文件材料，不能使用微波设备消毒，否则可能引起火灾。

3. 黏接法

黏接式一般采用糨糊及胶水粘贴的办法，成本较低，但这种方式存在可逆性差、复印及扫描时不能拆除的缺点，材料的可靠性也有待进一步认证。还有使用热熔胶封装的办法，但由于成本较高不易推广。

此外，穿孔式和铆接式方法由于对档案破坏较大，因此不宜用于归档文件的装订。

4. 无酸纸套固定法

无酸纸套固定法即使用 80 克左右无酸纸制成的右上两侧开口的封套，将归档文件以件为单位夹装其中。封套上可以印制归档章，方便整理工作，而且利用时能起到保护档案的作用，但使用无酸纸封套会增加档案的厚度，占用更多存贮空间，因此不推荐用于永久档案。

综上可见，现有的装订方式和用品各有利弊，因此在同一机关档案部门，单一的装订方式往往不能满足装订工作的需要，而是需要配合使用几种装订方式，或者同一装订用品的几种不同规格。装订方式和材料的选择可由各单位档案部门自行决定，但必须确保档案的安全。

（四）归档文件的分类与排列

分类，是指全宗内归档文件的实体分类，即将归档文件按其来源、时间、内容和形式的不同，分成若干层次和类别，构成有机体系的过程。分类包括选择分类方法、制定分类方案（如前文所述）、文件归类等具体内容。

全宗内档案分类方法很多，《归档文件整理规则》选择了年度、机构（问题）、保管期限作为通用的分类方法，是因为这三种分类方法在各级单位档案部门使用率最高，并反映了档案管理的基本规律和要求。按照这三种方法对归档文件进行分类，在各级各类档案室都可以实现档案的有序管理和有效检索。同一全宗应保持分类方案的稳定。

1. 年度分类法

年度分类法，就是根据形成和处理的年度对归档文件进行分类。年度分类法是运用最广泛的分类方法。归档文件按年度特征分类，可以反映出一个机关单位每年工作的特点和逐年发展变化的情况，并且同现行机关以年度为单位将文件整理归档的制度相吻合，类目设置准确、清楚、明确。运用年度分类法时，正确地判定文件的日期并归入相应的年度，是决定分类质量的关键。

【知识拓展】

如何更好地把握文件材料的年度

（1）文件有多个时间特征

一份文件往往有多个时间特征，包括成文日期、签发日期、批准日期、会议通过日期、公布日期、发文和收文日期等。一份文件有多个时间特征时，一般以文件的签发日期为准。例如：2016 年形成的《××局“十三五”发展规划》，应当归入 2016 年度；2020 年形成的《2019 年机关工作总结》，应当归入 2019 年度；2019 年制定公布、2020 年生效的法规性文件，应当归入 2019 年。

(2)跨年度形成的文件

机关单位的某些具体职能活动,如召开会议、处理案件等,可能会跨年度形成文件。对这类文件的处理往往统一在办结年度归档。例如:跨 2018 年、2019 年两个年度召开的会议形成的文件材料,统一归在会议闭幕年度归档,即 2019 年度;跨两个年度办理的案件文件材料,统一归入案件办结年度归档;下级单位 2018 年的请示,上级机关 2019 年 1 月收到并办结,应连同下级请示和本级批复一同归入 2019 年。

(3)几份文件作为一件时,"件"的日期确定

文件的正本与定稿、来文与复文、转发文与被转发文为一件时,这时"件"的日期应以装订在前的那份文件日期为准。例如:正本与定稿,应以正本的日期为准;转发与被转发文,应以转发文日期为准;来文与复文,应以复文时间为准。

(4)文件没有标注日期

这时应当分析文件的内容、制成材料、格式、字体以及各种标识来考证和推断文件的形成日期,归入应归的年度。确实无法考证的,归入文件收集年度

(5)有专门年度的文件分类

在实际工作中除了一般的通用年度外,有的专业部门还使用专门年度来进行工作,如学校的"学年"、兵役部门的"兵役年度""粮食年度"等。它是根据工作的特殊需要,另外规定一种起止日期的年度。例如,学校是以每年的 9 月 1 日至次年的 8 月 31 日为一个"学年"。如果一个立档单位主要的业务工作按专门的年度进行,其他工作仍按一般年度来进行,在按年度分类时,应该将专门年度进行工作形成的文件按照专门年度分类,其他文件按照一般年度分类,然后再将两种年度的文件,按照相应的年度合并为一类。

2. 机构(问题)分类法

机构(问题)也是现行机关常见的一种分类法。按机构(问题),各单位应根据自己的实际情况出发,选择其一。也就是说,在一个立档单位选择机构分类法,就不能再选择按问题分类法,两种方法只能选择其中的一种,而且不要轻易更改,要保持相对稳定。

(1)机构分类法

机构分类法是根据文书处理阶段和处理文件的承办单位对归档文件进行分类。采用机构分类法,能客观地反映立档单位的历史面貌;同时由于每个机构都承担某方面的职能和任务,按机构分类在一定程度上集中反映了某一方面工作内容的文件,便于按照一定的专题查找和利用档案。按机构分类应当注意以下两个问题:

一是每个机构设一个类,一个立档单位内有多少个内设机构就设多少类,机构名称就是类名。本机关机构序列表的规定或习惯上的顺序排列。一般是领导机构、综合性机构排在最前面,再依次排列各业务部门。例如先排办公室,后排业务处(室)、后勤部门等。原则上以哪个机构名义发文的文件就归入哪个机构;几个机构联合办文的,应归入主要承办机构;以机关名义或办公室发的文件,应归入有关机构类中,即根据文件内容和机构的职能确定。

二是立档单位内设立的临时机构,应当设置一个类别,和其他内设机构一样看待。形成的文件应当归入临时机构类保存。临时机构与某一机构合署办公的,并以该机构为常设机构的,形成的文件应归入该内部机构类中;如果临时机构涉及两个以上的内部机构,则应根据其主要职能以及文件材料多少,由这些机构协商解决。

(2)问题分类法

问题分类法是按照文件材料内容所说明的问题对归档文件分类。采用问题分类法,可

以避免或减少同类问题的文件分散现象，便于查找和利用。在实际工作中，使用问题分类法的立档单位，大多参照本单位内部组织机构的职能性质来设置类别。例如，党委、工会、共青团等机构形成文件划为“党群类”，业务部门形成的文件划为“业务类”，行政后勤部门形成的文件划为“行政类”等。问题分类法主观性较强，应慎重采用，特别是不要轻易打乱组织机构而先按问题分类。同时，要注意按照机关单位的基本职能来设置类别，类目体系力求简明，合乎逻辑。文件归类应按其主要内容有规律地进行，并保持连续性，某个内容的归档文件在去年放入哪类中，今年亦应归入同一类中，不要根据一时的需要随意更改，以免给将来的查找利用带来不便。

(3)保管期限分类法

保管期限分类法根据划定的不同保管期限对归档文件进行分类。采用保管期限分类法，能够将不同保管价值的归档文件从实体上区分开来，使档案部门能够有针对性地采取整理和保护措施，同时为库房排架管理、档案移交进馆和到期档案鉴定等工作提供便利。传统方法是将保管期限分为永久、长期、短期 3 类，最新规定改为标时法，即分为永久和定期(含 30 年和 10 年)。

(4)复式分类法

在机关档案室实际工作中，当归档文件数量较多时，分类工作需要分层次进行，单纯采用一种分类方法的情况较少见，多数采用几种分类方法结合使用，称之为复式分类法。《归档文件整理规则》(下称《规则》)提供了年度、保管期限、机构(问题)3 种分类方法，可以组合成多种复式分类法。至于年度、保管期限、机构(问题)组合时的先后顺序，《规则》未加限制。各单位可根据工作实际需要进行组合。但年度、保管期限是必备项，必须选择，而机构(问题)为选择项，一般基层单位或小机关等形成文件材料少的单位可不选择机构(问题)作为分类方法。

① 年度—机构—保管期限分类法。这类分类方法先将归档文件按年度分类，在每个年度下分机构，再在组织机构下按保管期限分类。例如：

2020 年:	办公室	永久	30 年	10 年
	业务一处	永久	30 年	10 年
	业务二处	永久	30 年	10 年
2020 年:	办公室	永久	30 年	10 年
	业务一处	永久	30 年	10 年
	业务二处	永久	30 年	10 年

②保管期限—年度—机构分类法。先将归档文件按保管期限分类，每个保管期限下按年度分类，再在年度下按机构分类。例如：

永久:	2018 年	办公室	业务一处	业务二处
	2019 年	办公室	业务一处	业务二处
	2020 年	……		
30 年:	2018 年	办公室	业务一处	业务二处
	2019 年	办公室	业务一处	业务二处
	2020 年	……		
10 年:	2018 年	办公室	业务一处	业务二处
	2019 年	办公室	业务一处	业务二处

2020年 ……

③保管期限—年度—问题分类法。即先将归档文件按保管期限分类,每个保管期限下按年度分类,再在年度下面按问题分类。这种分类方法同样适用于不宜按机构分类的情况,多用于现行机关文件整理归档工作,并被作为推荐采用的方法,与此类似的还有保管期限—问题—年度分类法。

④机构—年度—保管期限分类法。即先将归档文件按机构分类,每个机构下按年度分类,再在年度下面按保管期限分类。这种分类方法适用于内部机构基本固定或少有变化的立档单位以及撤销机关的文件整理归档工作。采用该方法,在库房排架时需要留空,预留空架的数量不好掌握,有时必须倒架,与此类似的还有机构—保管期限—年度分类法。

⑤年度—问题—保管期限分类法。即先将归档文件按年度分类,每个年度下按问题分类,再在问题下面按保管期限分类。这种分类方法多用于内部机构变化复杂,或由于机构之间分工不明确、文书工作不正规等原因难以区分文件所属机构,以及没有内部机构或内部机构非常简单等情况。此方法适用于现行机关文件整理归档工作,并被作为推荐采用的方法,与此类似的还有年度—保管期限—问题分类法。

⑥问题—年度—保管期限分类法。即先将归档文件按问题分类,每个问题按年度分类,再在年度下面按保管期限分类。此方法适用于撤销机关的文件整理归档工作或历史档案整理工作。

⑦年度—保管期限分类法。即先将归档文件按年度分类,再在年度下面按保管期限分类。这种分类方法适用于内部机构设置简单的基层单位或小机关,或者每年形成文件数量少的机关,适宜于现行机关文件整理归档工作。

⑧保管期限—年度分类法。即先将归档文件按保管期限分类,再在保管期限下面按年度分类。这种分类方法同样适用于内部机构设置简单的基层单位或小机关,或者每年形成的文件数量少的机关。

归档文件的排列是指在分类体系的最低一级类目内,按照一定的原则和方法排列归档文件的先后次序的过程。例如,"保管期限—年度—机构"分类法做法是:在同一年度里,先按保管期限分3类,然后在同一个期限内再按"机构"分类,接着将同一机构的文件按时间或重要程度或将时间和重要程度结合起来排列。"机构"为最低一级类目,即文件应在机构下进行排列。"问题"为最低一级类目的,同一事由内的归档文件排列按时间或重要程度排列,不同事由间的归档文件排列按时间或重要程度或将时间和重要程度结合起来排列。

(五)归档文件编号

归档文件应依分类方案和排列顺序逐件编号,在文件首页上端的空白位置加盖归档章并填写相关内容。归档章设置全宗号、年度、保管期限、件号、页数等必备项,并可以设置机构(问题)等选择项。

1. 档号章项目设置及填写要求

档号章项目分为必备项和选择项。

(1)必备项

全宗号:档案馆给立档单位的代号,如C026、A124。

年度:归档文件形成年度,用4位数表示,如2018、2019。

保管期限:分为永久、定期30年、定期10年(可用Y、D30、D10表示)。

件号:即文件的排列顺序号,它是反映归档文件在全宗中的位置和固定归档文件的排列先后顺序的重要标识。归档文件件号的编制，是指在分类方案最低一级类目内赋予其排列顺序号，如采用“年度—机构—保管期限”进行分类，件号应在同一年度内、同一机构的一个保管期限内从“1”开始逐件流水编号。件号用4位阿拉伯数字标识，不足4位的，前面用“0”补足，如“0026”。

(2)选择项

机构或问题。在一个立档单位机构或问题二者选择其一，即选择机构就必须放弃问题，选择问题就必须放弃机构，这一点务必注意。

2. 加盖档号章

档号章项目确定后，要以加盖归档章(见图7—4)的形式逐件标识在每一件归档文件上，以明确归档文件在全宗中的位置。同时可以借助归档章上项目的提示，保证归档文件在借阅后能够正确归档。

全宗号	年度	件号
*机构或问题	保管期限	页数

Z109	2011	1
办公室	永久	45

Z109	2011	1
BGS	Y	45

图7—4　归档章内容及填写样本(2015版)

归档章的规格为长45毫米，宽16毫米，分为均匀的六格，在不采用此分类法的单位，上图中带*号的选择项，归档章上可不设此项，并相应调整归档章的格式。盖章的位置，一般为归档文件首页的上端居中空白位置。如有领导批示等占用了上述位置，可择首页其他空白处加盖归档章。

(六)归档文件编目

归档文件应根据分类方案和件号顺序编制归档文件目录，即按照分类、排列、编号的结果，逐类逐件编制目录，系统、全面地揭示归档文件的全貌，为档案的保管、鉴定、检索、统计和编研等工作的开展提供基础条件。归档文件目录填写方法一般是逐件登记，填写要认真、细致、准确，来文与复文作为一件时，只对复文编目。

归档文件目录用纸幅面尺寸采用国际标准A4型，归档文件目录设置件号、责任者、文号、题名、日期、页数、备注等项目。格式如表7—1所示。

表7—1　　归档文件目录(2019年版)

序号	档号	文号	责任者	题名	日期	密级	页数	备注
1	C29—WS·2019—Y—BGS—0001	×档发[2019]1号	××市档案局	关于做好“不忘初心、牢记使命”主题教育文件材料收集归档工作的通知	20190701		5	
2			…	…	…	…	…	…

1. 档号

档号的结构宜为:全宗号－档案门类代码·年度－保管期限－机构(问题)代码－件号。上、下位代码之间用“－”连接,同一级代码之间用“·”隔开。如“Z109－WS·2011－Y－BGS－0001”。

2. 责任者

责任者是指制发文件的组织或个人,即文件的发文机关或署名者。责任者可以是一个机关或机关内部的一个机构,也可以是几个机关或若干人。它是文件的组成部分之一和重要的外形特征,对于确定文件来源有着重要的作用,也是检索利用的重要途径。填写责任者项时一般应使用全称或通用简称,如“中国共产党湖南省委员会”,可简称为“中共湖南省委”,但不能简称为“省委”,更不能用“本局”“本厅”“本公司”等含义不明、难以判断的简称。联合发文时,应将所有责任者照实抄录,责任者过多时,著录列居首位的责任者。主办单位是责任者的必须著录,立档单位是责任者的必须著录,上级机关是责任者的必须著录,其余的视需要著录。被省略的责任者用“[等]”表示。责任人者之间用“;”号隔开。例如,湖南省档案局;湖南省财政厅;湖南省水利厅[等]。

3. 文号

文号即发文字号,是由发文机关按发文次序编制的顺序号。一般由机关代字、年度和顺序号 3 部分组成。年度用 4 位阿拉伯数字表示,著录于“[ ]”号内,顺序号用阿拉伯数字表示。其余的照原文字著录。例如:湘档发[2004]30 号。

4. 题名

题名即文件标题。题名一般由文件责任者(发文机关或单位)、事由(问题)、名称(文种)3 个基本部分组成,用于揭示文件的内容和成分,为查找和利用提供线索。题名包括正题名、副题名、说明题名文字和并列题名。

正题名是档案的主要题名,一般指单份文件文首的题目,照原文著录(题名中有化学符号、类型标记、阿拉伯数字、外文字母、汉语拼音等均应照原文著录),不能省略,正题名能反映文件内容的,其他题目可以不抄录。

有的文件没有题名或题名含义不清,不能揭示或全面揭示文件内容的,应依据文件内容拟写题名,并加诸“[ ]”号内,这类文件在实际工作中也常见,如会议记录、电报、公私信函、电话记录等,应当重新拟写题名,如:[×××局党组关于干部任免事项的会议记录]等。

正文与附件一般为一件,用正文题名为本件题名。附件题名必要时附后,并加“[ ]”号。转发文与被转发文为一件时,用转发文题名为本件题名。转发文题名不能揭示被转发文主要内容时,原题名照录,同时著录被转发文题名或另拟题名附后,并加“[ ]”号。

5. 日期

日期即文件的形成时间,是文件的重要特征之一,反映文件产生的时代背景,是查找档案的常用途径。文件的形成时间即发文时间(文件的落款),具体填应用 8 位阿拉伯数字标注年、月、日,第 1～4 位表示年,第 5～6 位表示月,第 7～8 位表示日。例如:2019 年 1 月 22 日,可著录为 20190122。时间不详考证后用 0 表示。例如:20190000 表示年度为 2019 年,月、日不详;00000728 表示年度不详,月、日为 7 月 28 日;00000000 表示年、月、日都不详。

6. 页数

页数填写每件文件的总页数,用于统计和核对。计算页数时以文件中有图文(指与文件内容相关的文字、图画等)的页面为一页,空白页不计。大张的文件、图表折叠后,仍按未折叠前有图文的页数计算页数。

7. 密级

填写保密等级，取该件档案所含所有材料中的最高保密等级。

8. 备注

备注项用于填写档案文件需要说明的情况，包括缺损、修改、补充、移出、调整销毁等。备注项使用应当严加控制，避免杂乱无章。备注栏填写不下时，可在备注栏中加注“＊”号，将具体内容移到备考表中说明。

9. 归档文件目录的装订

归档文件目录应装订成册并编制封面。归档文件目录封面可以视需要设置全宗名称、年度、保管期限、机构（问题）等项目。其中全宗名称即立档单位的名称，填写时应使用全称或规范化简称。按年度—保管期限—机构分类的单位，一般每年按不同保管期限装订 3 册；也可以按永久、定期（30 年）、定期（10 年）的排列顺序装订成一册（见图 7—5）。具体装订形式由各机关根据具体情况而定。

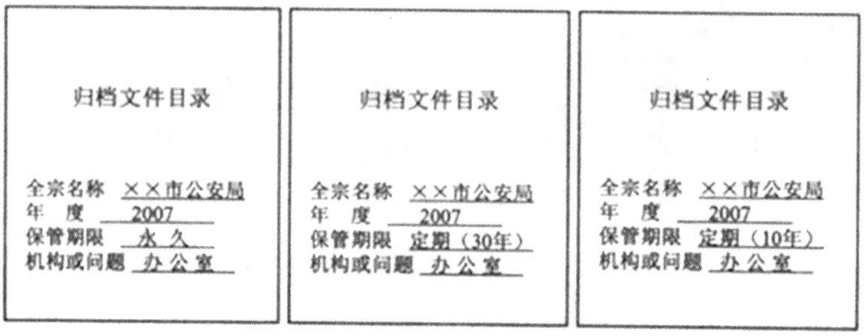

图 7—5　归档文件目录封面

10. 装盒

装盒是将归档文件按件号顺序装入档案盒，并包括填写盒内文件目录、盒内备考表、填写盒封面与盒脊项目等内容。

装盒要求：（1）不同形成年度的归档文件不应放入同一档案盒。（2）不同保管期限的归档文件不应放入同一档案盒。（3）分机构或问题的情况下，不同机构或问题形成的归档文件不应放入同一档案盒。

档案装盒应当注意的问题：（1）应视文件的厚度选择厚度适宜的档案盒，尽量做到文件装盒后与档案盒形成一个整体，站立放置时不至于使文件弯曲受损。也就是说，一盒内的文件多少，应根据文件的厚度来选择档案盒的厚度。不同的厚度应选择不同标准的档案盒，而不是用统一的档案盒来选择档案文件。（2）不同年度或不同保管期限或不同项目的归档文件材料一般不应放入同一档案盒。

档案盒填写要求：（1）档案盒封面应标明全宗名称。（2）档案盒应根据摆放方式的不同，在盒脊或底边设置全宗号、年度、保管期限、起止件号、盒号等必备项，并可设置机构（问题）等选择项。其中，起止件号填写盒内第一件文件和最后一件文件的件号，中间用“—”号连接；盒号即档案盒的排列顺序号，在档案移交进馆时按进馆要求编制。

档案盒内备考表填写内容：（1）说明。填写盒内文件材料的缺损、修改、补充、移出、销毁等情况以及与盒内某份文件反映同一内容但载体形式不同，并另行保存的档案保管单位的档号(互见号)。(2)整理人。档案整理人员签名。(3)检查人。归档文件质量审核人(各部门、项目负责人或档案管理人员)签名。

六、文书立卷的操作规程——以"卷"为单位

(一)文书立卷的概念

文书立卷,又称组卷。它是将办理完毕的、具有查考和保存价值的文件材料,按照它们在形成过程中的联系、内部规律性和有关规定,组成案卷的行为过程。所谓案卷,即机关和企事业单位分类保存以备查考的文件,这里主要指装订起来的一组文件的集合体,也称"卷宗"。文书立卷之后,文书工作便告结束;把立好的案卷移交给档案部门,文书就转化为档案,档案工作即从此开始。

平时形成的文件,是各自独立的、毫无联系的散状材料,如果不立卷,就看不出文件与文件之间的联系,也不利于保管。通过组卷这一行为过程,根据文件之间的内在联系,按照一定的特征和规定,把相互关联的一些文件组合在一起,并装订成册,事物的联系性就可以显现出来,也便于事后保管、查考和使用。

组卷的特点是以"卷"为单位整理,即按"卷"装订,每卷单独编流水页号(通号),需要填写案卷题名,以揭示卷内文件内容。这种方法比较适合二级事业单位、企业、村社、社区的文书档案,以及财务、婚姻、土地、房产、林权等专门档案。

(二)组合案卷

组合案卷是指根据事先制定好的归卷类目,将应归档的文件材料一一归入相应类别,按永久、长期(30 年)、短期(10 年)区分不同保管期限。再参照多则分,少则合;重要的分,次要的合;就近结合的原则,根据文件的特征组合成若干文件集合体。

文件组卷应把握文件的共同特征和主要联系。文件的特征是从文件结构中概括出来的,通常表现在作者、问题、时间、名称、通讯者、地区等诸方面。文件的共同特征体现了文件在这些方面特有的联系及形成规律。根据文件的特征组卷,就是在文件之间归纳相同的特征组合,这样,一方面可以保持文件之间一定的历史联系,另一方面又可以使查找利用有规可循。立卷除受文件自身特点决定外,同时还要照顾利用者的要求,利用者使用文件往往都是按问题(什么内容)、作者(文件制发者)、时间(什么时候发文)、文号等提供查找检索线索,为了满足利用需要也就必须按照以上检索内容立卷,而这些检索线索乃是每份文件自身的或一组文件共同的特点。所以,应把握文件的共同特征,分析文件之间的主要联系,将其作为文件分类、组卷的客观依据,将具有不同特征的文件分开,将具有共同特征的文件组合成卷。下面按文件特征组卷的几种方法进行阐述。

1. 按作者特征组卷

作者,指制发文件的机关、部门及其领导人。按作者特征立卷,即将同一作者制发的文件组合成案卷。按此特征组卷,有利于反映同一作者的工作状况及本机关与某机关之间的工作联系,有利于依据文件来源确定其重要程度和保存价值。如"××省教育厅关于职称评定、定编定员、工资福利等诸问题的通知",即是以"省教育厅"为作者,集中了它的各方面工作内容,反映了它的工作活动过程。由于作者的地位和职能不同,按作者特征立卷也可以适当区分文件的重要程度和保存价值。

2. 按问题特征组卷

问题,指文件内容反映的主题,包括事件、案件、人物的处理、具体问题的发生与解决、某

项工作业务活动的开展等。按问题特征组卷，即将反映同一事件、案件、人物、问题、业务活动和同一性质工作的文件集中组卷。按此特征组卷，符合文件形成规律和人们按专题查阅与利用文件的需求，既可保持文件之间主要的联系，又可系统地反映处理某一问题或某一方面工作的具体情况和全貌。例如：关于重建浴室、购买锅炉问题的文件材料（同一事物），关于××机关征地工作的文件材料（同一问题），关于人事工作的文件材料（同一性质）。

由于人们对“问题”有不同的理解——有的具体、有的抽象，导致组成的案卷反映的内容宽窄也不一样，例如，“高校招生工作”和“高校硕士生招生工作”这两个问题的文件，前者招生问题比较宽，可以包括博士、硕士、本科、专科、夜大等各种层次和形式的招生工作情况，后者指具体的硕士招生工作。具体立卷时一般应把“问题”理解得具体一些，使案卷精确些，否则反映问题过于笼统，不便于查找利用。当然，这也要具体分析，也就是说，同类性质或同一方面工作问题的文件，可以根据文件多少、重要程度等将其归纳，即将小问题概括为大问题，合并组卷；或者是进行分析，把大问题再分成若干小的具体问题，分别组成一卷或几卷，并通过案卷连续排列保持卷与卷之间的联系。如上例，假如有关“招生工作”的文件数量不多，可以在这一“大问题”下集中同类文件组成案卷；如文件数量多，层次不同就可以按研究生、本专科生（包括成人教育、夜大函授）等层次分别立卷，依次排列，保持“招生工作”在一个机关大范围中的相互联系。

3. 按时间特征组卷

时间特征，即指文件形成的时间或文件内容所针对的时间。按时间特征立卷，就是将属于同一年度或同一时期的文件组成案卷。时间特征包括两方面：一是文件形成时间，二是内容针对时间。在现行机关文书立卷按年度进行，基本上都体现出文件的“形成时间”。但是，实际工作中又有文件形成时间与文件内容针对时间不一致的情况，如 2019 年写成的 2018 年的工作总结，2018 年作的 2019 年的财务预算等，这种情况立卷时往往看的不是其形成的时间，而看重的是其内容针对的时间，这时，文件的针对时间的组合作用大于其形成时间。至于同一时期形成的会议纪要、记录、简报等，它们组卷是按形成时间划分的若干阶段，如半年、季度、月份、周等组卷，例如，“××银行第一季度存款情况统计”“2018 年学校行政会议记录”等。这种按时间段组织案卷，现行机关也常用，因为现行机关一般都对文件按年度分类，在这种情况下，年代就不再作为时间特征，不能起组合案卷作用，可以在“年”内寻求更具体的时间特征来立卷。

按时间特征组卷，可以反映出一个机关（部门）在不同时期的工作特点和发展状况，有利于保持同一时间文件的联系，可以使利用者从“纵”的（历史）联系中去把握、认识事物的发生、发展、影响等，为那些需要从时间特征检索文件的人们提供方便。

4. 按名称特征组卷

名称指文件的种类，即文种。按名称特征组卷，是将名称相同或性质、作用相同、相近的文件集中组卷。文件的名称反映了文件的效能和价值，因此，按文件的名称特征立卷，可适当地区分文件的重要程度和保存价值，通常情况下可以将命令、指示、决议、会议记录、计划、报告、合同、统计报表等文件按其名称特征组卷。例如，“××省属各高校基本情况统计表”“2018 年××局党委会议记录”等。

名称特征也可以灵活运用，通常在文件数量不多的情况下，还可以把名称相近、保存价值相近的文件合并组卷。如决议和决定，条例、办法与章程，指示、意见和带有指示性质的通知，计划、安排、工作要点与规划，报告、总结、汇报与调查报告等。例如“××省教育厅、××

大学有关青年教师到基层锻炼、进修培训、科学研究等方面的规定、办法”。

在使用名称特征立卷时，要注意“名”与“实”不相符的现象，即有些文件虽然名称相同，但其性质实质上是不同的。例如，“关于××同志的任免通知”与“关于召开职代会的通知”，这两份文件同是“通知”，但前者是任免干部的，与“决定”的效用相近；后者是一般的事务性的具体通知，二者的保存价值是完全不同的，前者对发文和被任免人所在单位都是永久保存，后者则一般短期保存即可。所以，在立卷时不能只根据文件上标明的名称，还应注意“一名多用”的现象，具体分析文中的内容、性质和它的保存价值，更准确地表现出文件之间的联系和特征，满足人们从文种角度利用文件的需求。

5. 按地区特征组卷

地区指我国的行政区域，所指范围可大可小。按地区特征组卷，就是将文件内容所涉及同一地区或作者所在同一地区的文件集中组卷。这种方法一般多用于上级机关对下属机关的来文、调查统计材料和某些专门文件的组卷工作中。

运用地区特征组卷，便于反映该地区的工作情况或有关该地区问题的处理。同时也应注意：不可把地区与作者等同划一。地区有时与作者是一致的，例如，北京市委的文件反映对北京工作的领导指导，但是有时二者是不一致的，如“四川省教育厅关于重庆市各高校学生思想工作调查报告”，作者和内容涉及的地区就不一致。

6. 按通信者特征立卷

按通信者特征立卷，就是将本机关与某一机关之间就一定问题进行工作联系而形成的来往文书集中立卷。通讯者特征，一般要和文件类名称“往来文书”同时使用。通信者特征是作者特征的一种特殊表现形式。尽管两个机关的往来文书一般按照通信者特征立卷，但其基本的特征仍是按作者组合材料。例如，“××学校与××工厂关于相邻土地归问题的来往文书”。

此外，还有按人物特征组卷的，这种特征一般用来组织人物档案（或名人档案）、家庭家族档案。例如，对一些社会知名的科学家、社会活动家、艺术家、企业家等在一生各种活动中形成的各类材料的组卷均可以采用这一特征。

上述作者、问题、时间、地点、通讯者、名称等文件特征，都是人们从长期的文件立卷实践中总结出来的主要的组卷途径，人们习惯称之为“立卷六特征”。但是，在实际工作中，很少纯粹地孤立地使用某一种特征立卷。常用的是两种或两种以上的特征组合使用，例如，“国家人事部有关专业技术人员聘任及考试的规定、办法和通知”这一案卷就运用了3个文件特征：作者（国家人事部）—问题（技术人员聘任及考试问题）—名称（规定、办法及带有规定性的通知）。……

（三）卷内排列

与新方法组件的排列方法基本一致。

（四）案卷编号

1. 案卷号

在同一年度里，先按保管期限分别排列，每个保管期限内再按类别顺序排列，即在一个年度里，永久、定期30年（长期）、定期10年（短期）各编一个流水卷号。

2. 页号

按照卷内文件排列顺序，每卷编一个流水号。有文字的页面均应编页号，页号的位置：正面编在右上角，背面编在左上角。

(五)填写卷内文件目录和备考表

卷内文件目录填写方法(见表7—2)与新方法的“归档文件目录”大体相同,不同点是,这里每份文件的编号叫“顺序号”,而且要填的是“页号”,不是填写“页数”。

表7—2 卷内文件目录

顺序号	文号	责任者	题名	日期	页号	备注
1	×档发[2014]1号	××市档案局	关于全市档案系统加强群众路线教育学习的通知	20140103	1	
2	……	……	……	……	……	……

卷内备考表(见图7—6)的格式和填写方法与新方法基本相同。

备考表放在案卷的最后一页,用来说明本卷保管使用及卷内文件变动情况,如文件褪色、破损情况、采取的补救措施、案卷的使用、卷内文件重新调整等情况。请示与批复不在一卷内,必须在备考表中相互注明出处,如无此一类情况则不填。

立卷人、检查人、立卷时间按要求在立卷完成后,及时认真填写。

本卷情况说明: 立卷人______ 检查人______ 立卷时间____

图7—6 卷内备考表

(六)案卷装订

传统方法以“卷”为单位装订,采用“三孔一线”方法,按顺序将卷内目录、整卷文件和备考表固定于标准卷皮上。值得注意的是:整卷装订要求文件的大小要一致(A4或16开),不一致的要先折叠、补贴;装订前要去掉所有文件上的金属物(回形针、大头针等)。

(七)填写案卷题名(案卷标题)

案卷题名是对卷内文件的总结和概括,一般有以下两种标拟方法:

(1)×××、×××、×××关于××、×××、×××的××、××。例如:××区财政、文体局关于追加经费预算、申请购置设备的请示、批复。

(2)直接标拟对于整卷只涉及同一年度、同一单位或同一件事件。问题单一的,一般采用直接标拟的方法,而不采用上述介词结构的方法。例如,××市××区2019年档案事业统计年报表。

(八)编制案卷目录

把经过系统排列后确定了先后顺序的案卷逐一编号,登记造册,就形成了案卷目录。案卷目录是档案检索的一个最基本的工具。现行单位文书档案的案卷目录要求按期限划分:

永久、长期(定期30年)、短期(定期10年)各建立一个目录。案卷目录见表7—3。

表7—3 **案卷目录**

机关名称:______________ 全宗号:______________

案卷号	题名	年度	页数	期限	备注

移交人: 接交人: 交接日期:

七、整理(立卷)说明的撰写

(一)了解什么是“整理(立卷)说明”

“整理(立卷)说明”,就是在归档(立卷)工作告一段落后,为了便于向档案室移交,方便日后的保管和利用,对机关当年的职能活动、整理(立卷)情况和文件材料的大体内容做出的叙述式的文字简介,其形成的文字材料就是整理(立卷)说明。

“整理(立卷)说明”不同于“案卷文件目录”(又称“全引目录”,是由某一全宗或全宗内某一部分案卷目录和卷内文件目录汇编而成,能以案卷和单份文件为检索单位)或者“归档文件目录”(新方法)。目录是揭示和介绍档案室所存档案的内容和成分的一种检索工具;“整理(立卷)说明”侧重对立档单位当年的工作概括和整理(立卷)情况的说明。

(二)掌握“整理(立卷)说明”的具体内容

根据“整理(立卷)说明”本身的要求,编写“整理(立卷)说明”大体包括立档单位工作活动情况和立卷、归档基本情况。具体内容应包括以下几个方面:

1. 工作概括

要立足于本机关,反映本单位主要职能活动;要写明一年来立档单位的主要活动情况,做了哪些具体工作及其生成的数据。

2. 机构变化

立档单位的组织机构及内部分工机构如有变化要求写明(如机构何时成立、更改名称、改变隶属关系等);内部分工要求写明具体的分工内容。

3. 人事任免变动

要写明一年来立档单位主要领导干部职务的任免、调离、招聘或解聘、奖惩的具体内容和具体人次。

4. 立卷、归档的基本情况

具体包括:(1)案卷数量:注明本年度形成案卷的数量(包括永久、长期、短期卷的数量)。(2)归档范围:案卷所包含的文件材料的内容、形式。(3)立卷(归档)方法:说明根据什么特征组卷(如时间特征、问题特征等)。(4)立卷(归档)组织和立卷(归档)时间:注明哪些案卷由哪个具体部门立卷(归档),有利于责任明确。注明立卷(归档)日期。另外,档案的存放情况也应注明。

(三)掌握“整理(立卷)说明”的编写原则

“整理(立卷)说明”的编写核心原则是:用事实和数据说话,真实全面反映本单位的本来面貌，按照本单位各种活动的开展情况和整理（立卷）情况客观地加以记述。

1. 真实地反映本单位的本来面貌编写“整理（立卷）说明”的目的，就是为了日后方便查找每年本单位的主要活动情况，提高利用效率。所以，档案工作者要实事求是，抱着对社会、对历史负责的严肃态度，忠于职守，让本机关的面貌真实地展现在人们的面前。

2. 按照本单位各种活动的开展情况和归档（立卷）情况客观地加以记述，编写“整理（立卷）说明”着重客观地记述事实，基础统计数据完整，一般不加评述，它不同于学术论文，无须分析和阐述，只要实事求是地提供事实的脉络。

（四）了解编写“整理（立卷）说明”的步骤和要点

基本步骤如下：

1. 材料的收集。这是编写的前期准备工作，也是关键性的工作。编写前要有针对性地广泛收集所需要的材料，它要求档案工作者平时注意积累材料，充分地占有材料。具体包括立档单位当年的人员编制，机构设置和变动，人事任免，主要任务和职能，重大业务活动和中心工作等方面的文件。

2. 对收集来的材料要严格挑选和考证。只有充分地占有材料，才有选择余地，严格挑选，去粗取精，去伪存真，坚持一切从实际出发，实事求是。只有这样，才能如实地反映事物的本来面貌，确保整理（立卷）说明的可靠性和真实性。

3. 摘抄的内容要简明扼要，详略得当，文字表达要准确无误，数字表达要确切，尽量不用大概、大约之类不确切的字词。

4. 系统条理，脉络清楚，要给人以条理清晰之感。

5. 先编初稿，经立档单位负责人审核后再定稿打印。

【本章小结】

1. 分类方案是一个单位全部档案的总类目表，通过它可以了解掌握一个单位档案的基本状况，编制分类方案时，应对分类方案的编制依据、分类标准以及类目代号的确定、分类方案的使用等给予必要的说明，以利于在分类方案的具体使用过程中起指导作用。

2. 档案整理必须遵循文件形成的客观规律，保存文件之间的有机联系，区分文件的不同价值，便于保管和利用等基本原则。

3. 根据整理单位的不同，文书档案有两种整理方法，以“卷”为单位的与以“件”为单位的整理方法，或称按“卷”/“件”整理。档案整理的最终成果为全宗。

【练习题】

1. 由档案室集中整理归档文件的大型机构，是否可以采用“年度—保管期限”两级分类法，为什么？

2. 通过本章的学习，谈谈自己对档案整理过程的理解和认识。

3. 试论述案卷题名撰写的几种方法。

【技能训练任务】

任务一

1. 训练目标

掌握档案分类方案的编制基本要求，熟悉分类方案编制依据、分类标准、类目代码、使用方法的编写。

2. 训练内容

(1)根据实际，罗列家庭档案的主要大类及其下属子类。

(2)拟写自己家庭相关的文书类文件的分类方案。

3. 训练要求

符合《档案分类方案》编写的基本要求，格式正确，包含分类方案说明、分类表、归档范围和保管期限表等要素。

任务二

1. 训练目标

熟悉按"件"整理的基本方法和要求，能按《归档文件整理规则》进行文书类档案的整理。

2. 训练内容

(1)将家里证书类、医疗保健类和电器设备类说明书等材料进行归档整理。

(2)按照自己拟制的家庭档案分类方案对上述归档文件进行编号、编目。

3. 训练要求

要求归档整理符合长期保存的标准，编号和标记位置合理，编目项目齐备。

第八章
档案保管

学习目标

知识目标：

认知档案保管的重要性。

了解档案保管所需的物质条件。

明确档案保管的条件与设施以及库房管理措施。

能力目标：

清楚档案库房建设要求。

能够掌握档案保管对物质条件的要求。

能够应用档案保管工作的技术与方法。

【案例导读】

不良档案保管一例

某公司属于发展中企业，条件不是很好，其档案库房为办公用房，并因为公司的规模、效益等问题，解决不了购置通风、控制温度湿度设备的问题。在高温、潮湿季节，难以控制微生物滋生问题和病虫害，档案受潮也比较严重。同时，该公司在库房管理方面比较松懈，没有相应的管理制度。例如，档案调阅后没有及时归档存放位置；允许非档案工作人员进入库房；在档案库房中放置食品；调阅档案不进行记录等。因此，该公司的档案损坏比较严重，并发生过档案丢失事故。

资料来源：张虹、姬瑞环，《档案管理基础》，中国人民大学出版社2005年版，有改编。

互动问题：

1. 该公司档案保管状况如何？
2. 档案保管需要什么物质条件？你认为如何做好档案保管工作？

第一节　档案保管设施

一、档案保管的含义及其重要性

档案保管是指对已整理好并排架入库的档案进行日常性的维护、保护等工作，它是档案管理的基本环节之一。简单地说，就是指档案排架入库后的档案存放管理以及维护档案完整与安全的活动。具体由档案工作人员根据不同档案制成的材料，使用一定的设备和装具，采取适当的措施和方法，维护档案的秩序，使其不散、不乱；保护档案的实体，使其不丢、不毁，并对遭到破坏或损毁的档案采取修补措施。

档案保管工作质量的高低，对提高档案管理水平具有重要的影响。首先档案保管工作质量的高低直接决定着档案寿命的长短，如果保管得当，档案的寿命就会适当延长，否则就会加速档案的坏损；其次，档案保管工作的质量影响到整个档案事业的兴衰。要做好档案保管工作，必须对档案保管所使用的装具、档案保管的环境、档案库房的设置、档案保护及修复技术有一定的了解和掌握，这样才能做好档案保管工作。

二、档案保管的物质条件

档案的保管必须借助一定的物质条件才能进行，物质条件的好坏在一定程度上决定着档案保管质量的高低。档案保管所要具备的物质条件主要包括以下几种。

(一)档案装具

档案装具是指用于存放档案的档案箱、档案柜、档案架等(见图8—1、图8—2)。档案装具首先要坚固耐用、存取方便、密封性能好，并且还要求防水、防火，因此，最好由金属材料构成。一般来说，封闭式装具比敞开式装具更有利于对档案的保护；金属的装具比木质的更坚固，并有利于防火。

图8—1　密闭五节柜

图8—2　密集架

(二)档案包装材料

目前我国用于包装档案的材料主要有卷皮(见图 8－3)、档案盒(见图 8－4)、包装纸三种。

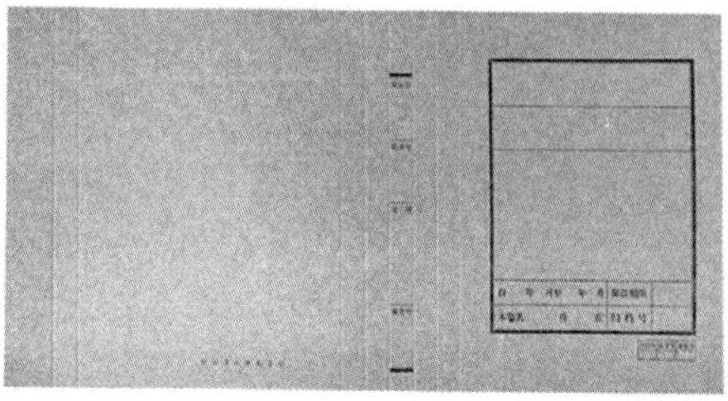

图 8－3 卷 皮

图 8－4 档案盒

1. 卷皮

卷皮是包装档案的基本材料,它既可以保护档案材料不受磨损,同时又是案卷的封面。档案的案卷封面有硬卷皮和软卷皮两种。

硬卷皮一般采用 250 克牛皮纸制作,尺寸规格采用 300 毫米×220 毫米或 280 毫米×210 毫米。封底尺寸同封面尺寸。封底三边(上、下、翻口处)要另有 70 毫米宽的折叠纸舌。卷脊可根据需要分别设 10 毫米、15 毫米、20 毫米三种厚度。用于成卷装订的卷皮,上、下侧装订处要各有 20 毫米宽的装订纸舌。

软卷皮设封皮和封底,其封皮和封底可根据需要采用长宽为 297 毫米×210 毫米(供 A4 型纸用)或 260 毫米×185 毫米(供 16 开型纸用)的规格。使用软卷皮装订的案卷,必须装入卷盒内保存。

2. 卷盒

卷盒外形尺寸采用 300 毫米×220 毫米,其高度可根据需要设置成 30 毫米、40 毫米、50 毫米等不同的规格。盒盖翻口处中部设置绳带,便于系紧卷盒。

3. 档案盒

2000 年《归档文件整理规则》实施后,采用档案盒来装文书档案,档案盒封面应标明全宗名称,外形尺寸采用 310 毫米×220 毫米,盒脊厚度可以根据需要设置为 20 毫米、30 毫米、40 毫米等不同的规格。

4. 包装纸

对于那些不经常使用或不适于装订又不便于盒装的档案,可以用较为结实的包装纸包装起来,必要的时候,再采取措施妥善保管。

(三)技术设备

档案保管所需的技术设备是指空调机、去湿器、加湿器、报警器、灭火器、电脑、复印机、装订机等具有“固定资产”性质的机械、仪器、仪表等。

（四）消耗品

档案保管过程中使用到的消耗品主要是指干燥剂、防虫剂等各种易耗低值的管理性办公用品。

三、档案装具的编号和排列

档案装具如何摆放将会影响到档案库房的整体管理与空间的有效利用，因此，要对档案装具进行有效的排列。

1. 对档案架进行编号和排列

对档案柜架的编号和排架方法是自门口起依次编架（柜）号，每个架（柜）的栏从左向右编号，每栏的格自上而下编号。没有栏则从上而下编号。

库房中档案架（柜）的排列要求：整齐、空间适度（注意：所有的架或柜均不应紧靠墙壁）、避光通风、统一编号。

2. 对档案装具进行排架

档案装具应按制作材料、形状、高低来分类排放。主要通道宽度不应少于 1 米；装具的间距为 80 厘米左右；装具应与窗垂直排放；装具不应紧靠墙壁。档案部门的所有档案装具应统一编号，方法是以库房为单位流水编号。

第二节　档案库房管理

一、档案库房管理

（一）档案库房管理基本要求

档案库房建筑是档案保管最基本的物质条件，是档案保管中长期起作用的因素，其质量直接影响档案保管中各项设备的采用与效果。为此，国家档案局制订了《档案馆建筑设计规范》，作为档案管理机构建设档案库房的标准。如果确实因为资金等方面的限制无法达到标准，在档案库房的使用过程中也要达到以下几个方面的要求。

（1）专用，即库房要独立，不能和办公室合用，也不能存放其他物品。

（2）坚固，即库房应该是正规的、承重等条件达标的建筑物，确保其安全性。

（3）要远离水源、火源、污染源等。

【案例阅读】

公司档案丢失

某公司档案管理制度不健全，档案工作人员安全意识薄弱，档案管理员经常随手将档案钥匙放在桌子上去办其他事情。一天，公司员工小张以借阅档案为名来到档案室，趁档案管理员小李帮他查找档案之机，用事先实现准备好的胶泥复制了档案室钥匙，随后窃取了该公司的一些机密档案，卖给了其他公司，给本公司带来了巨大的经济损失。

互动问题：档案室的钥匙该如何存放？

（二）库房温湿度的控制

档案库房内的温湿度是直接影响档案自然寿命的环境因素，环境因素的影响对档案“寿命”的长短起着决定性的作用。保证档案库房内温湿度，是为了防止高温高湿造成的书虫滋生或低温低湿引起的纸张脆性增加，从而延长档案的寿命。

1. 温湿度的要求

国家档案局于 2018 年发布的第 13 号令《机关档案管理规定》中规定：库房温度控制范围为 14℃～24℃、湿度控制范围为 45%～60%（纸质档案库）或 40%～60%（音像磁带库），且每昼夜温度波动幅度不得大于±2℃、相对湿度波动幅度不得大于±5%。

2. 温湿度的控制要求

针对不同的库房条件，控制和调节温湿度的方法主要有两种。

（1）密闭和恒温恒湿

对档案库房进行严格密闭，能够较好地隔绝库房内外温湿度的相互交流，加之在库房内安装空调或恒温、恒湿设备，可以将库房的温湿度人为地控制在适宜的指标范围内。但是，这种方法所需费用较高，并非所有的档案室（馆）都有能力做到。

（2）机械或自然的调控

有些难以做到密闭库房又无力承担配置空调或恒温、恒湿设备的档案室（馆），可以采取如下一些机械的或自然的措施对库房的温湿度进行人工调节：一是在档案库房的门窗加密封条，可减少库房内外温湿度的相互交流，并有防尘作用。二是使用增温、增湿或降温、降湿等机械设备惊醒调控（见图 8—5），改变不适宜的温湿度。这种方法需要将库房门窗关闭方能奏效。三是采用简便的人工方法调节库房的温湿度。比如放置水盆、挂置湿纱布等来增湿；放置木炭、生石灰等来降湿。

档案工作人员应当监测和记录库房温湿度，根据需要采取措施调节，使库房的温湿度符合规定的要求。

图 8—5　温湿度控制仪

【提醒您】

档案库房是保存档案的重要基地，是档案保管的基本的物质条件。档案库房的建设应遵循“适用、经济、美观”的原则，设计符合安全、卫生等要求，满足实际功能的需要。在无法达到要求的情况下，档案库房建设应尽量做到：面积够用，功能专用，结构坚固，远离火源、水源、污染源等，门窗封闭性能必须良好。

【知识拓展】

温湿度对档案存储的影响

一、高温高湿环境对档案材料的影响

1. 库房高温高湿会使一些档案纸张材料中耐热性较差的字迹产生油渗扩散褪色等现象而导致字迹模糊不清，会加速纸张中残留的有害化学物质对纤维素的破坏潮湿，使纤维素水解，导致纸张强度下降，耐久性遭到破坏。

2. 高温有利于档案有害生物的生长繁殖。昆虫生长发育最适宜的温度为22℃～32℃，相对湿度大多为70%～90%。高湿能维持虫体内适宜含水量从而促进其新陈代谢加速虫体发育。在适宜温度下湿度越大，昆虫产卵越多，繁殖越快。危害档案的昆虫有10余种之多，这些昆虫以纸张糨糊胶等为食蛀蚀档案造成孔洞，被其严重啃噬的档案文件则无法抢救。

3. 库房高温高湿还会促进空气中的有害气体、灰尘等不利因素对档案材料的破坏。可加速各种有害的化学物质对档案材料的破坏。

二、低湿对档案材料的影响

库房湿度过低会使档案纸张水分过度蒸发，导致纤维内部的结构破坏，使纸张变硬变脆，机械强度下降。

三、温湿度波动幅度过大或波动速度过快对档案材料的影响

库房温湿度波动过大过快会使档案材料因胀缩不均而产生内应力，易使其强度降低，产生变形，并且可能破坏某些字迹与纸张的结合，破坏胶片乳剂与片基的结合。

因此，档案库房高温高湿、高温低湿、低温低湿和温湿度忽高忽低对档案材料的保存都是不利的，必须加强对档案库房温湿度的控制与调节，使之处于适宜状态，这样才能有利于档案的长期保存。

资料来源：https://www.sohu.com/a/137741658_218008。

二、人员的进出库制度

档案库房是保存档案的重要场所，因此，必须对进出库房的人员及其进出的方式、时间、要求等进行必要的限制，并做出专门的规定。

一般情况下，档案库房只允许档案工作人员进入，非档案工作人员原则上不允许进入档案库房。如果工作确实需要非档案工作人员进入库房，如维修库房或设备等，则必须有档案工作人员始终陪同。

三、库房“八防”措施

档案保管中的“八防”通常是指防火、防盗、防光、防虫、防水、防潮、防尘和防高温，它们是库房管理工作中保证档案实体安全的重要内容。

1. 防火。建立档案库房防火制度，配备消防器材。档案库房附近严禁存放易燃、易爆物品，库房不得使用电阻丝加热、电热油汀，库房内严禁吸烟，并配备灭火器、防火门、火灾自动报警器，经常进行检查更换。

2. 防盗。库房安装防盗门窗，门安装三保险锁、可设置智能门禁识别系统、报警器和视频监控仪，采取节假日在门上加封条等措施。

3. 防光。防光就是防紫外线，紫外线会损坏档案。库房的窗户装挂遮光窗帘，使档案柜不直接被阳光照射。

4. 防虫。防虫是指防止有害生物，有害生物包括对档案有害的微生物和动物。档案入库前要进行检查和杀虫处理，档案库内放置防虫剂、防霉剂，经常查看是否失效，严禁存放滋生虫害的物品（如食物等）。堵塞鼠害漏洞，经常查看是否有鼠迹，定期放置灭鼠药。

5. 防水。安装漏水报警设备。雨季来临前注意查看房顶，发现问题及时处理；不得采用以水、汽为传热媒介的采暖系统。要在取暖期注意暖气管破裂、喷水，经常检查，发现迹象及时采取措施，把问题消灭在萌芽状态。

6. 防潮。库房内备有温湿度计，经常检查记录，并根据室内温湿度不同情况，适当开窗通风、配备除湿机，放置干燥剂等办法调剂，使库房内的温湿度计记录符合规定标准。

7. 防尘。搞好室内外环境卫生，经常保持清洁，档案库房配备有关防尘、防沙设备，如窗帘、吸尘器等，对案卷及所有库内设备墙壁、地面定期、不定期地进行吸尘，使档案库房符合卫生规定标准。

8. 防高温。档案库房可通过洒冷水、机械通风、自然通风等方法减缓库内温度过高现象。有条件的单位应配备空调设备，以达到库房理想的温度。

【范例阅读】

“八千麻袋”事件

1921年前后，北洋政府财政艰窘，政府各部门自筹款维持。已有几年支不出薪水的教育部就把所存的清代大内档案作为废纸，以银洋4 000元拍卖给了西单同懋增纸店，用这些钱来维持教育部运营。这些档案重约15万斤，装满8 000麻袋。

纸店拣拣了一部分档案出售，大部分渍水后用芦席捆扎，准备运到唐山、定兴做“还魂纸”。

清朝遗老罗振玉得知这一消息后，以12 000大洋购回这些档案，并对其中部分档案进行整理，但已损失两万斤约数十万件。1924年，因财力不支，罗氏将档案以16 000大洋转卖给前清驻日公使李盛铎，1929年李盛铎又将这部分档案以18 000大洋转卖给“中央研究院”历史语言研究所，始得归公。

这就是档案史上有名的“八千麻袋”事件。

资料来源：http://baike.soso.com/h264463.htm? sp=l264464。

互动问题：指出“八千麻袋”事件暴露出档案保管存在哪些问题。

四、档案保护及修复技术

1. 档案保管技术

为了更好地保管档案，延长档案的寿命，需要对档案采取经常性的防护措施，如控制、调节库房温湿度，防光、防污染物的危害等。

在通风和密闭都不可能减湿的情况下，采取物理或化学方法吸收库内空气中的水分，使相对湿度下降。物理吸湿通常用制冷去湿机，化学吸湿用石灰、氯化钙以及硅胶等。为了防光最好设计无窗库房，库房玻璃应有过滤或减弱紫外线的功能。

定期清点档案数量，检查保管状况，尤其重要的是，定期检查电子档案的保管情况、读取状况，发现问题及时处理，并建立检查和处理情况记录制度。

2. 档案修复技术

档案工作人员应当及时对受损、易损档案进行修复、复制或做其他技术处理。档案修复技术包括去污、去酸、加固档案字迹的显示与恢复、档案修裱等内容。

(1)去污

档案在保存和利用过程中，常黏染各种污渍，如水印、泥斑、油斑、蜡斑、霉斑、墨水斑等。去污方法有机械法、溶剂洗涤法、漂白粉去污法、高锰酸钾去污法等，去污要根据污渍的种类、纸张和字迹的性质，采取不同的处理方法。

(2)去酸

去酸可以延长档案纸张的寿命。去酸的方法主要有含水溶液去酸、有机溶液去酸、气相去酸三类。

(3)加固

加固是指用高分子材料黏合或附加在档案文件上使纸张强度增加，字迹得到保护的方法。档案在加固之前，必要时需进行除污、去酸处理。

(4)字迹显示与恢复

对于那些褪色字迹和被遮盖的字迹要进行显示与恢复，方法主要有以下两种。

①化学显示法，对含铁字迹用硫化铵法、亚铁氰化钾法等。

②物理显示法，主要有缩微摄影、滤色镜摄影、斜光摄影、紫外线或红外线摄影以及计算机图像处理等。字迹显示与恢复是档案保护中存在的难题，有待继续研究开发。

五、水浸纸质档案的应急抢救

受灾后的档案需要得到迅速而正确的抢救，抢救方法应根据当时具备的物资、设备等条件，合理选用适当的抢救方法，以防止档案继续受损。

首先，单位应该编制档案应急抢救措施，针对可能发生的灾害如水灾、火灾、塌方、盗窃等设计防范和抢救措施，其中应对档案抢救分级，以便在非常紧急的情况下保证单位永久保存档案的完整性。

其次，单位应该落实档案应急抢救预案的要求，在组织、人员、设备、环境等方面提供切实的保障；同时，还要通过模拟演习使相关人员学会紧急情况发生时的应对方法，保证预案的可行性和有效性。

【知识拓展】

水浸纸质档案的应急抢救

水浸纸质档案如不及时抢救，会使纸张机械强度下降，并易滋生霉菌。在霉菌代谢物作用下，纸张酸度增加，甚至粘连成档案“砖”。抢救方法如下：

1. 加强领导和组织工作，组成专门小组，制定抢救方案，有条不紊地进行档案的抢救工作。

2. 准备好放置水浸档案的场所，将水浸档案尽快转移到安全地带，迅速改善受损档案的存放环境和条件。

3. 有条件的情况下安装和开启大功率抽水泵，及时清除库房内积水。

4. 配备大功率去湿机，利于排除水汽，为水浸档案创造良好的减湿干燥环境。

5. 如无条件和无设备，需准备木质架子，架子最好为多层，以便增加摆放档案的空间；准备塑料筐(袋)等材料，将水浸档案放置在有支撑作用的筐内。

6. 准备塑料盆、软毛刷、小毛笔等，用于水浸档案的去污、去泥沙处理。

7. 准备吸水材料(如宣纸、滤纸、毛毡、海绵、吸潮板等)，用于去除水浸档案的明水。

8. 准备小型吸尘器、吸耳球，用以吸除尘土。

9. 准备其他物资，如电风扇、小型吹风机、塑料薄膜(无毒)、便携式照明灯、防水布、标签笔、安全帽、口罩、胶皮鞋等。

资料来源：http://www.hada.gov.cn/w_NewsShow.asp? ID=340:25577。

【小技巧】

档案保管

档案保管是对入库的档案进行日常性的维护、保护等工作，因此贵在坚持，每天都必须对档案库房进行“八防”工作的检查，方可杜绝对档案的损坏。

本章小结

1. 档案保管必须借助档案装具、档案包装材料、技术设备和消耗品等物质条件才能进行。

2. 档案库房保管要控制温湿度，并注意做好防火、防盗、防光、防虫、防水、防潮、防尘和防高温。

【练习题】

1. 档案保管的包装材料有哪些？
2. 控制档案库房温湿度的方法主要有哪些？
3. 说出档案库房“八防”措施的主要内容。
4. 如何做好档案应急抢救的准备工作。

【技能训练任务】

任务一　参观档案室

1. 训练目标

通过到档案室参观档案保管的物质条件，增强学生对档案保管工作的直观感性的认识。

2. 训练内容

(1)参观档案室需具备的物质条件。

(2)听工作人员相关讲解;听档案室管理人员介绍档案保管的方法。

(3)咨询和提问。

3. 训练要求

(1)结合所学知识和实地参观感受,每个小组派一名成员在课堂上以口头形式汇报观察结果。

(2)每人提交书面实训报告,附参观纪实一份(主要内容为对档案保管工作的体会)。

任务二　库房温湿度控制和安全检查工作

1. 训练目标

通过具体的操作训练,使学生对保管档案有一个真实的感觉,同时掌握在实际工作中档案保管的方法,使学生更加热爱档案工作。

2. 训练内容

(1)学生阅读本校档案保管相关制度。

(2)档案室管理人员简单介绍保管档案所需日用品和注意问题。

(3)分小组训练。

3. 训练要求

把检查结果写成书面报告,请档案室管理人员做出简要评价。

第九章
档案检索

学习目标

知识目标：

了解检索的原理，把握档案检索工具的类别和基本的检索方法。

能力目标：

熟悉档案著录、档案标引和档案计算机检索的操作，掌握编制档案检索工具的技能，适应并把握信息化时代档案管理的变化和发展。

【案例导读】

“书”到用时方恨少

市第二职业高中因校舍原址重建，租借了位于郊区的某私营企业的厂房、宿舍等场地作为过渡校区，为期三年。但上周该公司负责人突然通知学校，因扩大生产需要，欲提前一年收回厂房等场地。学校领导在震惊之余马上想到的是，应找出当年双方的租用合同研究对策。

通知了档案室后，负责档案的张老师却久久没能找来该合同。原来该单位的合同类资料一直由财务部门负责收集整理，这两年的合同移交到档案室后还没有来得及录入档案管理系统，张老师只能在移交清单中苦苦“寻觅”了一个多小时，最后终于在临近下班时找到了该合同。学校领导只能加班开会讨论相关事宜。

资料来源：陈琳，《档案管理技能训练》，机械工业出版社2012年版。

互动问题：

1. 案例中所说的“找”和“寻觅”是指档案管理中的哪项工作？要能顺利地“找到”所需档案，最重要的前提是做好哪项工作？

2. 张老师如果只是已经将合同类材料的原题名录入档案管理系统，就一定能很快“找到”该租赁合同吗？为什么？

第一节 档案检索工具

一、档案检索工作的内容

档案数量庞大，内容繁多，在档案馆（室）内通常是根据它的自然形成规律，按照基本的体系整理和存放，而社会利用档案则是具体的、特定的、多种多样的。为了解决这一矛盾，需要编制各种检索工具，揭示档案的内容和成分，以便于利用者分析、比较、对照，从而查找出自己需要的档案材料，档案检索工作应运而生。

档案的检索工作，是为了解决庞大的整理体系和利用者特定的需要之间的矛盾而产生和存在的，它在档案工作中具有重要意义。

档案检索包括档案信息存储和查找（检索）两个具体过程，这两个过程是密切联系的。存储过程即将档案中具有检索意义的特征标示出来，按照一定的顺序加以编排，形成检索工具或档案信息数据库的过程。查找过程是指利用检索工具查找所需档案的过程。

二、了解检索工具

档案检索工具是揭示和介绍档案馆（室）保存档案内容和成分，记录、报道、查找档案资料的手段，是开发档案信息资源的工具。它的基本功能是存储和查找。

存储是指将档案的有关特征著录下来，按照一定的顺序加以排列或客观地描述，以二次文献或三次文献的形式将档案信息集中起来。查找是指为利用者提供档案的线索，供利用者了解和查询档案。

【知识拓展】

检索工具的作用

1. 桥梁作用

档案的数量庞大，并随着时间的推移而增加，内容繁杂，涉及社会实践活动的各个方面，对于利用者来说犹如档案之海，如果不借助科学的方法和手段，便无法从中获取所需档案。档案检索工具在档案和利用者的特定需要之间架设了一道“桥梁”，沟通二者的供需关系，利用者借助检索工具便可以较为迅速准确地获取所需档案。

2. 交流作用

档案检索工具中存储了大量的档案信息，它不仅可以提供查询，同时可成为档案馆（室）与利用者、档案馆（室）之间的交流工具。利用者借助它可以了解档案的分布、内容、价值等信息，档案馆（室）借助它可以互相了解馆（室）藏情况，互通有无，提高服务质量。

3. 管理作用

档案检索工具记录了档案的主要内容和形式特征，集中、浓缩地揭示了馆（室）藏情况，档案工作人员可以通过检索工具概要地了解馆（室）藏档案的内容、形式、数量等情况，为档案管理业务活动提供一定的依据。尤其是馆（室）藏性检索工具反映档案实体顺序，在库房管理、档案数量统计等管理活动中直接发挥作用。各种检索工具还是档案工作人员查找档案、提供咨询、开展档案编研工作的必要手段。

三、掌握检索工具的分类

由于档案的内容和外形特点很多，人们利用档案的目的和要求也各不相同，单靠一两种检索工具很难全面揭示出档案的内容和成分，也难以满足利用者的不同层次和不同角度的利用需要，因此在长期的档案检索实践中，便形成了不同门类、不同内容和形式的检索工具。根据不同的分类标准，可以把档案检索工具划分为不同的种类。目前比较常见的分类方法有以下几种：

（一）按编制方式分

根据编制方式的不同，检索工具可分为目录、索引、指南。

【提醒您】

目录与索引的区别

目录和索引之间没有严格的界限，一般来说，目录著录的条目内容比较全面，而索引著录的条目内容比较简单，一般只著录排检项及其出处两个项目。

1. 目录

目录是将所著录的条目按照一定的次序编排而成的检索工具。

【知识拓展】

常见的档案目录有哪些

（1）案卷目录，是以案卷为单位，依据档案整理顺序编排的检索工具。案卷目录一般采用书本式，其目录表包括：顺序号（案卷号）、案卷标题、年度、卷内文件页数、保管期限、备注等。表中的备注是用来记载案卷中某些需要特殊说明的问题，如移出、销毁、卷内文件的增减、霉烂、字迹模糊等。

（2）案卷文件目录，亦称“卷内文件目录汇集”或“全引目录”。它将一全宗内的案卷目录和卷内文件目录汇编成册，兼有案卷目录和卷内文件目录之功能。

（3）归档文件目录，为适应档案管理现代化的需要，《归档文件整理规则》（DA/T22—2015）规定，归档文件应依据分类方案和室编件号顺序编制归档文件目录。归档文件目录设置档号、责任者、文号、题名、日期、密级、页数、备注等项目。

（4）全宗目录，是一种介绍档案馆所有全宗状况的检索工具，它的内容包括全宗的名称、全宗号、全宗内案卷数量及起止年代。其编制目的是向利用者概要地揭示本馆所藏档案的范围，以及用于档案的统计和保管工作。全宗目录适合于档案数量较大、全宗较多的大中型档案馆。

（5）分类目录，是根据体系分类法的原理，以分类号为排检项，依据档案分类表的体系组织起来的一种检索工具。分类目录的主要特点是系统地揭示档案的主题内容，具有较强的族性检索功能。各档案馆的手工检索分类目录大多采用卡片式。

（6）主题目录，是根据主题法的原理，将档案的主题按字序排列的一种目录。主题目录的主要特点是能够集中地揭示有关同一事物的档案的内容，具有较好的特性检索功能。

（7）专题目录，是集中、系统地揭示档案馆内有关某一专门事物、某一专门内容档案的检索工具。

2. 索引

索引是将档案的某一部分特征及其出处著录出来,并按照一定次序编排的检索工具。

【知识拓展】

常用的档案索引有哪些

(1)文号索引,是揭示档案的文号和档号之间对应关系的一种检索工具,它提供了一条按文号检索档案的途径。文号索引一般采用表格形式,所以通常称之为文号档号对照表。也有的档案室以文号为检索项设置较为全面的项目,形成文号目录。

(2)人名索引,是揭示档案中所涉及的人物并指明出处的一种检索工具。在档案利用中,检索人物占有相当的比重,由于在标题中很少反映人名,因此只有编制专门的人名索引才能解决这个问题。人名索引包括人名和档号两部分,即把人名引向所在档案的档号,利用者通过索引的指引,可以查到某一人物的材料。人名索引可以分为综合性和专题性两种。综合性人名索引是将馆(室)藏档案中所涉及的全部人名编成索引,专题性人名索引是根据所列专题范围,如任免、奖励、处分等对涉及该专题的人名编制索引。

(3)地名索引,是揭示档案中所涉及的地名并指明出处的一种检索工具。以编史修志为目的的利用者往往需要反映某一地区各方面情况的档案材料,地名索引可较好地满足这一类利用需求,从地区角度提供较为全面的档案线索。

3. 指南

指南是以文章的形式综合叙述档案情况的一种检索工具。

【知识拓展】

档案利用相关的指南通常有哪些

(1)档案馆指南,是一种全面、系统介绍馆藏档案情况的工具书,又称档案馆介绍。它是档案馆面向社会的一种宣传、报道性工具,借助这种工具,利用者可以较为全面地了解馆藏档案情况及利用档案过程中所需的各种信息。

档案馆指南从揭示馆藏的详略程度上可分为简明指南和详细指南,从揭示档案馆的范围上可分为单一档案馆指南和同一类型、同一地区档案馆指南。一般应包括六部分内容:①说明或序言;②目录;③档案馆概况;④馆藏档案情况介绍;⑤馆藏资料情况介绍;⑥附录。

(2)全宗指南,是揭示档案馆内某一全宗档案情况的工具书,又称全宗介绍。全宗指南的内容主要包括以下三部分:①立档单位和全宗的历史概况。在档案利用活动中,对立档单位历史的了解往往关系到对档案内容的理解。因为档案是历史的记录,不了解档案产生单位的性质、职能及机构设置情况,就难以全面认识该机关档案的价值。这一困难尤其发生在后代人利用前代人形成的档案中,同代人利用其他机关形成的档案等情况中。对立档单位情况的介绍主要包括单位名称、隶属关系、性质、任务、内部组织机构、主要领导人等方面的情况和沿革。②全宗内档案概况。这部分主要包括档案的来源、数量、进馆日期、整理、保管、鉴定情况、完整程度、所编制的检索工具等。③档案的内容与成分。一般依原整理体系加以介绍，如果是按组织机构分类的，可按照机构逐一介绍；如果是按问题分类的，可按原划分的类目逐一介绍。这样介绍起来比较方便，而且由于与整理情况相对应，也比较清晰。介绍档案内容时原则上是以案卷为单位，亦可视实际情况灵活掌握，对于若干个问题相近或相同的案卷可合并介绍；对有特色和价值较高的文件可单独介绍。

(3)专题指南，是介绍报道档案馆中反映某一特定题目档案的工具书，又称专题介绍。专题指南的基本结构可由以下三部分组成：①序言；②档案内容介绍；③附录。

(二)按载体形式分

根据载体形式的不同，检索工具可分为以纸张为载体的、以胶片和磁带(盘)为载体的两大类，其中以纸张为载体的又可以分为卡片式、书本式，以胶片和磁带(盘)为载体的包括缩微目录和机读目录。

1. 书本式检索工具

书本式检索工具是将著录的条目按一定的顺序排列后印在纸页上、装订成册的检索工具。这种检索工具的优点是体积小，便于管理；可印刷出版，便于传递和交流；编排内容紧凑，便于翻阅；成本较低。缺点是灵活性差，一旦装订成册，条目的增减及条目的调整都无法进行。

2. 卡片式检索工具

卡片式检索工具是将档案著录的条目写在卡片上，每一条目形成一张卡片，然后将卡片按一定顺序排列而形成的检索工具。这种检索工具最大的优点就是具有较大的灵活性，便于条目的增减和条目顺序的调整，查找功能较强。但由于卡片数量较多，体积较大，容易散失，顺序容易混乱，因此，这种检索工具不利于保管、交流和阅读。

3. 缩微目录

缩微目录是以胶片为载体的以缩微摄影方式制作的检索工具。检索时，可使用阅读器放大阅读。主要优点是存储密集，节约空间；体积小，便于携带交流；便于拷贝复制；耐久性好，便于长期保存和利用。这种检索工具需有一定的设备才能制作和使用。

4. 机读目录

机读目录是以磁性材料为载体供计算机识别的检索工具。使用时既可以在光屏上显示，也可以打印出文字。其主要优点是存储密度高，检索速度快，可进行多途径检索。这种检索工具在制作时费时费力，工作量较大，费用也较高。

(三)按检索范围分

按可检索的范围分，具体可分为：

1. 全宗范围检索工具

全宗范围检索工具是以一个全宗(或其部分)为对象的检索工具，有案卷目录、卷内文件目录汇集、全宗文件卡片(目录)、文号目录、全宗指南等。此外，登记全宗内档案成分与数量的"全宗单"，保存有关全宗历史材料的"全宗卷"，也可列入这一类。

2. 若干全宗范围检索工具

若干全宗范围检索工具是以档案馆(室)的全部(或主要部分)档案为对象的检索工具，有分类卡片目录、分类目录、主题卡片目录、主题目录(或索引)、档案指南等。此外，登记档案馆内档案数量和成分的全宗名册、全宗卡片以及档案存放位索引，也可列入这一类。

3. 以若干个档案馆的全部或部分档案为对象的检索工具

以若干个档案馆的全部或部分档案为对象的检索工具如联合目录等。

(四)按功能分

按功能和作用的主要方面可以分为馆(室)藏性检索工具、查找性检索工具和介绍性(报道性)检索工具。

1. 馆(室)藏性检索工具

馆(室)藏性检索工具是反映收藏档案的整理体系及其排列顺序的检索工具。其主要功能是反映档案整理的顺序和原则,档案馆工作人员可据此了解馆(室)藏情况及查找档案。其缺点是检索途径单一,只是按照整理的顺序提供查找途径,同时检索深度较浅。

2. 查找性检索工具

查找性检索工具是指专门为查找而编制的检索工具。它不受档案实体排列顺序的限制,以档案的某一内容或某一形式为检索途径而形成的检索工具。其优点是可以打破档案实体排列的顺序,打破全宗、案卷的界限检索,可以从不同的角度标志档案,提供多种检索途径;可以选择任意的检索深度。

3. 介绍性检索工具

介绍性检索工具也可称为报道性检索工具,是指专门用于介绍和报道档案内容及其有关情况的检索工具。这种检索工具一般是全面概括地介绍档案的情况,客观地评价档案的价值,向利用者提供一定的内容线索,但它不给出档案的检索标志和检索项,一般不能直接用于查找。

此外,按信息处理的手段,可以分为手工检索工具和机械检索工具;按使用对象的不同,可分为公务性检索工具和开放性检索工具;按排检方法的不同,可分为分类法的检索工具和主题法的检索工具等。需要特别指出的是,随着计算机技术在档案工作中的应用,很多传统的手工式的目录被计算机数据库形式所取代,它们已经或即将退出历史舞台,不需要单独编制了。但了解一下传统的目录,对理解和建立数据库是有帮助的。

四、了解档案排检方法

1. 分类法

以科学的分类为基础,结合档案的内容和特点,运用概念划分的方法,把性质相同的档案线索汇集在一起,分门别类地组成一个检索体系。优点是同一个问题或同一个专业的档案线索汇集在一起,便于查找利用。

2. 按作者排检法

把同一个作者形成的文件线索集中在一起。此法一般在机关档案室用得较多。

3. 按文号排检法

按照文号的先后顺序进行排列,一般有文号目录、文号对照表。在机关档案室此法也较受欢迎,而在档案馆却用得不多。但对一些历史文件或文号不全的文件档案进行文号排检则有困难。

4. 按字序排检法

编制人名、地名之类的检索工具,一般采用部首偏旁、四角号码、笔数、笔形与笔数结合这几种方法。(1)部首偏旁法,这种方法采用不多,因为它在排列上相当有难度,很多偏旁难以掌握。(2)笔数、笔形法,其困难在于繁简字的问题。(3)四角号码法,全国的人名、地名卡片采用此法较多,但此法的普及面不广。(4)音序法,按汉语拼音顺序进行排列。多用于以作者、文件名称、地区为编制对象的检索工具。此法较简便,但对于年纪较大的人却有不便之处。

5. 按地序排检法

按照文件形成的地区排列。此法在历史档案和一些专业档案的检索工具中采用较多，如清代的奏折、地质档案、农业档案等。

6. 主题法

按主题排检一般是编有主题词的检索工具采用的。严格来说，此法与第4种方法是一致的，是按主题词的字序排检。对于外文档案，一般是按外文字母排检。

【提醒您】

如何区别分类法和主题法

目前在档案界，比较推崇的排检方法是分类法和主题法，两者各有优缺点。

分类法是以反映档案内容职能特性的类目为基础，并用分类号检索的一种档案检索语言，它的检索词汇是分类号，检索词典是《中国档案分类法》(1996年版)。《中国档案分类法》由编制说明和中华人民共和国档案分类表、新民主主义档案分类表、民国档案分类表、清代档案分类表组成。中华人民共和国档案分类表由主表和辅助表(综合复分表、世界各国和地区表、中国地区表、中国民族表以及科技档案复分表等)组成，以社会实践活动的职能分工为基础，紧密结合档案记述和反映的事物属性关系进行划分。分类表结构体系由19个大类组成，每一类的类目名称以分类号为代码，类目之间的关系主要有从属关系和并列关系。分类表的每一类目都配有符号，称为类号。类号的作用是表征档案的内容和固定各个类目在分类体系中排列的次序，采用汉语拼音字母和阿拉伯数字的混合号码编制，如“E91 边界、领土”“HP1891 中国近代史、现代史”等。档案工作人员根据《中国档案分类法》中的分类体系，以卷或件为单位赋予档案相应的分类号，然后将分类标引的条目组成分类目录。

主题法是以主题词检索的一种档案检索语言。它的检索词汇是主题词，检索词典是《中国档案主题词表》。它是由反映档案内容的规范词目组成的，词目按照汉语拼音结合汉字字形排列。《中国档案主题词表》(1995年版)主要由主表及词族索引、范畴索引、首笔画检字表和附表组成，并指明主题词在《范畴索引》中的范畴分类号及主题词的范围、观点和含义等。范畴索引是将主表中的全部主题词按照既定的类目分类排列而形成的一种索引，借助分类索引可满足按类查词和族性检索的要求。

第二节　档案著录与标引

一、认识档案著录

档案著录是指档案馆(室)编制检索工具时对档案的内容和形式特征进行分析、选择和记录的过程。通过它可以具体描述每份文件或每份案卷的特征，揭示其主题内容、科学价值，指明出处，区别相互之间的异同，从而便于档案人员和利用者了解档案，更好地管理和利用档案。

编制检索工具(目录或索引)，一般都经过档案的著录和档案目录的组织两个步骤：第一步，按照一定的规则，将每份文件或案卷的内容和形式特征记录下来，由若干著录项组合成一个个的条目;第二步,将许多条目,按照一定的方法,组织成一个有机体系,形成档案检索工具。

档案著录是记录档案特征的过程,条目是档案著录的内容,是组成档案检索工具的基本单位。档案检索工具的质量,一方面取决于组织的方法,而更重要的是著录的质量。任何档案检索工具,要具备良好的存储和检索的功能,都必须以著录的详细具体、标引准确、格式与标志符合统一、方法一致、文字简明为条件。著录上的差错与混乱,会降低检索工具的效能,甚至会使其丧失作用。

二、掌握档案著录规则

档案著录所遵循的方法称为著录规则。为了实现著录工作的规范化,我国先后制订了两套《档案著录规则》。新《档案著录规则》是指国家档案局 1999 年 5 月 31 日批准,从 1999 年 12 月 1 日实施的《档案著录规则 DA/T18—1999》,替代了国家标准局 1985 年 5 月 10 日发布的《档案著录规则 GB/T3792.5—85》。新《规则》实际上是对老《规则》的修订。作为全国档案著录工作的依据,新《档案著录规则》主要内容有著录项目、标识符号、著录条目格式、著录信息源、著录项目细则等。

(一)著录项目

在档案的著录过程中,要以一定的记录事项对一份文件或案卷的内容和形式特征进行记录,这些记录事项就是著录项目。它是构成档案条目以及档案目录的最基本数据单元。

不同的目录,著录的项目是不相同的。根据《档案著录规则》的要求,档案著录项目共分 7 项,每项分若干著录单元(小项)。

1. 题名与责任说明项

题名,又称标题、题目,是表达档案中心内容、形式特征的名称。

(1)正题名。正题名是档案的主要题名,一般指单份文件文首的题目和案卷封面上的题目。正题名照原文著录;单份文件没有题名,依据其内容拟写题名,并加“[]”号;单份文件的题名不能揭示内容时,原题名照录,根据其内容另拟题名附后,加“[]”号;单份文件的题名过于冗长时,在不丢失重要信息和损伤原意的情况下,可删去冗余部分,节略内容用“……”号表示;案卷题名不能揭示案卷内容或题名过于冗长时,一般应重新拟写,将原题名修改好后再著录。

(2)并列题名。并列题名是以第二种语言文字书写的与正题名对照并列的题名,必要时并列题名与正题名一并著录,并列题名前加“=”号。

(3)副题名及说明题名文字。副题名是解释或从属于正题名的另一题名。副题名照原文著录,正题名能够反映档案内容时,副题名不必著录。说明题名文字是指在题名前后对档案内容、范围、用途等的说明文字。必要时说明题名文字照原文著录。副题名及说明题名文字前加“:”号。

(4)文件编号。文件编号是文件制发过程中由制发机关、团体或个人赋予文件的顺序号。文件编号包括发文字号,科研试验报告流水号,标准规范类文件的统编号、图号等。文件编号除年度用“[]”号外,其余照原文字符号抄录,其前加“:”号。联合发文或档案上有多个文件编号时,一般只著录一个文件编号,但立档单位的文件编号必须著录。若著录多个文件编号,中间用“;”号隔开。档案室一般应著录文件编号。

(5)责任者与责任说明著录。责任者,也称作者,是指对档案内容进行创造、负有责任的团体或个人。必要时要著录责任者职责或身份(职务、职称等)。责任者只有一个时,照原文著录,其前加“/”号。责任者有多个时,著录列居首位的责任者,立档单位本身是责任者的必须著录,其余视需要著录。被省略的责任者用“[等]”表示。第一个责任者之前加“/”号,责任者之间以“;”号相隔。多个责任者具有同一职责或身份又必须著录时,可将职责或身份置于最末一个责任者后的“()”号中,责任者之间以“,”号相隔。同一责任者有多个职责或身份又必须著录时,可将多个职责或身份置于责任者后的“()”中,职责或身份之间以“,”相隔。

【提醒您】

责任者著录的注意事项

1. 机关团体责任者:(1)机关团体责任者必须著录全称或不发生误解的通用简称。例如,中国共产党中央委员会/中共中央,中华人民共和国外交部/外交部,河北省人民政治协商会议/河北省政协,以上不应简称为“中央”“本部”“省政协”。(2)历代政权机关团体责任者,著录时其前应冠以朝代或政权名称,并加“()”号。

2. 个人责任者:(1)个人责任者一般只著录姓名,必要时在姓名后著录职务、职称或其他职责,并加“()”号。(2)文件所署个人责任者有多种职务时,只著录与形成文件相应的职务。例如,毛泽东(中共中央主席)/毛泽东(国家主席)/毛泽东(中央军委主席)。(3)清代及其以前的个人责任者应冠以朝代名称,并加“()”号。(4)少数民族的个人责任者称谓,尊重各民族间差异,著录时,应依照该民族的署名习惯著录。(5)外国责任者,姓名前应著录各历史时期易于识别的国名简称,其后著录统一的中文姓氏译名,必要时著录姓氏原文和名的缩写。国别、姓氏原文和名的缩写均加“()”号。

文件所署责任者为别名、笔名时,均照原文著录,但应将其真实名称附后,并加“()”号。

未署责任者的文件,应著录根据其内容、形式特征考证出的责任者,并加“[]”号;考证无结果时,以三个“□”代之。文件责任者不完整时,应照原文著录,将考证出的完整责任者附后,并加“[]”号。

文件责任者有误,仍照原文著录,但应考证出真实责任者附后,并加“[]”号。考证出的责任者根据不足时,在其后加“?”,一并著录于“[]”号。

(6)附件。附件是指文件正文后的附加材料,只著录附件题名,其前冠“+”号。文件正文后有多个附件时,应逐一著录各附件题名,各附件题名前均冠以“+”号。如附件题名过长,也可简略,其节略内容用“……”号表示,自拟附件题名加“[]”号。若附件题名具有独立检索意义时,亦可另行著录条目,但应在附注项中加以说明。

2. 稿本与文种项

(1)稿本。稿本是指档案文件的文稿、文本和版本。稿本项根据实际情况著录为草稿、定稿、手稿、草图、原图、底图、蓝图、正本、副本、原版、试行本、修订本、影印本、各种文字本等,其前加“.—”号。

(2)文种。文种是指文件种类的名称。文种项依实际情况著录为命令、决议、指示、通知、报告、批复、函、会议纪要、说明书、协议书、鉴定书、任务书、判决书、国书、照会、诰、敕、奏折等,其前加“:”号。

3. 密级与保管期限项

(1)密级。密级是指文件保密程度的等级。密级按 GB7156－2003 第 5 章中的文献保密等级代码表划分为 5 个级别,名称与代码如表 9－1 所示。

表 9－1　　文献保密等级代码

名　称	数字代码	汉语拼音代码	汉字代码
公开级	0	GK	公开
国内级	1	GN	国内
内部级	2	NB	内部
秘密级	3	MM	秘密
机密级	4	JM	机密
绝密级	5	UM	绝密

密级一般按文件形成时所定密级著录,对已升、降、解密的文件,应著录新的密级,公开级、国内级可不著录。密级前加“. 一”号。

(2)保管期限。保管期限是指根据档案价值确定的档案应该保存的时间,一般分为永久、长期(或定期 30 年)、短期(或定期 10 年)。保管期限一般按案卷组成时所定保管期限著录,其前加“:”号,若已更改的,应著录新的保管期限。

4. 时间项

时间项视不同著录对象,分为文件形成时间、卷内文件起止时间等,其前均加“. 一”号。

(1)文件形成时间。一般公私文书、信札为发文时间,决议、决定、命令、法令、规程、规范、标准、条例等法规性文件为通过或发布时间,条约、合同、协议为签署时间,技术评审证书、技术鉴定证书、转产证书为通过时间,获奖证书、发明证书、专利证书为颁发时间,科研试验报告、学术论文为发表时间,工程施工图、产品加工图为设计时间,竣工图为绘制时间,原始试验记录、测定检验数据为记录时间等。

(2)时间项一律用 8 位阿拉伯数字表示,第 1～4 位数表示年,第 5～6 位数表示月,第 7～8 位数表示日。

(3)历史档案中的朝代纪年、农历、地支代月、韵目代日,应照原文著录,同时将换算好的公元纪年附后,并加“()”号。例如“一清乾隆 10 年 9 月 26 日(17451021)”。

(4)没有形成时间的文件,应据其内容、形式特征等考证出形成时间后著录,并加“[]”号。

(5)文件时间不完整或部分时间字迹不清时,仍著录原时间,原时间中缺少或字迹不清部分以“□”补之,再将考证出的时间附后,并加“[ ]”号。例如“. 一 1945□□□□[19450815]”“. 一□□□□1209[19691209]”“. 一 19□□204[193□1204]”。

(6)文件时间记载有误或有疑义时,仍照原文著录,再将考证出时间附后,并加“[]”号。

(7)文件形成时间考证不出时,著录为“. 一□□□□□□□□”,亦可著录文件上的收文时间、审核时间、印发时间等其他时间,但应在附注项中说明。

(8)若考证出的时间依据不足时,在其后加“?”号,一并著录于“[]”号内。

(9)文件起止日期。以一组文件、一卷、一组案卷为对象著录一个条目时,著录其中最早和最迟形成的文件的时间,其间用“一”号连接。起止时间的表示,无论是本年度或跨年度,著录时均不能省略年度。例如“. 一 19890107—19891015”。

5. 载体形态项

载体形态项著录档案的载体类型标识及档案载体的物质形态特征。

(1)载体类型。档案的载体类型分为甲骨、金石、简牍、缣帛、纸、唱片、胶片、胶卷、磁带、磁盘、光盘等。以纸张为载体的档案一般不予著录,其他载体类型据实著录,其前加". 一"号。

(2)数量及单位。数量为阿拉伯数字,单位用档案物质形态的统计单位,如"页""卷""册""张""片""盒""米"等。著录时其前加":"号。例如:

. 一缩微平片:2 张:105 毫米×148 毫米

. 一录像磁带:5 盒:3/4 英寸

. 一磁盘:4 片:3.5 英寸

(3)规格。规格指档案载体的尺寸及型号等,著录时其前加":"号。

6. 附注与提要项

(1)附注。附注项著录档案中需要解释和补充的事项。附注项的内容依各项目的顺序著录,项目以外需解释和补充的列在其后。每一条附注均以"一"号分隔。如每一条附注都分段著录时,可省略该标识符。各著录项目中需要注明的事项:①题名附注:注明同一文件的不同题名或其他称谓。②责任者附注:注明考评出责任者的依据和责任者项未著录责任者的数目或名称。③时间附注:注明考证出时间的依据。若著录为非文件形成时间时,应注明为何种时间。④载体形态附注:注明载体形态的破损、残缺、变质及字迹褪变等情况。

著录项目以外需要注明的事项:①被著录文件有不同稿本者应予注明。②被著录文件另有其他载体形式者应予注明。③被著录文件的来源为捐赠、购买、交换、复制、寄存等情况时应予注明。④被著录文件经考证为赝品的应予注明。⑤被著录文件关系密切的相关文件应予注明。⑥除上述附注内容外,需要注明的其他事项。

(2)提要。提要项是对文件和案卷内容的简介,应反映其主要内容、重要数据(包括技术参数等)。提要在附注之后另起一段空两个汉字位置著录,一般不超过 200 字。提要内容依汉语的语法和标点符号使用法著录。

7. 排检与编号项

排检与编号项是目录排检和档案馆(室)业务注记项。

(1)分类号。分类号依据《中国档案分类法》和 GB/T15418－1994 的有关规定著录,置于条目左上角第一行。

(2)档案馆代码。档案馆代码依据《编制全国档案馆名称代码实施细则》所赋予的代码著录,置于条目右上角第一行。档案馆代码在建立目录中心或报道交流时必须著录。

(3)档号。档号是指档案馆(室)在整理和管理档案的过程中,以字符形式赋予档案的一组代码。档号著录于条目左上角第二行,与分类号齐头。档号中各号之间以"一"号相隔。

(4)电子文档号。电子文档号是档案馆(室)管理电子文件的一组符号代码,著录于条目第二行的中间位置。

(5)缩微号。缩微号是档案馆(室)赋予档案缩微制品的编号,著录于条目右上角第二行,与档案馆代码齐头。

(6)主题词或关键词。主题词是在标引和检索中用以表达档案主题内容的规范化的词或词组。关键词是在标引和检索中取自文件题名或正文用以表达档案主题并具有检索意义的词或词组。主题词按照 DA/T19－1999、《中国档案主题词表》及本专业、本单位的规范化词表标引。主题词或关键词著录于附注与提要项之后,另起一行齐头著录。各词之间空一个汉字位置，一个词或词组不得分作两行书写。

【小技巧】

档案著录标识符的适用与技巧

为识别各著录项目、单元(小项)及其内容，需添加如下规定的标识符。

“. —”置于下列各著录项目之前：稿本与文种项、密级与保管期限项、时间项、载体形态项、附注项。

“=”置于并列题名之前。

“:”置于下列各著录单元之前：副题名及说明题名文字，文件编号、文种，保管期限、数量及单位、规格。

“/”置于第一个责任者之前。

“;”置于多个文件编号之间、多个责任者之间。

“,”用于相同职责、身份省略时的责任者之间或同一责任者的不同职责、身份之间。

“+”置于每一个附件之前。

“[]”置于下列著录内容的两端：自拟著录内容、文件编号中的年度、责任者省略时的“等”字。

“()”置于下列著录内容的两端：责任者所属机构名称、责任者真实姓名、责任者职责或身份、外国责任者姓名原文、中国责任者时代、历史档案中的朝代纪年、农历、地支代月、韵目代日转换后的公元纪年。

“?”用于不能确定的著录内容，一般与“[]”号配合使用。

“—”用于下列著录内容之间：日期起止和档号、电子文档号、缩微号各层次之间。

“……”用于节略内容。

“□”用于每一个残缺文字和未考证出时间的每一数字。未考证出的责任者及难以计数的残缺文字用三个“□”号。

著录用标识符使用技巧如下：(1)除“题名与责任说明项、排检与编号项”外，各项目连续著录时，其前均冠以“. —”。如遇回行，不可省略该标识符。但各项目另起段落著录时则可省略该标识符。(2)“. —”符占两格，在回行时不应拆开；“;”和“,”各占一格，前后均不再空格。(3)如某个项目缺少第一个单元(小项)时，应将现位于首位的单元原规定的标识符改为“. —”。(4)凡重复著录一个项目或单元时，其标识符也需重复。(5)不著录的项目或单元，其标识符应连同该项目或单元一并省略。

(二)著录条目格式

1. 段落符号式条目格式

段落符号式条目格式是将著录项目划分为 4 个段落。第一段落中分类号、档号分别置于条目左上角的第一、二行，档案馆代号、缩微号分别置于条目右上角第一、二行，电子文档号置于第二行的中间位置。第二段落从第三行与档号齐头处依次著录题名与责任说明项、稿本与文种项、密级与保管期限项、时间项、载体形态项、附注项，回行时，齐头著录。第三段落另起一行空两格著录提要，回行时与第一、二段落齐头。第四段落另起一行齐头著录主题词或关键词，各词之间空一格。

2. 表格式条目格式

实际工作需要使用表格式条目时，其著录项目应与“段落符号式条目格式”基本相同，其排列顺序可参照使用。

3. 卡片式条目格式

卡片尺寸一般为12.5厘米×7.5厘米，著录时卡片四周均应留1厘米空隙，如卡片正面著录不完，可接背面连续著录。无论著录对象为单份文件、单个案卷还是一组文件或一组案卷，均按“段落符号式条目格式”依次著录。

表9—2　　文件级条目著录格式及实例

分类号		档案馆(室)代号
档号	电子文档号	缩微号
正题名＝并列题名:副题名及说明题名文字:文件编号[载体类型标志]/第一责任者:其他责任者＋附件.一稿本与文种.一密级:保管期限.一文本形成时间.一数量及单位:规格.一(丛编).一附注		
主题词		
提要		
GE5.15		41010
2-53-107-8		46-94
转发国务院批转国家教委《关于改革高等学校毕业生分配制度通知》的通知:京政发[1989]56号/北京市人民政府＋国务院通知＋国家教委报告＋市计委、市高教局、市人事局实施意见.一副本:通知.一内部:永久.一19890702.一8页:260mm×184mm.一教委报告不全，市计委、市高教局、市人事局实施意见全无		
毕业生分配　高等院校教育改革　制度　通知		

国家教委报告分析了毕业生分配制度上存在的问题及进行改革的意见。国务院通知要求各地区部门制订改革措施。北京市有关单位提出了实施意见。

(三)著录信息源

著录信息来源于被著录的档案。单份或一组文件著录时主要依据文头、文尾，一个或一组案卷著录时主要依据案卷封面、卷内文件目录、备考表等。被著录档案本身信息不足时，参考其他有关的档案资料。

(四)著录详简级次

著录详简级次，是指著录时对档案著录项目的取舍程度。著录格式中所列的项目，是从总的要求上提出的，并不是每份文件或每个案卷都要求全部著录所有项目，有些项目要求必须著录，这些项目称为必要项目。有些项目可根据实际情况取舍，可著录也可不著录，这些项目称为选择项目。

必要项目包括:正题名、第一责任者、时间、分类号、档号、缩微号、主题词(2012年7月1日起施行的《党政机关公文处理工作条例》取消了“主题词”这一要素，此项目内容可自拟或选择著录)。

选择项目包括:并列题名、副题名及说明题名文字、文件编号、载体类型标志、其他责任者、文本、密级、保管期限、载体形态、丛编、附注、提要、电子文档号、档案馆(室)代号。

档案著录详简级次分为详细级次和简要级次。简要级次是指在条目中仅著录必要项目。详细级次是指在条目中不仅著录必要项目，还部分或全部著录了选择项目。档案著录详简级次的选择使用，各机关档案室可根据情况自行选择。

三、认识档案标引

档案标引，就是对文件或案卷内容进行主题分析，从自然语言转换成规范化的检索语言的过程，即对内容分析结果赋予检索标志的过程。其中，给文件或案卷以分类号标志的过程称为分类标引；给文件或案卷以主题词标志的过程称为主题标引。

档案标引是档案著录最核心内容。只有通过标引，才能使档案的内容特征获得检索标志，才能组成各种各样的检索工具。

四、掌握档案标引步骤与方法

档案标引步骤主要包括主题分析和概念转换两个方面，即通过分析档案内容，明确档案的主要内容，然后用检索语言将其充分、准确、简明地表达出来。主题标引和分类标引都离不开这两个步骤。在主题分析方面，主题标引和分类标引的内容大体一致，只是根据标引方法的不同对主题的确认程度不同而已，但在概念转换方面二者有所不同。在标引之后应审校，以保证档案标引的质量。

(一)档案分类标引

1. 档案分类标引的方法

档案分类标引，是指给每份文件或每一个案卷一个分类号，作为排列条目组织档案分类目录和索引的依据。分类标引的方法是：

首先，熟悉分类表，了解分类表的编制目的、使用范围、分类原则、体系和结构，这是正确分类标引的首要步骤。

其次，准确地掌握需要分类标引的文件或案卷的内容，细致地进行主题分析。主题分析是通过对档案的内容特征进行分析，准确提炼和选定主题概念的过程。正确的主题分析是保证档案标引质量的重要因素。

再次，根据其内容归入最恰当的类。通过分析题名和浏览正文后确定主题，查阅分类表，找到确切相符的类目，标出分类号，最后审校。在标引之后，应审核，以保证档案标引的质量。

2. 主题分析与概念转换的基本步骤和做法

主题分析和概念转换是关键步骤，应予以高度重视。

主题分析的基本步骤：

第一，通过审核档案，了解和判断档案所反映的中心内容和其他主题因素，一般可通过文件或案卷的题名获得。当档案无题名或题名不能全面、正确地反映档案主题时应浏览全文，重点阅读全文的开头、结束语、段落标题，必要时阅读批语、摘要、简介、目次、图表、备考表等内容。

第二，通过审读档案，确定档案或案卷的主题类型和主题结构。档案的主题类型可以分为单主题和多主题。单主题是指一件(卷)档案只表达一个问题，如《关于工资问题的若干规定》，用“工资”一个单元词即可表达其主题。多主题又称复合主题，是指一件(卷)档案表达两个以上的问题，要用若干个单元词组配或直接采用复合词才可以表达，如《人民银行调整储蓄利率的公告》一文，需要用“储蓄”和“利率”两个单元词组配才能表达其主题。主题结构是指构成主题的因素。

【知识拓展】

主题因素的分类与识别

主题因素大体可分为以下五种：

(1)主体因素，是指反映文件或案卷中所述的主题中的关键性概念，作为对该文件或案卷的检索入口。例如，《北京市与××地区购销合同》一文中，"购销"为主体因素。

(2)通用因素，是指某些通用的词汇或概念，与主体因素相结合，可以加强主体的专指性。例如，《地质勘查资质分类分级标准》一文中，"标准"为通用因素。

(3)位置因素，是指文件或案卷所论述对象的空间和地理位置的概念，包括国家、地区、机构等方面的主题词。例如，《深圳档案局档案征集公告》一文中，"深圳档案局"为位置因素。

(4)时间因素，是指文件或案卷所论述对象存在的时间概念，包括朝代、年度等方面的主题词。例如，《南通职业大学 2008 年招聘启事》一文中，"2008 年"为时间因素。

(5)文件类型因素，是指文件类型和形式方面的概念。例如，《国务院关于机构设置的通知》一文中，"通知"为文件类型因素。

上述五种因素在一般意义上概括了文件或案卷主题的范畴和方面。但每一主题有所不同，有的主题包括了全部五种因素，有的主题仅包括其中的一种或几种因素。在标引过程中将主题划分为五种主题因素的主要目的在于确定标引的内容。在档案标引中，主体因素是最重要的，必须标出，时间因素一般也需要标出。例如，"××市教育局关于中小学生教育问题的指示"，"××市教育局"作为作者不予标出；"关于××市中小学生教育问题的调查报告"，"××市"作为论述对象应予以标出。通用因素和文件类型因素可酌情标引。

概念转换是指在确定了主题类型和主题结构的基础上，选定主题词或分类号的过程，也就是将主题概念转换成检索语言给出检索标志的过程。

分类标引概念转换的基本做法是：根据主题分析的结果，将正确的分类号赋予被标引文件。分类标引必须符合专指性的要求，应根据文件或案卷的内容给出最合适的分类号，既不能给予上位类号，也不能给予下位类号；当分类表上无恰当的分类号时，才能给予上位类号或与档案内容最密切相关的类号，必要时，也可以增设新类目；凡是一份文件或案卷涉及两个以上主题，可以标引一个以上的分类号，但这种标引应控制使用，一般标引不能超过三个分类号。赋予被标引文件分类号时，应遵循前后一贯性的原则。由于有些档案内容的性质是相同的，因此会产生一些相同的条目，这些条目都应归入一个类目中，赋予相同的分类号，自始至终保持一致。

3. 分类标引应遵循的基本规则

标引规则是在标引工作中运用标引语言的语法规范。制订标引规则的目的在于保证不同的标引人员遵守共同的方法标引，以保证标引工作的质量。为了保证档案分类标引的质量，《中国档案分类法》编辑委员会制订了《档案分类标引规则》(GB/T15418-2009)，这个规则适用于编制分类目录、索引以及建立档案目录中心和数据库的档案分类标引工作，其中也包括基本规则的内容。

档案分类标引必须以档案内容及其他特征为依据，对文件或案卷进行周密的主题分析，查明所论述的对象属于什么主题，有什么用途，不能单凭题名即赋予分类号。

分类标引必须依据档案检索专用的分类表及其使用规则，辨清类目的确切含义，不能脱离类目之间的联系和类目注释的限定，孤立地理解类目的含义。

分类标引必须符合专指性的要求，依据文件或案卷内容给出最合适的分类号。分类标引必须为充分发挥档案的作用创造条件，为此，应根据档案的具体内容和成分，在检索工作中提供必要数量的检索途径，确定适当的标引深度。

分类标引应保持一致性。各种文本、载体类型的同一主题档案所标引的分类号均应一致。对某些难以分类和因分类表无相应主题类目而赋予相近的类号时均应做好记录，以供审核时研究参考。

（二）档案主题标引

档案主题标引，就是通过对文件或案卷内容的主题分析，从主题词表中选择相应的主题词来标志其内容主题，存储在检索工具中，作为检索的依据。

1. 步骤

首先，审读文件，确定主题。在此基础上，确定主题类型与结构。

其次，对主题进行概念分析，选定主题词。在确定主题类型和结构后，从词表中选定相应的主题词标志文件或案卷主题。具体选择主题词时，应深入研究主题分析的全面性、概念分解的准确性，充分考虑利用者的检索需要，从主题词表中选择专指性强并能正确表达主题概念的主题词。

再次，给出主题标志。确定选用的主题词，并明确各主题词之间的关系，将主题词著录在条目上。

最后，审校。要审查对文件或案卷的主题分析是否正确，确定的主题概念是否恰当，选定的主题词是否确切表达了主题，著录有无错误，是否符合标引的组配规则。审校是主题标引工作中不可缺少的步骤，应由精通业务的人员担任。

2. 基本规则

主题标引应以档案论述的客观事物和研究对象为依据，客观地反映档案主题，不应掺杂标引人员的臆测和褒贬。

(1)标引档案的主题词必须是词表中的正式主题词，非正式主题词一般不能作为标引词使用。选词时，必须首先考虑选用最专指的主题词，不得以其上位词或下位词进行标引。当没有专指主题词时，则应选择最直接相关的几个主题词进行组配标引。

(2)如果组配标引仍无法达到要求时，可选用最邻近的上位词或下位词进行靠词标引。一般应依据词族索引选用最直接的上位概念主题词标引，不应使用越级上位主题词标引。另一种是用近义词进行靠词标引，应依据范畴索引选用与主题概念含义最相近的主题词标引。

(3)当上位主题词标引不合适时，可采用关键词标引。关键词标引又称为增词标引。关键词是主题词表以外的，未经规范化处理的自然语言。使用关键词一般要按照规定的手续作为后补主题词登录后方可使用，以后按照使用频率高低转入正式主题词。

(4)标引应以文件为单位进行，每份文件的标引深度，应根据文件主题的详略和重要程度而定，一般可标 3～8 个主题词，最少标引 1 个，最多不宜超过 10 个。手工检索系统应该控制词量，防止过度标引，以免造成系统负担过重，增大误检率。

3. 主题词组配标引规则

所谓组配，是指在标引时，用两个以上主题词的合理组合表示文件或案卷主题。组配是主题法灵活性的主要表现，它能用较少的主题词通过组配方式来表达档案的复杂主题。

常用的组配方法有概念限定组配、概念相交组配。前者使概念更专指，表达方式为：起修饰限定的放在后面，被限定的概念在前面，中间用"—"连接，如"污染—环境"。后者用以表示概念之间的交叉关系，方法是在两词之间加上"："，如"钢铁企业：联合企业"，表达钢铁联合企业的概念。

第三节 档案计算机检索

随着计算机技术的广泛应用，档案的检索工作也越来越多地利用和依赖计算机辅助。

一、计算机检索的特点

档案计算机检索在检索方法、检索性能上具有与手工检索不同的特点。表现为：

1. 检索方式自动化

计算机检索代替了手工检索繁琐的查找劳动，可根据操作人员的指令在数据库中自动搜寻所需档案，将搜寻到的档案输出。

2. 检索速度快

计算机检索比手工检索的速度大为提高，可以大大减少利用者的等待时间。特别是按专题批量查找档案时，其快速检索功能表现得更为显著。

3. 检索途径多元化

计算机检索系统具有一次输入、多次输出、多样化输出的功能。凡输入计算机的每一个检索项均可成为检索入口。计算机不仅可以按著录项目单项检索，还可以把若干项目结合起来检索，如把文件的责任者、主题词、时间三个项目结合起来检索，可以获得同时满足这些条件的文件。计算机不仅可以对著录项目检索，还可以录用光盘、缩微存储技术或计算机生成的电子文件进行全文检索。

4. 检索效率高

软件设计科学，数据录入完整时，计算机检索的查全率和查准率可大大高于手工检索。

5. 检索灵活方便

网络化的计算机应用系统可以为分散的、远距离的利用者提供快速的联机检索，实现档案的异地查询和档案信息资源的更大共享。

6. 系统依赖性

计算机检索必须有效地结合计算机及检索软件运用，若档案管理软件没有预设检索功能，计算机就不能有效检索。

二、了解计算机检索系统

档案计算机检索系统按它的功能和过程分成三个模块：输入模块、存储模块和检索模块。

1. 输入模块

输入模块包括文献的选择、标引、加工和输入等一系列的过程和设备。

(1)文献的选择和标引

计算机文献检索系统的基础是数据库，没有数据，计算机检索便成为无米之炊，数据的数量和质量对于计算机检索系统的性能具有直接影响。在档案检索系统构成中，工作量最大、最难以完成的是数据的采集和录入工作。

(2)文献的输入

键盘输入是目前普遍采用的一种输入方式，由操作人员按动计算机的键盘将内容输入计算机，主要优点是可以及时修改校对，缺点是需要花费大量的人力和时间。此外，还有利用光学字符识别装置输入和利用电子计算机缩微输入。

2. 存储模块

档案文献资料输入计算机，经过校对后，按照事先编好的程序再转存入外存储器，主要有磁带、磁盘(包括硬盘、软盘)和光盘等。数量众多的大容量的外存储器构成了档案系统的核心数据库，供检索服务利用。

3. 检索模块

这是查找利用者通过计算机搜寻所需要的档案资料的入口和平台。

三、掌握计算机检索策略

检索策略是人们检索的方案和计划。无论是手工检索还是计算机检索，都需要制定和实施一定的检索策略，不同的是在手工检索系统中，检索策略形成和记忆于检索者的脑海中，检索者会边检索边思考，并根据实际情况做出相应调整，这样检索策略就隐含于检索的过程之中，并不明确表现。而在计算机检索中，由于人的意识和检索系统的分离，对检索策略的制定必须预设于系统之中，检索策略的调整也独立于扫描匹配的过程，不能同时进行，这就要求事先制定明确的检索策略，并转化为计算机能理解的指令，这样才能保证检索过程的顺利进行，也是影响检索效果的重要因素。

编制检索策略包括选择检索途径和检索词以及确定检索词之间逻辑关系。检索策略的编制成果是检索表达式。检索表达式主要有逻辑表达式和加权表达式，其中最常用的是逻辑表达式。

逻辑表达式是英国数学家乔治·布尔发明的逻辑算符，它能对检索词的关系进行表达和限制，所以又称布尔逻辑表达式。主要有以下三种：

1. 逻辑“与”关系(AND)

表示两个之间的重合关系，即必须同时满足这两个检索条件，一般用符号“ * ”或“ · ”表示。例如，“女性 * 教师”表示检索有关女教师方面的档案。逻辑“与”关系是一种限定关系，这种关系用得越多，表示限定条件越严格。一般情况下使用逻辑“与”关系有利于提高查准率。

2. 逻辑“或”关系(OR)

表示两个词之间的任选关系，即满足其中之一的检索条件即可，一般用符号“+”表示。例如，“教师+医生”表示检索有关教师或医生方面的档案。逻辑“或”关系为检索提供了选择的可能，这种关系使用越多，表示选择的范围越大。一般情况下使用逻辑“或”关系有利于提高查全率。

3. 逻辑“非”关系(NOT)

表示否定关系，即检索目标包括这方面内容，一般用符号“—”表示。例如，“干部—共产党员”表示检索有关非党员干部的档案。逻辑“非”关系用排除法控制检索结果，有利于提高查准率。

用上述三种关系表达检索范围而形成的表达式称作检索表达式。在每一次检索过程中计算机根据表达式所规定的范围进行检索，科学地运用这三种关系编制检索策略可以有效地提高查全率和查准率。

【知识拓展】

检索效率

检索效率是指在检索过程中满足利用者需要的全面性和准确性程度，它是衡量检索系统性能以及每一个检索过程质量高低的最基本的指标。检索效率通常采用查全率和查准率两个指标衡量和表示。

查全率指满足利用者要求的全面程度，即检索出的有关档案与全部有关档案的百分比。与之相对应的是漏检率，即未检索出的有关档案与全部有关档案的百分比。其公式如下：

$$查全率=\frac{检索出的相关档案}{全部相关档案}\times 100\%$$

$$漏检率=\frac{未检索出的相关档案}{全部相关档案}\times 100\%$$

查准率是指满足利用者需求的准确程度，即检索出的有关档案与检索出的全部档案的百分比。与之相对应的是误检率，即检索出的不相关档案与检索出的全部档案的百分比。其公式如下：

$$查准率=\frac{检索出的相关档案}{检索出的全部档案}\times 100\%$$

$$误检率=\frac{检索出的不相关档案}{检索出的全部档案}\times 100\%$$

影响检索效率的因素较多，在诸多因素中，检索语言处于举足轻重的地位。这是因为，检索语言将文献主题和检索提问转换成规范的检索标志，从而可能实现标引用语和检索用语的准确匹配，保证高质量地完成检索过程。如果没有检索语言，则往往可能发生匹配误差，造成检索失误。所以，人们常把检索语言比喻为存储与检索之间的桥梁，检索语言的质量直接影响到检索效率。

【本章小结】

1. 档案检索包括档案信息存储和查找（检索）两个具体过程。档案检索工具是揭示和介绍档案馆（室）保存档案内容和成分，记录、报道、查找档案资料的手段，是开发档案信息资源的工具。它的基本功能是存储和查找。根据编制方式的不同，检索工具可分为目录、索引、指南。

2. 档案排检方法有分类法、按作者排检法、按文号排检法、按字序排检法、按地序排检法以及主题法等。

3. 档案著录是指档案馆（室）编制检索工具时对档案的内容和形式特征进行分析、选择和记录的过程。档案标引，则是对文件或案卷内容进行主题分析，从自然语言转换成规范化的检索语言的过程，即对内容分析结果赋予检索标志的过程。著录和标引都是档案检索的前提与基础。

4. 档案计算机检索具有检索方式自动化、检索速度快、途径多元化、检索效率高却又存在系统依赖性等特点。档案计算机检索系统依功能和过程一般分成输入、存储和检索三个模块。

5. 检索策略是人们检索的方案和计划。编制检索策略包括选择检索途径和检索词以及确定检索词之间逻辑关系。检索策略的编制成果是检索表达式。检索表达式主要有逻辑表达式和加权表达式,其中最常用的是逻辑表达式。

【练习题】

1. 你认为一般单位档案室必备的档案检索工具有哪些,它们有何功能?
2. 谈谈自己如何认识档案检索工作与档案整理工作有什么区别和联系?
3. 试分析计算机检索比传统手工检索的优势和不足。

【技能训练任务】

任务一

1. 训练目标

掌握档案著录的基本原则和方法,熟悉基本的档案著录项目和填写规则。

2. 训练内容

为了规范企业档案工作和贯彻《企业文件材料归档范围和档案保管期限规定》,某省属国有企业所在省份转发了国家档案局10号令(如下图),该单位收到此文办理完毕,并予以归档。请问:作为档案工作的重要依据,此文件应该如何著录,才能便于今后的查找和利用?

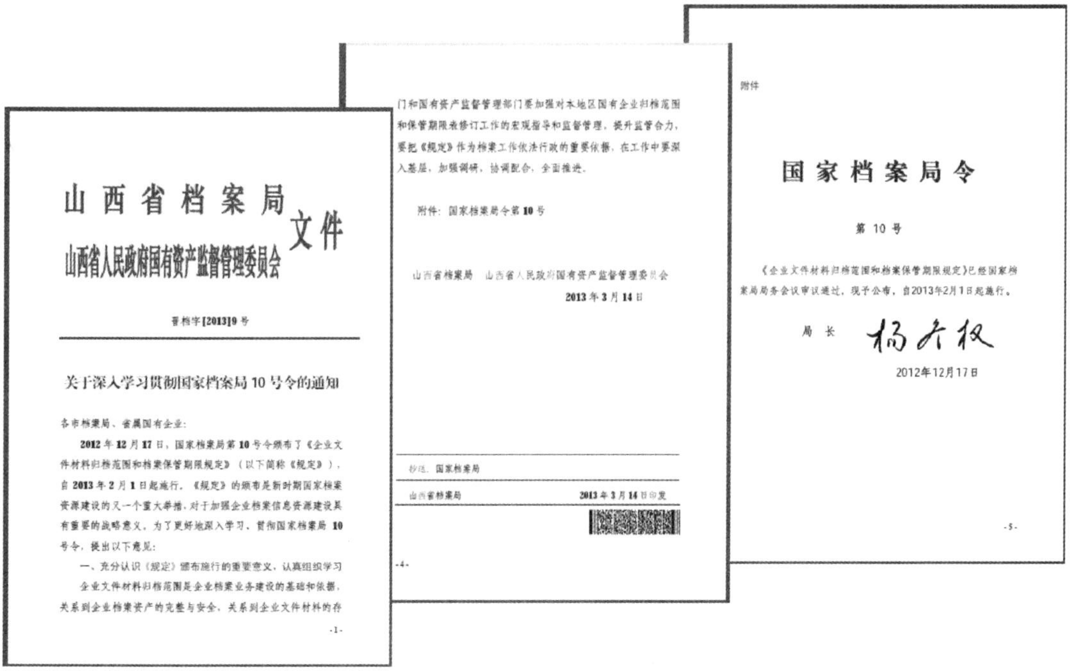

山西省档案局
山西省人民政府国有资产监督管理委员会
文件

晋档字[2013]9号

关于深入学习贯彻国家档案局10号令的通知

各市档案局、省属国有企业:

2012年12月17日,国家档案局第10号令颁布了《企业文件材料归档范围和档案保管期限规定》(以下简称《规定》),自2013年2月1日起施行。《规定》的颁布是新时期国家档案资源建设的又一个重大举措,对于加强企业档案信息资源建设具有重要的战略意义。为了更好地深入学习、贯彻国家档案局10号令,提出以下意见:

一、充分认识《规定》颁布施行的重要意义,认真组织学习

企业文件材料归档范围是企业档案业务建设的基础和依据,关系到企业档案资产的完整与安全,关系到企业文件材料的存

-1-

门和国有资产监督管理部门要加强对本地区国有企业归档范围和保管期限表修订工作的宏观指导和监督管理,提升监管合力,要把《规定》作为档案工作依法行政的重要依据,在工作中要深入基层,加强调研,协调配合,全面推进。

附件:国家档案局令第10号

山西省档案局 山西省人民政府国有资产监督管理委员会

2013年3月14日

抄送:国家档案局

山西省档案局 2013年3月14日印发

-4-

附件

国家档案局令

第10号

《企业文件材料归档范围和档案保管期限规定》已经国家档案局局务会议审议通过,现予公布,自2013年2月1日起施行。

局长 杨冬权

2012年12月17日

-5-

3. 训练要求

符合《档案著录规则》的基本要求，著录项目完整，著录内容清晰便于利用。

任务二

1. 训练目标

熟悉计算机检索的基本原理和方法，了解档案计算机检索系统的功能和过程。

2. 训练内容

(1)通过网络等方式，调研两款以上档案管理软件，它们在检索功能上的区别和联系。

(2)利用所学知识，在本地区档案信息网站检索涉及自己学校相关活动的文件。

3. 训练要求

要求能利用基本的检索策略，编制逻辑表达式，保证查全率和查准率。

第十章

档案利用与编研

学习目标

知识目标：

了解档案利用的形式与特点。

掌握档案利用服务工作的基本概念和常用方式。

熟悉档案并利用档案服务工作。

能力目标：

能够展开档案咨询工作。

能够编写单位的组织沿革和大事记。

能够结合主题进行档案展览的设计与布展工作。

【案例导读】

利用档案节省费用

2008 年 11 月 13 日，钻石时代商场的电梯出了故障，严重影响了商场的经营。该商场负责人找了多家电梯维修公司，因为没有电梯资料，致使维修事情被搁置下来。为了找到该栋楼的电梯资料，钻石时代商场员工陈望抱着试一试的心态，到市城建档案馆查找该栋楼有关电梯资料。根据陈望提供的线索，经调档人查询得知：钻石时代商场原房屋工程名称为江景综合楼，档案馆里保存有江景综合楼电梯质量保证项目资料。陈望拿着档案馆提供的资料，迅速地找到了维修单位，对电梯进行了维修，档案为电梯维修节约费用 2 万元。

资料来源：宜昌建设网，http://www.ycjs.gov.cn/article。

互动问题：

1. 什么是档案利用服务工作？

2. 档案在本案例的商场经营活动中发挥了哪些作用？

3. 档案在社会活动中还能起到哪些作用?

第一节　档案利用服务

一、档案的利用服务工作概述

(一)档案的利用服务的含义

档案利用就是以馆、室藏档案信息资源为基础,通过一定方式、方法直接提供档案为使用者服务的一项档案业务工作。档案利用的基本内容就是介绍或报道馆、室藏档案的内容和成分,通过各种方式、方法为档案利用者提供档案信息,为其提供咨询服务。

档案利用兼承着档案工作的内外关系,在档案工作中占有突出地位,是档案工作的中心任务,是实现档案工作为社会服务的直接手段。开展档案利用对档案工作的发展具有重大乃至决定性影响。

(二)档案利用服务的意义

档案利用服务的意义在于档案工作是最实际有效的宣传手段。档案部门正是通过档案的利用服务来及时获得外界对其工作成果的反馈;档案部门也要通过档案提供利用这一窗口捕捉外界的政治、经济、科学、文化等各种动向,以便不断地调整自己的结构和服务方向。因此,档案部门应积极开展档案利用工作,建立健全档案利用制度,根据档案的密级、内容和利用方式,规定不同的利用权限、范围和审批手续。

二、档案利用的方式

档案利用的方式有很多种,常见的方式有:档案查阅服务、档案外借服务、档案复制服务、制发档案证明服务、档案咨询服务。

1. 档案查阅服务

档案查阅服务是指档案馆(室)在单位内部开辟阅览室,向利用者提供档案原件的一种服务方式。因为档案是人们社会活动的直接历史记录,在份数上多为单份、孤本,而且有的档案内容往往具有一定的机密性,这就决定了档案提供利用主要采用在馆、室阅览档案的方式。在阅览室查阅档案有专门的设施,有专人监护和咨询,既便于档案的保护和保密,又能为利用者提供较好的阅览条件,同时提高档案的周转率和利用率,充分发挥档案的作用。

阅览室应配置供阅览的桌椅、明亮的灯光、公用的检索工具和参考资料等;配备专业人员管理和咨询;同时应制定档案保护和保密等阅览制度,作为服务人员和利用者共同遵守的行为规则;查阅档案应履行查阅手续,进行查阅登记。

图 10—1　档案阅览室

【范例阅读】

不可或缺的档案阅览室

在浙江永在化工集团公司的一次内部中层会议上，行政主管汇报了这样一个情况：由于近几年公司规模扩大，设备数量增多，业务与工作量也大增，前来查阅档案的员工很多。由于档案室地方狭小，不便查阅，在允许范围就让利用者把档案资料借走阅读，有的档案虽然很快还回来了，却发现有不少地方被折了页角，甚至还留下勾画的痕迹，影响了档案的整体利用。行政主管提出建立公司档案阅览室的建议。公司领导很重视这个问题，研究后决定将公司的第四会议室改造为档案资料阅览室，并添置了必要的设备，还要求档案室管理员专门制定了档案阅览阅览室制度，使档案室具备了提供档案现场阅览的条件，从而解决了档案原件利用中的问题。

资料来源：http://www.wzglw.com/dagl/255763.shtml。

互动问题：该公司的档案阅览室应该添置哪些设备？

2. 档案外借服务

档案一般是不借出档案馆(室)使用的，但在个别情况下，也可暂时借出馆(室)外使用，尤其是在机关内部，这种情况比档案馆(室)相对多些。但是，对于特别珍贵的档案文件，残破、脆化等易损常规文件、古稀文本，以及照片、影片、录音带、录像带等原件，不能借出馆(室)外。

档案外借使用要有严格的制度，需经本单位档案工作的负责人批准，要履行外借手续。借出时间不宜过长，借出数量应控制。借用单位应设置涉密档案的利用权限，对所借档案的安全和保密负完全责任。借出档案要保证按时完整地收回。收回时，要对案卷的数量和卷内文件情况进行细致的检查。

表 10—1 档案借阅登记表

借出日期	借出期限	借出单位	借出人签字及手机电话号码	借出档案项目						归还日期	
				全宗单位	保管期限	档案年度	案卷号	文件号	案卷标题或文件标题	日期	接收人签字

【资讯浏览】

电子档案阅览室实现原件调阅

2010 年 4 月 18 日广州市城市建设档案馆电子阅览室正式开放。电子阅览室的原件调阅功能正式开通，标志着电子档案阅览室档案查询功能的全面实现。

目前，电子档案阅览室不仅能够查询档案的各种基本信息，而且可以调阅电子化原件。用户查询时，不仅有精确查询、模糊查询，还允许其使用多条件组合查询，或者使用档案的任何一项信息为关键字进行查询。另外，用户还可以对查询结果进行再检索，给予用户以最大的自由度和便利。在对档案信息的查询过程中，当用户定位到某一档案时，可以调阅档案的电子化原件，即意味着不但可以给用户提供数字化的信息，同时还可以提供实体化的信息。此外，在线查询的页面采用 asp 技术和 B/S 模式，免除了在客户端安装数据库软件的同时保证了查询的速度。

资料来源：广州市城市建设档案馆，http://www.gzuda.gov.cn/news。

3. 档案复制服务

根据档案原件制发各种档案复制本提供利用，已成为档案馆（室）提供利用的一种越来越普遍的方式。档案复制本可根据利用单位的不同需要，分为副本和摘录两种：副本，是通过摄影、扫描和复印等方式整体“克隆”档案原件，反映档案原件的所有组成部分；摘录是通过手抄、打字、复印等方式，根据利用者的要求“克隆”档案的局部，所反映的是原件中的某个问题、段落或事实等。

制发档案复制本提供利用具有许多优点：一方面，利用者不到档案馆（室）即可获得所需要的档案材料，这既可方便用户，又可为广泛利用档案创造物质条件，并可在同一时间内满足较多利用者的需要，使档案更充分地发挥作用；另一方面，提供利用档案复制本，有利于档案的流转和档案原件的保护。

档案复制服务需要设置利用权限，对密级档案的复制服务需经档案部门负责人批准。制作完毕的档案复制本必须和档案原件仔细校对，并注明档案馆（室）名称，档案原件编号，必要时加盖公章，以示对复制件的负责。

4. 制发档案证明服务

档案证明是档案馆（室）根据机关、团体、企业、事业单位或者公民个人的询问和申请，为证实某种事实在本馆（室）保存的档案内有无记载或如何记载而摘抄的书面证明材料。这也是档案馆（室）为党政机关、社会各界和人民群众证实某个问题和事实的一种利用服务方式。

开具档案证明需注意以下事项：

(1)制发手续——需要用户申请。档案证明必须根据单位或个人的正式书面申请，经档案部门负责人批准，才能制发。申请人需陈述需要档案证明的合理理由。提交申请时，需面呈单位介绍信、本人身份证原件等证件。

(2)制发依据——制作档案证明的档案工作人员必须查阅档案原件，依据档案原件的内容来编写档案证明。

(3)制发方法——档案证明以引述或节录原文为主要方法，如果必须由档案工作人员根据档案内容综合或摘要叙述，则务必保证表述的准确性和真实性，不能擅自对档案材料进行解释说明。

(4)制发标志——加盖印章，档案证明的内容必须针对性强，不能超出申请证明的问题而列入其他材料。文字表达要字斟句酌，确切无误。档案证明写好后，需要认真校对，并加盖档案馆（室）公章才能发出，超过两页（含两页）的，应加盖骑缝章。

××市××区档案馆档案证明

〔2009〕1670 号

该证明附件出自本馆××市××区革命委员知青办公室 1965 年的档案，档案号为 007、019、305，该证明的附件共 1 页。

特此证明。

××市××区档案馆(公章)

××××年××月××日

【范例阅读】

一纸证明解决军烈属抚恤

2013 年农历新年的前一天，辰溪县龙头井街居民阳某满脸愁容，辗转来到辰溪县档案馆。据辰溪县档案馆工作人员了解，阳某属于军烈属的后代，20 世纪 60 年代，阳某的爷爷不慎将军烈属的证明遗失，多年来，他们一家一直未享受到军烈属的抚恤待遇，他来到县档案馆，就是为了查阅父亲阳芳德军烈士的证明书，以解决他们一家的军烈属抚恤问题。

为此，档案工作人员需要向阳某说明申请开具档案证明的手续。

资料来源：http://sdaj.hunan.gov.cn/daly/lyxg/201402/t20140228_1035256.html。

互动问题：

1. 用户需要履行什么手续才能开具证明？
2. 档案部门如何为用户制发档案证明？

5. 档案咨询服务

档案咨询是档案馆(室)以所藏档案为根据，通过个别解答问题的方式，向利用者提供档案、档案专业知识和档案检索途径，直接为利用者服务的一种提供利用方式。档案咨询的类型包括三类：

一是事实性咨询，是档案馆(室)解答关于特定事实或数据问题的过程；

二是知识性咨询，是档案馆(室)解答用户关于检索工具使用、名词术语、历史知识、档案馆(室)情况等方面问题的过程；

三是查询性咨询，是档案馆(室)根据用户的需要向其提供专题档案信息的过程。

表 10－2　　档案咨询登记表

序号	日期	部门	姓名	案卷或文件标题	利用目的	利用效果

对以上五种档案利用方式，档案工作人员要做利用效果反馈的记录，对利用活动及时跟踪和监督，不断扩大档案利用的范围。

表 10－3　　档案利用效果登记表式样

日期		单位		姓名		案卷或文件题名
利用目的						
利用效果						
备注						

三、开放档案的含义及意义

（一）开放档案的含义

开放档案，就是将一般可以公开的和保密期满的档案解除“封闭”，向社会开放，利用者只要履行一定的手续即可通过一定方式利用。《中华人民共和国档案法》规定：“县级以上各级档案馆的档案，应当自形成之日起满二十五年向社会开放。经济、教育、科技、文化等类档案，可以少于二十五年向社会开放；涉及国家安全或者重大利益以及其他到期不宜开放的档案，可以多于二十五年向社会开放。”根据规定，凡中华人民共和国公民和组织，持有介绍信或者工作证、身份证等合法证明，办理借阅、登记手续，均可利用开放档案，可以到档案馆阅览、摘录和复制档案。外国人或者外国组织利用我国已开放的档案，须经我国有关主管部门介绍以及其前往的档案馆的同意。

【范例阅读】

非法抄录拍摄档案给我们的启示

2003 年，一个历史专业的研究生在做毕业论文的过程中，到某省档案馆查阅了几个月的资料。他如饥似渴地翻阅着一摞摞很有价值的卷宗，还抄录了 10 余份新中国成立前有关中央统一战线方面的从未公开的档案材料，并用数码相机拍摄下来。不久，他向某家杂志社展示手中“宝贝”，杂志社编辑颇感兴趣，立即开辟专题公布了这个研究生以个人名义提出的“新发现”。事后，该省档案馆和省档案局经过调查核实，认定该研究生和该杂志社的上述行为属于未经许可擅自公布档案的违法行为，依据《中华人民共和国档案法》及《中华人民共和国档案法实施办法》的有关规定，分别对该研究生和该杂志社处以 800 元和 1 万元的罚款。

资料来源：http://www.wzglw.com/dagl/255763.shtml。

互动问题：

1. 这个案例对你有什么启发？请说明档案利用者应该如何遵守档案利用规定。

2. 请仔细阅读我国档案法和档案法实施办法，结合案例说说应该如何正确利用档案材料。

（二）开放档案的意义

1. 开放档案有利于“开发信息资源，服务现代化建设”，是加快我国政治民主化进程的一个重要步骤。

《中华人民共和国档案法》规定了开放档案，就意味着国家承担了向社会开放档案的义务，公民取得了查阅和利用档案的权利。公民依法利用开放的档案，这是广大人民群众能够享受宪法所赋予的政治民主权利的一种体现，是我国社会文明的一大进步，也是政治民主化的一种表现。

2. 开放档案是实现档案馆由封闭型、半封闭型向开放型战略转移的重大措施。

多年来由于种种原因，档案馆始终处于封闭、半封闭的状态，社会多数成员极少问津。档案一旦开放，扩大了利用档案的领域，为科学研究和各项工作的需要创造了条件。

3. 开放档案对档案馆工作的发展将产生巨大而深远的影响。

开放档案既是思想观念的革新，又是工作上的一次改革，使档案馆工作从过去侧重搞档案的收集、整理等基础工作逐步转移到重点开展对档案内容的研究和利用上来，使档案馆由过去一度单纯收藏档案的场所转变为传播知识、输出档案信息的基地。

4. 开放档案有利于弘扬社会主义核心价值观。

开发利用馆藏档案，可以通过开展专题展览、公益讲座、媒体宣传等活动，进行爱国主义、集体主义、中国特色社会主义教育，传承发展中华优秀传统文化，继承革命文化，发展社会主义先进文化，增强文化自信，从而弘扬社会主义核心价值观。

5. 开放档案对促进历史研究及维护历史真实面貌将发挥重大作用。

系统公布和出版档案史料、利用档案编写参考资料和编史修志，为广大利用者利用档案史料提供了方便条件，也促进了历史科学的研究，为祖国保存世代流传的档案史料、维护历史的真实面貌等都将做出积极的贡献。

【知识拓展】

爱国主义教育基地

爱国主义是中华民族的光荣传统，是推动中国社会前进的巨大力量，是各族人民共同的精神支柱，是社会主义精神文明建设主旋律的重要组成部分，同时也是中国培养四有新人的基本要求。爱国主义教育是提高全民族整体素质的基础性工程，是引导人们特别是广大青少年树立正确理想、信念、人生观、价值观，促进中华民族振兴的一项重要工作。

1994 年 8 月 23 日，中宣部颁布了《爱国主义教育实施纲要》（下称《纲要》）。《纲要》论述了进行爱国主义教育极为重要的意义，提出了教育的基本原则、主要内容、重点对象以及一系列具体措施。《纲要》拓宽了进行爱国主义教育的渠道，强调通过群众丰富多彩的实践活动取得教育成果，并着眼于建立长远的教育机制，体现了精神文明重在建设的方针。

1995 年 3 月，民政部确定了第一批（100 处）爱国主义教育基地。

（三）开放档案的要求与措施

1. 继续解放思想，正确认识和处理开放与保密的关系。

开放档案是一项新事物，人们对它有一个逐步认识、不断深化和不断提高的过程。为此，我们仍要继续解放思想，克服一切有碍于开放档案的思想阻力和障碍；特别是在开放与保密的关系上，要继续清除过去过分强调档案工作的机要性、不敢合理开放利用档案的思想影响。同时，开放档案也并非不受任何限制，只有有利于社会，无损于国家、民族、军事、外交、科技和公民等方面利益的档案，才能开放。

2. 建立和完善开放档案的规章制度。

要对以往不利于开放档案的规章制度加以修改、调整，制定新的开放档案的办法和健全的制度，研究与确定具体的开放和控制范围，审查和调整某些档案的密级，进行必要的解密，编出开放档案目录，建立档案工作人员服务规则、职业道德规范等。

3. 为开放档案提供便利条件。

各级各类档案馆应当通过其网站或者其他方式定期向社会公众公布开放档案的目录，不断创新开放档案的服务形式，提升服务功能，提高服务水平，简化手续，方便公众查阅开放档案。

【资讯浏览】

档案解密

各级国家档案馆保存的1991年1月1日以前形成的涉密档案，由档案馆负责进行解密工作。对形成时间将满30年的档案，原档案形成机关、单位，认为仍属于国家机密的应提前通知同级档案行政管理机关和国家档案馆，逾期未通知延期保密期限的，由各级国家档案馆按1991年国家档案局、国家保密局发布的《各级国家档案馆馆藏档案解密和划分控制使用范围的暂行规定》中的有关条款，确定是否解密和划控。1991年1月1日前形成的未进馆的涉密档案，其解密工作由档案形成机关、单位负责进行。馆藏的1991年1月1日形成的涉密档案，未接到保密期变更通知的，由保密期限届满之日起，即自行解密。

资料来源：刘萌，《文书与档案管理》，电子工业出版社2011年版。

4. 要积极扎实地做好基础工作，为开放档案创造条件。

要继续大力丰富馆藏，扩大收集范围，改善馆藏结构；加强整理工作，使馆藏档案更加条理化、系统化；搞好档案的日常保管工作；同时要大力加强档案的复制工作，以复制件代替原件提供利用；加强档案检索体系的建设，公开档案检索工具，便于利用者查寻档案。

5. 加强档案的编研工作，方便广大利用者。

加强档案编研工作，汇编各种档案史料，公布档案，编写各种档案参考资料，能使利用者不到档案馆就能获得自己所需要的档案信息，利用方便，节省时间，提高效率，同时也可减轻档案馆的压力，有利于提高档案利用服务的质量并保护档案原件，提高档案利用服务的社会效益和经济效益。

【范例阅读】

档案为落实政策提供依据

温州市政府发文对退离休老干部继续执行津贴政策，但必须有执行政策的依据，分管政工的同志找到处综合档案室，查阅了大量有价值的资料和凭证，档案为所有应该享受津贴的老干部提供了津贴补助政策的依据。老干部们不仅为享受到党的政策高兴，也为市处档案资料齐全、办事效率高而满意。

资料来源：http://www.wzglw.com/dagl/255763.shtml。

互动问题：该案例体现档案利用哪种价值？

【知识拓展】

××档案馆档案利用制度

一、根据《档案法》及有关法规,制定本制度。

二、本制度所称档案的利用,是指对档案的阅览、复制和摘录。

三、中华人民共和国公民组织,持有身份证、介绍信或工作证等合法证明,可以利用本馆已开放的档案。

四、外国人或者外国组织利用本馆已经开放的档案须经有关部门介绍并报经区委、区政府同意。

五、本馆未开放档案属于下列情况之一时可以提供利用:

(一)区属机关利用其职能任务范围内的档案,持档案形成单位的介绍信及本人工作证可以利用。

(二)公、检、法、司机关利用经办案件有关的档案,持档案形成单位的介绍信及本人工作证可以利用。

(三)寄存于本馆由本馆代管的档案,其所有权单位可以利用。

(四)经本馆负责人批准的其他特殊需利用档案的情况。

六、本馆提供利用档案,严格按照物价部门规定的标准收取费用。

七、本馆档案原则上不外借,确因特殊情况需借出馆使用,必须经本馆负责人批准。

八、利用档案,要维护档案的完整安全,严禁任何形式的损毁档案现象。

九、利用档案,要严格遵守《保密法》之规定,严禁任何形式的失泄密现象。

十、利用档案必须严格利用手续。

十一、利用档案需复制,必须由本馆复制。

资料来源:昆明五华,http://www.kmwh.gov.cn/CMS/Content.gen? Id=14302。

第二节 档案编研

档案编研工作就是档案部门以馆藏档案为主要对象,以满足社会利用需要为主要目的,在研究的基础上编辑史料、编写参考资料、参加编史修志、撰写专门著作、举办档案展览、拍摄专题片的工作。

一、档案编研工作的种类

随着社会的发展,档案利用的形式不断有所创新,目前最常见的档案编研工作的种类有六种。

(一)编辑历史档案史料和现行文件汇编

编辑档案史料和现行文件汇编也是"档案文献编纂",按照一定作者、专题、时间或文中等特征,将档案史料、现行文件汇编成册,在一定范围内使用或公开出版,属于一次性文献。例如,《中华人民共和国政策法令选编》为重要文件汇编;《日本掠夺华北劳工档案史料集》为专题性档案史料汇编;《中国加入世界贸易组织法律文件》为现行性文件汇编等。

1. 发文汇集

发文汇集是将本单位的全部发文按文号次序排列而汇集成册的一种一次加工档案编研成果。全部文件是指某一特定时限内的全部文件，一般是以年度为时限，将本单位一个年度内的全部发文(一般是原始文件的重份文件)编成一套汇集(要求在收集时，单位的所有发文应保存两份)。

发文汇集的特点是材料集中，时间针对性强。它最主要的作用是依据作用，直接查阅利用发文汇集可以代替查阅档案原件。这一点是其他档案编研成果所无法代替的。

对于发文比较少的单位，可以一年编一本发文汇集。对于发文比较多的单位，可以一年编几本。假如有必要编几本的，可以按发文时间划分或发文字号的不同划分。

2. 专题汇编

专题汇编是将集中反映同一问题的一组文件汇集而成的一种一次加工档案编研成果。

专题汇编的编制方法、编制要求、格式和作用等也同发文汇集一样。它与发文汇集的区别就在于它不是以年度单位，而是以文件所反映的问题为单位，将涉及相同问题的有关文件汇集在一起。如有的单位编制的《安全生产操作规程汇编》就是一个专题汇编。专题汇编的另一个特点是形式多样，可以根据不同的专题、不同的表达形式，编制形式多样的专题汇编，满足各方面的需要。其他如《人员任免汇编》《荣誉汇编》《标准汇编》《质量管理文件汇编》等。

3. 图样汇编

图样汇编是按专业将各种有关的图样汇集成册的一种一次加工档案编研成果。人们在进行图样设计时通过利用图样汇编，可以受到启发，甚至可以套用其中的材料，提高设计工作效率。

一般单位都是通过复制技术图样的办法编制图样汇编的。图样汇编可以是综合性的，也可以是专题性的。如《工艺设备图集》《主要零部件图汇集》《民间住宅户型标准设计图册》《大型电机通用件汇编》。

4. 文集

文集是将特定作者的作品、科研论文汇编成册的一种一次加工档案编研成果。文集既可是一个作者的作品、科研论文单独编制而成，也可是几个作者的作品、论文合在一起编制而成。如《应用现代化管理方法论文选编》《报刊选编》《领导讲话汇集》。

(二)编辑档案文摘汇编

档案文摘汇编是档案馆(室)根据一定的专题对档案原始文摘进行汇总编辑形成的编研成果。档案文摘是对档案原文的缩写，即以简练的文字概要地揭示档案文件的主要内容，不加任何评论与补充解释，是档案的二次文献形式。如：学术论文文摘汇编，科技成果文摘汇编，专业档案文摘汇编等。其特点为：信息量大，针对性强，更新及时。

(三)编写档案参考资料

编写档案参考资料是档案馆(室)根据一定的选题，根据档案内容加工编写而成的一种可供人们参考的档案材料加工品。如大事记、组织沿革、专题概要、统计数字汇集等。档案参考资料的编写是依据档案原件，但其表现形式已经改变了档案原件的面貌，属于三次性文献。其特点表现为：问题集中、内容系统、概括性强，介乎于档案文献与学术论著之间，内容具有参考作用，但不指明内容出处。

(四)编史修志

编史修志是档案馆(室)以馆藏档案为基础，参加历史研究、编修史书、撰写文章或著作、探索历史发展规律的工作。它可以将档案部门与社会的研究力量结合起来，共同开发出更高层次的档案知识产品。

（五）举办档案展览

档案展览亦称档案陈列，是档案部门为配合某项工作的需要，按照一定的主题，对一定数量的相关档案文献或藏品，进行有目的地收集、挑选、制作、编排、布置、陈列，系统地揭示与介绍其内容和成分，形象地、艺术地展现在一定的场所，在一定时间内供人参观、学习、利用、欣赏的专门活动。

（六）拍摄专题片

拍摄专题片属于影视类的编研产品。编研主体怀有明确的目的，围绕一定的主题，对相关的档案材料进行选择、编辑、拍摄、制作、剪辑、分析、评论，是以影视载体呈现的、具有文献价值的影片。比之其他编研手段，专题片具有真实、直观、动感、再现历史、震撼人心的优势。

【资讯浏览】

国家档案局发布视频《南京大屠杀档案选萃》

《文献电视片〈南京大屠杀档案〉》梳理了反映南京大屠杀的珍贵档案，包括当时南京市民记录下的日军暴行，作为加害者的日本军人自己拍摄的照片，外籍第三方人士记述的日军罪行，远东国际军事法庭、南京军事法庭的审判记录等。

国家档案局副局长李明华介绍说，《南京大屠杀档案选萃》是国家档案局将中央档案馆、中国第二历史档案馆、辽宁省档案馆、吉林省档案馆、上海市档案馆、南京市档案馆和侵华日军南京大屠杀遇难同胞纪念馆收藏的南京大屠杀档案选择部分制作而成。

作为《南京大屠杀档案选萃》的开篇，《文献电视片〈南京大屠杀档案〉》指出，南京大屠杀相关档案为我们牢记这段历史，留下了如山的铁证，对于揭露日军反人类、反人道的大屠杀暴行，制止并永久反对灭绝人性的残暴行径，具有重要的价值。利用这些档案，可以让人们痛恨残杀，反对战争，使像南京大屠杀这样的人类悲剧不再重演。

资料来源：澎湃新闻 新华社 国家档案局，2014－12－08，https://cul.qq.com/a/20141208/015151.htm。

二、档案编研工作的原则

1. 存真性原则

存真性原则是指档案编研工作要保证编研材料的真实性和可靠性。维护历史的真实面貌，是档案工作的共性要求。在编研工作中坚持存真性原则，最根本的就是要坚持实事求是的科学态度。在任何情况下都不准以任何借口歪曲更改档案原文，同时，编辑过程中，每一细节都要有根有据，避免任何主观随意性。

2. 实用性原则

实用性原则是指档案编研成品必须适合社会各方面工作的客观需要。从编研课题的选定、选材范围与标准、编研材料的加工方式、印制数量、发放、交流范围等，都应当在了解实际需求的基础上进行，切合实际需要，注重实用性。

3. 可行性原则

可行性原则是指档案编研工作必须在依托档案馆(室)藏的实际状况和必须遵守相关法规的前提下进行。任何编研课题的选定,除了根据实际需要外,只有在馆(室)藏档案内容所覆盖的范围内才是可行的。此外,即使是馆(室)藏内容许可,由于受到档案法规制度的限制,凡属不符合开放利用规定范围内的档案,都不可选用。

三、几种常见档案参考资料的种类及编写

档案参考资料是档案编研工作的主要内容,档案参考资料的种类主要有全宗介绍、大事记、组织沿革、基础数字汇编、专题概要(含会议情况简介)等。下面介绍档案室编研工作常见的几种参考资料的编写要点。

(一)大事记

大事记是党政机关、企事业单位、社会团体记载自己重要工作活动或自己辖区所发生的重大事件的一种应用文体。作为一种公务文书,大事记忠实地记载着一个地区、一个部门的重要工作活动和重大事件,因此,它首先可以为本地区、本部门的工作总结、工作检查、工作汇报、工作统计和上级机关掌握面上情况提供系统的、轮廓性的材料。其次,大事记具有史料价值,可以起到录以备查的作用。

1. 大事记的种类

(1)从范围和性质上,可分为机关大事记、国家或地区大事记、专题大事记、个人生平大事记(亦称个人生平年谱)等。

(2)从内容上,可分为综合性大事记与专题性大事记。

(3)从编写形式(即体例)上,可分为“以时系事”的大事记、“以事系时”的大事记和“时事结合”的大事记。

此外,从体裁(即表现形式)上可分为条目式大事记、表格式大事记;从名称上可分为大事记述、大事年表、大事年谱、大事月表、大事日志等。

2. 大事记的内容结构

大事记的格式单一、固定,由标题和主体两部分组成。此外,还可以根据大事记的编写目的、对象、篇幅大小、年限长短等因素,设置前言(或编辑说明)、目录、材料出处和注释等。

标题由制文单位、事由和文种构成,如《中国医学大事记》;由制文单位和文种构成,如《××人民政府大事记》;由事由和文种构成,如《解放以后中国科技发展大事记》;由制文单位、时间和文种构成,如《××市人民政府八月份大事记》等。

大事记主体主要由大事时间和大事记述两部分组成。

(1)大事时间一般要求记载准确的日期。不用或少用“最近”“近日”“月初”“上旬”等不确定的日期来记述,而且对每件大事均须写明某年、某月、某日,然后再按大事发生的时间顺序的先后排列。对某些大事时间的记述,甚至还要写明确切的时、分、秒。对某些历史事件除了写明公元年号外,同时还须标明朝代年号。

(2)大事记述。通过对许多重大历史事件的记述,反映历史发展的概貌及其规律性。在大事记中应选用确属重大事件的材料,避免事无巨细地罗列材料。因此,在记述大事时,应注意如下几个问题:

①一条一事。大事记述要求一条一事,不能将若干事件放在一个条目中综述。即使在同一时期内有许多事件需要记载,也应该各立条目,或在该日期之下分段记述,以保证条目清晰,便于阅读。

②观点正确,用材真实。在分析人、物、事时,必须坚持实事求是,取舍合理,详略得当,褒贬公允,如实地反映事物的本来面貌。用材力求真实可靠、有根有据,对每件材料的形成时间、地点以及内容的正确性都要认真加以鉴别。如关于重大会议的叙述应明确具体的时间、地点及参加会议的重要任务,并对会议内容进行客观精练的概括,词语表达上不应带有个人的感情色彩。

③大事突出,要事不漏,小事不要。大事是指事件涉及的范围广、影响大,不仅在当时属重大事件,而且事后影响久远的事情和事件。要事是指在一定的范围、一定的时间有较大影响,事后仍有一定参考意义。小事是指那些局部性的、只有一般意义的事情和活动。编写大事记时,应坚持大事突出、要事不漏的原则,记载要事是对大事的补充、衬托,使大事记内容完整、充实。如在编写一个学校的大事记时,对于省级以上获奖情况较多时,那些市级及以下的奖项就不必罗列。

【资讯浏览】

××大学大事记

2005年

1月4日,学校召开第六届校学位委员会第二次会议。

1月5日,学校举行2004年下半年度学位授予仪式。共授予×××等128人博士学位……

1月5日,学校举行首届"MPA/MPA大家庭暨2004届毕业庆典",××省委常委、常务副省长×××出席庆典并致词。

1月20日,××市政府副市长×××一行7人来我校访问。

……

资料来源:张虹、姬瑞环,《档案管理基础》,中国人民大学出版社2008年版。

3. 大事记的选材

(1)属大事、要事的记录范围

①人事变动事。包括该地区和本机关批准的主要领导人的任免、调动;本机关所属干部的重要奖励、处分、离休、退休和逝世等事。

②组织变动事。包括该地区和本机关批准的机构的成立、撤销、合并;本机关及所属下级名称的更改、职权范围的调整、内部组织机构的变更、办公地址的迁移,人员编制增减等事。

③其他事。包括该地区、本机关之外发生的重大事件在该地区、本机关发生的影响,以及该地区、本机关发生的重大社会动态、事故;气象的重大变化,以及遭受严重的自然灾害与善后处理等事。

(2)属日常重要工作或活动的记录范围

①上级对本级重要领导工作活动。包括上级对本级的工作活动重要的书面或电话指示、指导;领导人亲临视察、检查以及提出的主要意见;上级发来的重要文件以及文件的主要精神是什么等。

②本级重要领导工作活动。包括对上级重要指示、指导、意见、精神的贯彻情况;本级机

关发出的重要文件;重要决策和决议事项;本级领导人对机关部门或下属单位所做的重要批示、指示;该地区、本机关的重要会议:本级机关主要负责人参加的重大活动,重要的外事活动和出访等。

③其他工作和活动。包括本级机关的主要工作和主要工作成就,例如在工农业生产方面、城市建设方面、财政贸易方面、文教卫生方面取得的重大成绩,以及科学技术的重大发明创造等;本级机关在工作活动中发生的重大失误以及上级的批评和本级对失误所采取的措施、办法等。

【资讯浏览】

雅虎大事记

2007 年 9 月 7 日中国雅虎正式推出了有史以来第一款“终生邮箱”。这个邮箱容量无限,采用@yahoo. cn 的全新域名,并于 10 日凌晨向全体网民开放 ID 的抢注。

2007 年 6 月 5 日在中国雅虎推出全球首个实现了“一页到位”全新体验的搜索平台 OmniSearch,开始向着智能化的搜索领域前进。

2007 年 5 月 15 日雅虎中国宣布,从即日起正式更名为中国雅虎。同时,中国雅虎全新的业务体系也调整完毕,形成了“三驾马车”式的事业部制架构。

2006 年 11 月 28 日原阿里巴巴集团参谋部资深副总裁曾鸣正式出任雅虎中国总裁,同时兼任阿里巴巴集团执行副总裁。

2006 年 9 月 28 日阿里巴巴雅虎举办“2006 雅虎搜索创意盛典三导广告片首映礼”,三位国内著名导演——陈凯歌、冯小刚、张纪中——拍摄的三支“雅虎搜索广告片”举行了全球首映。

2006 年 9 月 19 日阿里巴巴雅虎宣布在雅虎搜索(www. yahoo. cn)启动为期一个月的搜索质量大检——雅虎“搜虫”行动(fun. yahoo. cn),旨在借助全国 1. 23 亿互联网用户的智慧进一步提升搜索质量。

2006 年 8 月 15 日雅虎搜索新产品正式推出,新产品包括两方面:一方面雅虎首页(www. yahoo. com. cn)围绕社区化搜索进行调整,另一方面雅虎专业的搜索引擎独立域名 www. yahoo. cn 正式启用,满足个人化搜索的需求。

2006 年 7 月 13 日雅虎和微软开始在包括中国市场的全球局部范围内,进行双方即时通信工具之间互联互通的公开测试。双方将共同打造全球最大的个人用户即时通信社区,其用户数超过 3. 5 亿。

2006 年 5 月 18 日阿里巴巴雅虎推出全球首个专门针对世界杯的垂直搜索项目雅虎世界杯搜索(http://fifaworldcup. cn. yahoo. com),据悉这是搜索技术首次引入体育领域。

2006 年 5 月 9 日阿里巴巴雅虎推出 3. 5G 大容量邮箱,同时用户还可获得 20M 超大附件服务。

2006 年 1 月 16 日阿里巴巴雅虎推出其知识搜索产品——“知识堂”(ks. yahoo. com. cn)——公测版。

2006 年 1 月 4 日阿里巴巴雅虎宣布,启动“2006 雅虎搜索创意盛典”,投资 3000 万之之人民币,盛邀陈凯歌、冯小刚、张纪中三大国内著名导演围绕“雅虎搜索”的主题,各自创作一支时长不短于2分钟的视频广告短片。

2005年11月阿里巴巴宣布未来阿里巴巴雅虎的业务重点全面转向搜索领域。

2005年8月阿里巴巴和雅虎全球达成战略合作，全资收购雅虎中国，并更名为阿里巴巴雅虎。

2004年11月Yahoo&3721发布搜索竞价产品线，雅虎中国成为中国最大、最综合的搜索营销服务提供商。

2004年7月雅虎中国率先推出1G电子邮箱，开创中国电子邮箱G时代。

2003年11月雅虎中国出资1.2亿美金全资收购提供中文上网服务领导公司3721公司(www.3721.com)，该公司占据中文上网服务市场90%以上市场份额。

1999年9月雅虎网正式开通。

资料来源：http://tech.sina.com.cn/i/2011－09－07/10046034388.shtml。

(二)组织沿革的编写

组织沿革是系统地记载一个机关、地区或专业系统的体制、组织机构和人员编制变革情况的档案参考资料。组织沿革主要包括如下内容：地区、专业系统或机关的历史概况、行政区划、建制变更情况；机关成立、合并、撤销的时间、原因，机关名称的变更，办公地点的迁移；机关的性质、任务、职权范围、隶属关系以及领导人的任免情况；机关内部组织机构的设置及变化情况，职权范围，机构负责人的姓名、任职情况；机关及内部组织机构的人员编制的扩大或缩小情况。

1. 组织沿革的种类

(1)记载一个单位的工作、生产发展及其体制、内部组织机构和人员编制的演变情况。

(2)记载一定地区内所属的党、政机关和群众团体等各种组织的设置及其变化或行政区划演变情况。

(3)记载某一专业系统所属组织机构的设置及其变化情况。

2. 组织沿革的体例

(1)编年法。编年法是按年代顺序逐年编列出某一机关或地区或专业系统的内部组织机构设置及其负责人情况的方法。比较适用于组织机构常有变化的机关或地区或专业系统的组织沿革的编写。

【资讯浏览】

××现代服饰有限公司组织沿革

1988年

10月22日，经××市工商管理局批准，××现代服饰有限公司正式成立，为股份有限责任公司。公司地址在××市××区××街××号。

公司领导：

总经理：×××

副总经理：×××

员工人数：26人

机构设置：办公室、销售处、设计处、采购处、生产技术处、财务处……

2008 年

10 月 20 日，公司迁址到××市××工业开发区××大厦。

公司领导：

总经理：×××

副总经理：×××

员工人数：120 人

机构设置：行政部、市场部、设计部、采购部、生产技术部、人事部、财务部

……

资料来源：张虹、姬瑞环，《档案管理基础》，中国人民大学出版社 2008 年版。

(2)系列法。系列法是以组织机构为主线，对每一组织机构及其主要负责人沿袭变化的始末进行系列编写的方法，比较适用于组织机构相对稳定、变化不大的机关组织沿革的编写。

(3)阶段法。阶段法是根据机关或地区或专业系统发展历史上的重大变化，自然地分为若干阶段，然后在每一个阶段内划分为若干系列进行编写的方法。

【资讯浏览】

××市档案学会组织沿革

第一届理事会(1981—1985 年)

××市档案学会(简称学会，下同)筹备委员会(简称筹委会，下同)于 1981 年 2 月成立，×××任筹委会主任。5 月 3 日，学会筹委会加入××市社会科学联合会(后改成××市社会科学学会联合会、××市社会科学界联合会)筹备委员会，为其团体会员。10 月 8 日，中共××市委办公厅印发×办通〔1981〕31 号文件，批准建立××市档案学会。

10 月 23 日，学会召开成立大会。会议通过了《××市档案学会章程》，选举产生由 26 名理事组成的第一届理事会。

……

第二届理事会(1985—1995 年)

1985 年 4 月 16 日，学会召开第二次会员代表大会，81 名代表、55 名列席代表出席会议。会议通过了重新修订的《××市档案学会章程》，选举产生由 35 名理事组成的第二届理事会。

4 月 17 日，学会召开第二届理事会第一次会议，选举……

第三届理事会(1995—2000 年)

1995 年 3 月 16 日，学会召开第三次会员代表大会……

资料来源：张虹、姬瑞环，《档案管理基础》，中国人民大学出版社 2008 年版。

3. 组织沿革的形式

组织沿革的形式有以下几种：文字叙述的形式、图表的形式和文图并用的形式。通常对历史沿革、主要职能和任务部分多用文字叙述，对机构、人员变化情况则多用图表。这样文

图并茂，既能减少篇幅，又条理清楚、便于查找。

（三）基础数字汇编

基础数字汇编就是反映一定机关、企业、地区、系统或某一方面基本情况的一种数字材料。由于这种材料简单明了，形式灵活，因而是了解情况、研究问题、制订计划、指导工作和总结经验不可缺少的依据和参考。

基础数字汇编按其内容可分为综合性和专题性两种。综合性的基础数字汇编是记载和反映一个机关、企业、地区、系统全面情况的数字汇集，其包容性强，篇幅较大。如《××县基础数字汇编》应包括该县土地面积、资源分布、人口、工农业产值、产值、利润、文化教育设施等多方面的数字情况。专题性的基础数字汇编则是记载一个机关、企业、地区或系统某方面基本情况的，如××市医药卫生基础数字汇编。

编写基础数字汇编，最重要的是统计数据必须准确可靠。对统计报表，调查的数字要认真核对，征询业务部门的意见，请他们参加核实，最好使用统计部门的材料。因此，编写基础数字汇编，可以由档案部门编，也可以与统计部门、有关业务部门合编，以保证各种数字的完整、准确，提高汇编的质量。

（四）专题概要

1. 专题概要含义

专题概要是以文字叙述的形式简要地记述和反映某一方面的工作、生产或其他社会现象、自然现象的产生、发展、变化情况的档案参考资料。它的一般称呼和具体名称很多，如“××市历年工业发展基本情况”“××省历届政协会简介”等。

专题概要用途很广，它既可为机关领导和有关人员系统、扼要地提供某一方面的工作、生产和其他方面的历史材料，又能为编写地方志、历史研究和科学研究等提供具有参考价值的素材。专题概要的种类主要有会议简介，产品、工程设备、科研项目简介，地区（机关）综合情况简介，专门问题简介等。

2. 会议简介的编写方法

会议基本情况简介（又称会议简介）是专题概要的常用形式之一。它是利用会议文件简要叙述会议过程、反映出每一次会议基本情况的档案参考资料。

(1)会议简介编制以会议基本情况（也称会议简介）为基础，是利用会议文件简要叙述会议全过程，反映出每一次会议基本情况的参考资料，是专题概要常用形式之一。

(2)会议简介的内容主要包括会议的届次、召开的时间、地点、主持人、参加人（代表分配名额和列席范围），会议议程和开法、讨论与决议事项，以及选举结果等。

(3)编制按时间或届次的先后，将每次会议的内容、议题、决议事项等依次编排列述。既可一年一编，也可随时积累，逐渐形成。

【知识拓展】

序言的作用

序言（或前言、导言、说明、编辑说明、编者的话等）用来说明编写档案参考资料的目的和用途、档案参考资料的材料来源和可靠程度、选择材料的原则和编写结构以及在编写过程中遇到的需交代和说明的问题等，以帮助读者顺利、正确地利用参考资料。

资料来源：刘萌，《文书与档案管理》，电子工业出版社 2011 年版。

四、举办档案展览

档案展览是根据某种需要，按照一定的主题，系统陈列档案材料，展示和介绍有关档案的内容和成分的一种提供利用方式。

1. 档案展览的特点和作用

档案展览本身就是提供档案信息的现场，利用者可以从中得到较为集中和系统的材料，甚至发现难以找到的珍贵材料和线索；能在一定范围内组织较多观众参观，服务面比较广；经过选择和组织展出的典型材料，能以档案的原始性、真实性和形象鲜明见长，起到主动、深刻的宣传教育作用。

2. 档案展览的类型

档案展览按照时间标准可以划分为长期陈列和临时展览两个大类。

(1)长期陈列。长期陈列又称主题展览，它是档案馆以自有的专门展览场地，选择馆藏档案文献资料中的精品，在较长时期内面向公众开放的展览。展览展出后，其主题、内容和结构一般不再做大的调整。长期陈列展的主题主要围绕国家、地区或城市经济、社会、文化、科技等各个方面的综合发展历史，以此向社会开展宣传教育活动。

长期陈列的主要特点是：第一，展览是馆藏精品与展馆建筑、艺术造型、多媒体技术相结合的综合体，具有档案文献本身的历史凝重感和现代艺术的感染力、影像技术的视觉冲击力；第二，在展出过程中可能会根据馆藏的进一步挖掘以及展出效果等实际情况调整部分展品；第三，展览是长时期内向公众开放的，其宣传效果具有长期的累加效应，因此作为档案馆要加强展览的长期宣传工作，以产生更强的社会效应，向更广泛的社会各界服务。

(2)临时展览。临时展览是长期陈列的拓展、变化形式，又称专题展览，是指档案部门根据党和国家，以及地区、系统的中心工作需要，结合社会需求利用重大纪念日配合重大活动按照一定的专题举办的短期展览。

临时专题展览的主要特点是：第一，展览结合档案藏品，选择能够直观生动反映党和国家以及地区、系统的中心工作，配合工作需要，或者反映社会关注的重点、热点问题的档案图片资料；第二，展出规模可大可小，展出场地可机动调整，展览形式可灵活多样；第三，临时展览时效性相对较强，对展出期限有一定的要求，在特定的时间段内推出，展览才具有针对性，否则展览作用大减。

3. 档案展览的形式

(1)固定展览。即传统的实地展览，一般在档案馆内举办。

(2)网上展览。网上档案展览以其形式独特、受众多、影响广泛、随时方便人们网上浏览等特点深受群众欢迎。与传统形式上的档案展览相比，网上展览可以节省大量的人力、物力、财力，同时观看也不受时间限制。

(3)巡回展览。巡回展览特别方便于生活在中心城区以外的观众，也适用于在公园、闹市区等人流量较大的场所，同时适用于与展览有直接关联的工厂、社区、学校以进行专题教育活动。

4. 档案展览的组织工作

举办档案展览是一项政治性、思想性较强的极其严肃的工作，又是一项具有科学性、艺术性的工作，必须认真细致地予以精心组织。首先，应明确举办档案展览的目的，拟定展出档案的内容和范围，并报请有关领导批准；其次，围绕档案展览的主题，精心查找和挑选展出档案材料；再次，进行细致的档案展出设计，对展出档案材料按专题、时间等进行分类排列，编写前言、各部分的标题、提要和介绍等；最后，做好档案展出的保护和保密工作。

【范例阅读】

寻找半世纪前成都国庆影像人物

2005 年 10 月成都市档案局(馆)成功举办了“影像记忆——国庆那一天”的大型档案展览，该次展览主要展出成都市档案局(馆)保存的 20 世纪 50 年代以来国庆期间数以万计的各行各业的成都市民都会在人民广场(现天府广场)前进行游行庆典时的珍贵照片，从中选出部分典型照片，为游行照片中的人物提供绝版照片影印件，并在 10 月 1 日当天邀请参与此次活动的读者“故地重游”，重回到天府广场合影留念。此外，《成都日报》和成都市档案馆网站也提供展览的图片。

资料来源：http://www.wzglw.com/dagl/255763.shtml。

互动问题：这次档案展览取得成功的原因是什么？

【小技巧】

网上档案展览

随着网络的发展，越来越多的档案馆将档案展览“搬”到网上，开辟“网上展厅”栏目。随着鼠标轻点、页面变化，市民就可以轻松地参观展览了。

【本章小结】

1. 我国档案提供利用的主要形式是向利用者提供档案原件、档案复制件和档案信息加工成品。提供利用的方式有档案查阅服务、档案外借服务、档案复制服务、制发档案证明服务、档案咨询服务。

2. 档案编研工作是档案信息开发的一种重要方式，常见的档案编研工作是：编辑史料、编写参考资料、参加编史修志、撰写专门著作、举办档案展览、拍摄专题片。

【练习题】

1. 档案利用的方式有哪些？
2. 制发档案证明的要求有哪些？
3. 说明档案咨询工作的程序。
4. 编写大事记的目的方法和要求有哪些？
5. 组织沿革的选材和编写要求有哪些？

【技能训练任务】

任务一 档案阅览室设置方案

1. 训练目标

通过档案阅览室设置方案的设计训练，帮助学生进一步掌握档案室阅览室设置的基本要求，提高学生对档案利用服务工作的认识。

2. 训练内容

某公司由小型企业发展到中型企业，领导也开始重视档案工作的建设，经研究决定建设一个档案阅览室，以方便公司相关人员对档案的利用，公司把这个任务交给了档案管理员小张。假如你是小张，在设计档案阅览室设置方案时，你会考虑哪些因素？请你设计一个布置科学、预算合理的档案阅览室设置方案给公司领导审核。

3. 训练要求

每个学生提交一份详细的档案阅览室设计方案。

任务二 档案提供利用服务表格填写

1. 训练目标

通过档案提供利用服务表格的填写，掌握档案提供利用服务的技巧。

2. 训练内容

学校即将举行一年一度的田径运动会，现要制作一份田径运动会的组织方案，请你到学校档案馆查找去年学校田径运动会的相关资料作为参考。查找之前请确定需要查找的内容、利用形式与利用途径并告知档案管理员，任务完成后填写档案利用相关表格。

利用档案登记簿式样

序号	日期	查档单位	查档人	批准人	查档内容	调卷情况				备注
						全宗号	卷、盒号	卷、件号	结果	

档案利用效果登记表式样

日期		单位		姓名		案卷或文件题名
利用目的						
利用效果						
备注						

3. 训练要求

每个学生完成上述两个表格的填写。

任务三 撰写组织沿革和大事记

1. 训练目标

通过具体实际的训练，使学生能够很好地掌握编写组织沿革和年度大事记的方法。

2. 训练内容

(1)了解所在学校或某一实践基地的组织结构变迁历程；收集所在学校或某一实践基地上年度的大事，可以通过网站或部门调查途径收集。

(2)了解单位文化建设情况和特色，可以通过网站或部门调查途径收集。

3. 训练要求

(1)编写所在学校或实训基地上一年度的大事记。

(2)编写所在学校或实训基地上的组织沿革。

任务四 档案展览

1. 训练目标

(1)通过实训能够进一步了解档案展览的内容、形式、特点和要求。

(2)能够根据主题分成单元板块，并收集有用资料、照片等。

(3)能够撰写前言、结束语和单元简介、撰写图片的文字说明。

(4)能够根据具体现场条件进行档案的布展。

(5)能够进行展览解说。

2. 训练内容

(1)选择任务，讨论确定档案展览的主题。

(2)根据主题收集资料(照片或实物)，整理资料并为之分类。

(3)编辑文字资料，写出选定主题的前言和单元简介。

(4)为展出的所有资料写出简介。

(5)确定讲解员，模拟讲解。

(6)确定展出地址，并做好布展工作。

(7)接待参观并讲解。

(8)点评、总结。

3. 训练要求

(1)以小组为单位提交一份实训报告。

(2)以个人为单位提交一份 PPT 材料。

(3)以小组为单位进行档案展览活动。

第十一章

专门档案管理

学习目标

知识目标：

了解人事档案、会计档案的分类、整理、归档、鉴定、管理、利用的特殊性。

能力目标：

运用所学的知识，初步掌握人事档案、会计档案的分类、整理归档、鉴定、管理、利用的相关规定和操作方法。

专门档案是指机关、团体、企业、事业单位及其他社会组织，在从事某些专业性较强的活动中形成和使用的，具有查考、利用和保存价值并按照专门的管理办法整理归档的各种载体形态的历史记录。

专门档案是档案分类的一个基本类型。中国在多年的档案管理工作中，逐渐形成了与文书档案、科技档案并列的专门档案的概念，其中包括会计档案、人事档案、诉讼档案、公证档案、艺术档案、教学档案、地名档案、病历档案等。各种专门档案都各有一定的特点，其归档范围、整理方法、保管期限和管理原则等各不相同。国家档案局分别与国家各有关专业主管机关联合制定了管理各种专门档案的规章制度。

本书把科技档案也列入专门档案的类别中，重点介绍社会普遍应用的人事档案、会计档案的整理、管理与利用。

【资讯浏览】

世界上很多国家设有专门档案这一概念，有些国家把它作为档案总分类的一大门类。

苏联 1935 年出版的 Г. А. 克雅捷夫所著《档案工作的理论与技术》和 1946 年出版的 К. Г. 米加耶夫所著《档案工作的理论与实践》(教材)，都把档案馆保存的公务文件划分为普通(或一般)的和专门的两种。普通(或一般)文件是指国家机关一般活动中通用的文件；专门文件包括会计核算、统计、军事、司法、公证、人事等方面专用的文件。

【案例导读】

你知不知道自己的人事档案放在哪里？写了什么？有什么用？

档案，说起来人人都有，都知道一点。然而，它有什么作用、放在哪里、写了什么，你可能就不一定知道了。

中国人民大学教授、《档案学通讯》总编辑胡鸿杰说，人事档案是人事管理制度的一部分，“所有权”和“使用权”分离，归属权属于组织而不是个人。

即使是同一单位的员工，档案的存放和管理也可能不同。“我们单位科级以下人员，档案存在本单位人事部门，科级及以上干部，则存在上级组织部。”在政府部门工作的郭文贤说，还有一些档案存在人才服务中心，这个是要收费的。

1991 年 3 月，中组部对流动人员的档案管理做出相应规定：通过劳动部门就业的干部，档案归劳动部门保管，或转人事部门所属的人才流动服务中心保管。

随后，流动人员的人事档案概念诞生。范围扩大至辞职或被辞退的机关工作人员、待业的大中专毕业生、自费出国留学人员、非国有企业聘用的专业技术人员等。

今年 3 月底，武汉市人才服务中心公布了该市流动人员档案调查数据：全市现有流动人员人事档案近 54 万份，其中“死档”高达 17 万余份，近三成的档案长期无人认领。

武汉并非孤例。2007 年 11 月起，北京市人才档案公共管理服务中心对失去联系超过 5 年的流动人员人事档案名单进行公示，每月一期，现已公布了至少 79 期。从公布名单的数量看，弃档情况大量存在。

“但是，如果档案丢失，补办就难了，所以最好还是费点心保存好。”谈及“弃档”，在政府部门工作的郭文贤说：“不需要它时，它一文不值；需要它时，它比什么都重要。”

胡鸿杰也指出，人事档案是中国人事管理制度的一项重要内容，具有法律效用，是记载人生轨迹的重要依据。它是个人身份、学历、资历等方面的证据，与个人工资待遇、社会劳动保障、组织关系等紧密相关。

参加公务人员招聘考试，需档案确定身份；办理个人退休手续时，要查看档案记录；档案是专业职称晋升的参考依据；出国政审和公证时，需要查阅个人档案；办理工作调动时，需要个人档案……

有专家认为，针对当前存在的一些问题，未来人事档案管理制度需要变革，电子档案代替纸质档案是一种趋势。

资料来源：《都市快报》，2014 年 9 月 13 日。

互动问题：

1. 从上述报道中，谈谈你对什么是人事档案的初步理解。
2. 阅读了上述报道，你对人事档案的作用有什么看法？

第一节　人事档案管理

一、人事档案的概念

人事档案是在人力资源管理中形成的，以个人为单位整理保存的，关于个人经历、思想德行、学历履历、能力业绩、劳动合同、职称职务、奖励处罚等方面记录的资料，是单位和组织了解、使用、选拔、培养人才，开展人事管理工作的重要依据。

2018年中共中央办公厅印发的《干部档案工作条例》(以下简称《条例》)，是各级干部人事档案管理部门制定具体管理制度的依据。

二、人事档案的特点与作用

(一)人事档案的特点

与其他专门档案相比，人事档案具有以下显著特点。

1. 真实性

真实性是指人事档案材料的来源、内容和形式必须真实可靠，任何伪造、捏造、缺乏事实根据的材料都必须加以剔除，这是人事档案最重要的特征。

2. 动态性

人事档案立卷后，其内容和数量不是固定不变的，随着当事人情况的变化，包括学历的提高、职务与职称的晋升、工作岗位与单位的变更、奖励与处分的发生、离职与退休等，新的材料不断形成，使人事档案不断扩容，因此，人事档案处在增量的过程中。

3. 现实性

人事档案与现实的关系十分密切，这可以从两方面看：一是人事档案不断记录和反映个人在现实中的学习、工作等活动情况；二是人事档案是人事(劳动)部门正确使用人才、考察培养选拔干部、合理解决工资待遇问题的一个重要依据。组织、人事、劳动部门在开展人事管理工作中，要经常查阅人事档案。反映现实，直接为现实工作服务，查考利用频率高，是人事档案区别于其他档案的重要标志，构成了人事档案的一个重要特点。

4. 保密性

人事档案是个人身份、历史、待遇、奖惩的信息，其中有的是个人向组织递交的资料，有的是组织对个人审查的资料，这些资料都涉及公民个人隐私，必须由组织严格控制，只能用于人事管理，不得外流，一旦泄露就会被别有用心的人利用，侵犯和危害当事人的声誉和利益，特别是对于一些担任重要领导职务的人员，其人事档案还是党和国家以及社会组织的机密。人事档案管理者由于工作的需要，经常接触人事档案，必须牢固树立秘密意识，严禁泄密，泄密人事档案是违法的行为。

5. 流动性

市场经济打破了传统计划经济体制下劳动者终身归属于一个单位的状况，也改变了社会的生活方式，人员的流动迁徙成了现代社会的常态，人们在求学、工作、创业等方面的变动、迁移，造成人事档案的流动性。只有使人事档案与人员管理相统一，才能发挥人事档案的作用，做好人事管理工作。如果人、档脱离，就丧失了人事档案为现实服务的特性。因此，人事档案必须坚持“档随人走”，人档统一，在人员调至新的单位或地区后，必须将其人事档案转往新的人事档案管理部门。

(二)人事档案的作用

人事档案是我国人事管理制度的一项重要特色，它是个人身份、学历、资历等方面的证据，与个人工资待遇、社会劳动保障、组织关系紧密挂钩，具有法律效用，是记载人生轨迹的重要依据。人事档案的作用主要体现在以下几方面：

1. 知人、选人、用人的重要基础

人事档案是党的重要执政资源，属于党和国家所有，是教育培养、选拔任用、管理监督干部和评鉴人才的重要基础。组织、人事工作的根本任务是知人善任、选贤举能。而要知人，就要全方位了解人。了解的方法，除了直接考察该人员的现状外，还必须通过人事档案掌握其过去表现和全面情况。可以说，人事档案为单位求才、人力资源开发、量才录用、选贤举能，提供丰富、动态、真实有效的原始资料和凭据。

2. 维护个人合法权益的重要依据

人事档案是社会信用体系和公共信息的重要组成，可以为个人求职、职称评定、工资待遇、工龄计算、办理社会劳动保障和退休手续、出国政审和涉外公证、报考公务员和研究生，提供重要的信息和依据。

3. 解决历史遗留问题的钥匙

由于种种原因，在现实生活中，遭受不公正的处理和对待，甚至蒙受冤假错案或历史遗留问题的事情时有发生。社会的变迁、政策的变化，也会给当事人造成不公平的待遇。作为当事人历史与现实原始记录的人事档案，可以为查考、了解和处理这些问题，提供可靠的线索或凭证。

4. 编写人物传记和史书的宝贵资料

人事档案是在组织、人事部门形成的，经过组织鉴定的，其中还有当事人自述或填写的材料，因此内容真实，情节具体，时间准确，可信度高，在研究名人、撰写人物传记以及研究各种史学方面，提供了宝贵的史料和佐证。

三、人事档案的分类

我国的人事档案一般根据当事人身份可分为干部档案、工人档案、学生档案等。人事档案一般产生于单位组织的人事管理活动，主要包括个人的基本材料、主要经历、相关考核和评价等几大部分，根据《条例》，人事档案可分为正本和副本两大类。

人事档案是全面反映一个干部的历史和现实情况的材料，是个人的全部原始材料的总和。《条例》将其分为十大类，主要内容如下：

1. 履历类材料。主要有《干部履历表》和干部简历等材料。

2. 自传和思想类材料。主要有自传、参加党的重大教育活动情况和重要党性分析、重要思想汇报等材料。

3. 考核鉴定类材料。主要有平时考核、年度考核、专项考核、任(聘)期考核，工作鉴定，重大政治事件、突发事件和重大任务中的表现，援派、挂职锻炼考核鉴定，党组织书记抓基层党建评价意见等材料。

4. 学历学位、专业技术职务(职称)、学术评鉴和教育培训类材料。主要有中学以来取得的学历学位，职业(任职)资格和评聘专业技术职务(职称)，当选院士、入选重大人才工程，发明创造、科研成果获奖、著作译著和有重大影响的论文目录，政策理论、业务知识、文化素养培训和技能训练情况等材料。

5. 政审、审计和审核类材料。主要有政治历史情况审查，领导干部经济责任审计和自然资源资产离任审计的审计结果及整改情况、履行干部选拔任用工作职责离任检查结果及说明，证明，干部基本信息审核认定、干部人事档案任前审核登记表，廉洁从业结论性评价等材料。

6. 党、团类材料。主要有《中国共产党入党志愿书》、入党申请书、转正申请书、培养教育考察，党员登记表，停止党籍、恢复党籍，退党、脱党，保留组织关系、恢复组织生活，《中国共产主义青年团入团志愿书》、入团申请书，加入或者退出民主党派等材料。

7. 表彰奖励类材料。主要有表彰和嘉奖、记功、授予荣誉称号，先进事迹以及撤销奖励等材料。

8. 违规违纪违法处理处分类材料。主要有党纪政务处分，组织处理，法院刑事判决书、裁定书，公安机关有关行政处理决定，有关行业监管部门对干部有失诚信、违反法律和行政法规等行为形成的记录，人民法院认定的被执行人失信信息等材料。

9. 工资、任免、出国和会议代表类材料。主要有工资待遇审批、参加社会保险，录用、聘用、招用、入伍、考察、任免、调配、军队转业(复员)安置、退(离)休、辞职、辞退，公务员(参照公务员法管理人员)登记、遴选、选调、调任、职级晋升，职务、职级套改，事业单位管理岗位职员等级晋升，出国(境)审批，当选党的代表大会、人民代表大会、政协会议、群团组织代表会议、民主党派代表会议等会议代表(委员)及相关职务等材料。

10. 其他可供组织参考的材料。主要有毕业生就业报到证、派遣证，工作调动介绍信，国(境)外永久居留资格、长期居留许可等证件有关内容的复印件和体检表等材料。

四、人事档案的收集、鉴定与归档

(一)人事档案的收集

人事档案的收集内容和范围应严格按照干部人事档案的分类进行。

收集渠道主要有组织、人事部门，人力资源管理及开发部门，党团组织，干部审查部门，纪检、监察、司法、检察等部门，科技、业务部门，各种教学单位或培训部门等。人事档案管理部门应同形成人事档案材料的各部门建立和健全人事档案材料的归档制度。形成人事档案材料的部门应主动及时递交、归档人事档案材料，人事档案管理部门应不失时机地向有关部门收集形成的人事档案材料。

(二)人事档案的鉴定

在收集中必要的鉴定甄别工作也必不可少，鉴别归档材料的具体做法如下：

第一，真实性鉴别。要防止不是本人的档案材料混入档案内，发现有同名同姓、同名异姓、同音异字的，或不属于归档内容和重复多余的材料，应清理出来。例如，某学院某年招生处工作人员误把一位新生的名字的“厦”字输入成“夏”字，结果造成该学生毕业时无法拿到毕业证的障碍。

第二，完整性鉴别。每份归档材料，必须完整。对头尾不清、来源和时间不明的材料，要查清注明后再归档，凡是查不清楚或对象不明确的材料，不能归档。鉴别时，发现档案中缺少的有关材料，要及时进行登记并收集补充。

第三，手续鉴别。组织形成的材料，应有组织印章。个人撰写的材料，应有个人签名和书写时间。处分决定、组织鉴定、组织考核中形成的综合材料，应有本人的签署意见或由组织注明经过本人见面。任免呈报表须注明任免职务的批准机关、批注时间和文号。凡不符合归档要求，手续不完备的档案材料，须补办完手续后再归档。

【范例阅读】

谁动了我的档案?

徐先生从一家公司离职后多次应聘,每到最后关头却总是失败。终于有一次,徐先生得知自己档案里被原公司塞了一份“处分”决定,称其“长期在外四处招摇撞骗”“公安部门已立案查处”。面对这份莫须有的、本人毫不知情的“处分”决定,徐先生把原公司告上了法庭。

资料来源:陈琳,《档案管理技能训练》,机械工业出版社 2009 年版。

互动问题:徐先生向法庭控告原公司的理由是什么?

第四,属性鉴别。干部、职工在工作中形成的材料很多,但不一定都是人事档案,对人事档案的鉴定可参见表 11—1。经过鉴定以后,不属归档范围的材料不得归档,对应退回本人的材料,经领导批准后退还本人。对清理出来需要销毁的材料,须详细登记,并报请主管负责人审查批准,方可销毁。履行这一程序,是为了防止随意销毁人事档案材料,造成不可挽回的损失。任何个人不得私自销毁档案材料。

表 11—1　　人事档案鉴定参考

类　目	人事档案材料	非人事档案材料
履历类、自传和思想类、考核鉴定类	履历表、简历、重要思想汇报、考核表、鉴定材料	他人撰写的传记、年谱
政审、审计和审核类	审查结论、复查结论、甄别与平反结论、本人交代材料	审查过程中的请示、报告,往来函件
学历学位、专业技术职务(职称)、学术评鉴和教育培训类	考试成绩表,发明创造、著作、重大影响论文目录等	著作、论文、译文、创造发明、总结
党、团类	入党、入团志愿书,转正申请书等	讨论记录、未批准的志愿书
违规违纪违法处理处分类	处分决定,判决书、裁定书等	检举、旁证、揭发材料
工资、任免、出国和会议代表类材料	待遇、调任、调级审批表、当选职务材料	任免调动通知令、请示、批复、来信函件

(三)人事档案的归档

各社会组织的人事档案归档都应严格按照党和国家规定的干部人事档案的归档要求进行。归档要求是:

(1)归档的材料必须是办理完毕的正式材料。

(2)材料应完整、齐全、真实、文字清楚、对象明确,有承办单位或个人署名,有形成材料的日期。

(3)归档的材料,凡规定由组织审查盖章的,须有组织盖章,规定要同本人见面的材料(如审查结论、复查结论、处分决定或意见、组织鉴定等),一般应有本人的签字。特殊情况下,本人见面后未签字的,可由组织注明。

(4)载体一般应使用规范的办公用纸,材料左边应留出 2 厘米～2.5 厘米装订边。

(5)文字须是铅印、胶印、油印或用蓝黑墨水、黑色墨水墨汁书写。不得使用圆珠笔、铅笔、红色墨水及纯蓝墨水和复写纸书写。除电传材料需复印存档外，一般不得用复印件代替原件存档。

五、人事档案的整理

人事档案的整理工作，是档案建设的基础工作之一。它是将收集起来的每个人的档案材料，进行鉴别、分类、排序、编目、技术加工和装订成卷，并在此基础上，不断补充档案内容的工作。

为了实现干部人事档案整理工作的规范化，中央组织部根据《条例》及有关规定，专门制定了《干部档案整理工作细则》。这也成了各企事业、社会团体人事档案整理工作的参考依据。根据细则的要求，整理工作必须做到：认真鉴别、分类准确、编排有序、目录清楚、装订整齐。

每类人事档案材料整理后，都要根据材料内容的内在联系和材料之间的衔接或材料的形成时间排列顺序，在每份材料的右上角编上类号和顺序号，在其右下角编写页数。每卷人事档案必须有详细的档案材料目录。目录是查阅档案内容的索引，要按照类别排列顺序及档案材料目录格式，逐份逐项地认真进行填写。

（一）分类

人事档案按照《条例》规定的分类方法分为十大类。每一类材料的前面放一张分类纸，上面印着每一类的名称，分类纸起引导的作用。

（二）排列

排列的方法有：

1. 按时间排。按照材料形成时间的先后顺序排列，形成早的材料排在前，形成晚的材料排在后。

2. 按重要程度排。按照材料的重要程度及材料之间的联系排序。重要程度高的材料排在前，重要程度低的材料排在后。

3. 混合排。时间排序和重要程度排序结合使用。适用于一个类别里有多个小类材料的情况。如第九类包含工资、任免、出国、会议代表等材料，可先按小类集中排序，再在小类里根据形成时间顺序排列。

（三）编号

编号是指为人事档案材料编上号码，编号的目的，一方面可以固定材料的位置，另一方面也方便检索、利用。

人事档案的编号是给每份材料编上“类件号”。类件号是类号和件号的统一。类号是指人事档案材料的十大类别号，件号是每类中每件具体材料的排序号。编号可用铅笔标在每份材料首页的右上角，格式如下：

1－1、1－2、1－3……

2－1、2－2、2－3……

3－1、3－2、3－3……

……

前面的数字代表材料所属的类别，后面的数字代表材料在每类中的排序号，如“1－1”表示第一类中的第一件材料，以此类推。也可以在每份文件首页右上方空白处加盖“类件号”章（如表 11－2 所示）。

表 11—2

类 号	件 号	页 数
1	2	6

在每份材料的右上角编上类件号的同时，用铅笔在材料的每一页正面的右下角，背面的左下角编上页码。材料本身有页码的，不需重编。如果其中有插页的，将插页顺着上页编上号码，再将以后的页码顺编。

（四）编目

每卷（盒）人事档案必须有详细的档案材料目录。人事档案材料的编目就是编制人事档案材料的目录，即“盒内文件目录”，就是每一个案盒或案卷内所有文件按照编号顺序列出的清单。目录对人事档案的位置起固定和索引的作用，目录要放在每个人事档案盒里的首页。

人事档案目录的主要项目一般包括以下几项：一是类号，二是件号，三是材料名称，四是材料形成时间，五是页数，六是备注，注明人事档案卷（盒）内材料的变化情况。卷（盒）内文件目录式样见表 11—3：

表 11—3

类号	件号	材料名称	形成时间	页数	备注
一	1	干部履历表	1982.8.30	6	
	2	个人简历	1990.6.30	2	
三	1	1994 年度考核表	1995.1.20	3	
	2	1995 年度考核表	1996.1.18	3	
四	1	高考政审	1964.7.1	1	
	2	学历证明	1980.3.9	1	
	3	评定讲师职称申报表	1982.10.30	9	

每类目录之后，须留出适量的空格和空页，供补充档案材料时使用。

（五）档案盒的编号、排列、编目

2001 年实施的《归档文件整理规则》提出，不必整卷装订，可以“件”为单位整理。这一新的文书档案整理方法也适用于人事档案的整理。每个员工的档案材料整理成件之后，应单独装盒（或档案袋）。

人事档案往往以个人为单位装盒，也就是将个人的全部档案材料装入一个盒中，每人独立占用一个档案盒。这就需要对所有的人事档案盒进行排列和编号。

常用的编号方法有以下几种：

1. 按姓氏拼音字母排列

按姓氏的拼音字母次序排列，编大流水号。遇到重名的员工，可以按照入职时间编号，入职早的排在前面。

2. 按姓氏笔画排列

按照姓氏笔画的多少来排列，遇到相同姓氏并且名字的笔画数目相等，就可以考虑姓氏后面的第一个字的音序或不相同的第一笔是横还是竖、撇、捺、折。

3. 按部门—年度排列

部门结合员工入职年度排列，每个部门有一个固定的代号，该部门的员工按入职时间先后编流水号。如生产部2012年入职的第一个员工的档案盒可编号为SC－2012－01。

人事档案盒按照编号顺序排列后，还须编写案盒目录，用来固定每一个员工的人事档案的顺序，也可以起到档案检索的作用。

六、人事档案的管理

我国人事档案的管理工作主要是干部档案和企业职工档案的管理，国家对这两大类人事档案的管理分别做出了规定。

(一)干部档案的管理

干部档案管理体制是依照《条例》的规定。干部档案管理实行集中统一和分级负责的管理体制。所谓集中统一和分级管理，就是县以上(含县)机关、单位的干部档案要按照干部管理权限集中统一管理。每一级干部都有相应的管理组织机构，干部的管理权归属哪一级组织，他的档案也归这一级组织管理。县以下机关、单位的干部档案由县委组织部集中管理，或由县委组织部、县人事局等单位相对集中管理。不具备保管条件或档案很少的单位，其干部档案由上一级单位管理。干部档案被纳入综合档案室管理的单位，其干部档案要有固定专人管理，业务工作要接受本单位组织人事部门的领导和上级有关业务部门的检查指导。

县以上(含县)的组织、人事部门，应建立相应的干部档案管理工作机构，并负责对本地区、本部门、本系统的干部档案工作进行指导、监督和检查，按照每千人档案配备一名专职干部的比例配备管理人事档案人员，有业务指导任务的单位，要配备相应的业务指导人员。县以下实行集中或相对集中管理档案的单位，根据上述原则应当配备专职人员。不需要建立机构的单位，必须配备专职或以干部档案工作为主的兼职档案工作人员。

(二)企业职工档案管理

企业职工档案管理一般依据《企业职工档案管理工作的规定》。职工档案在国家档案主管部门宏观管理、组织协调下，由所在企业的劳动、组织人事部门管理。实行档案综合管理的企业单位，档案综合管理部门应设专人管理职工档案。

职工离职后，其档案由原来所在单位保管，也可由当地劳动行政部门代为保管。职工死亡后，其档案由原管理部门保存5年后，移交企业综合档案部门保存。

人事档案一般放在有人事管理权的单位。有些单位没有人事管理权，其员工的人事档案可以办理人事代理。人事代理是指由政府人事部门所属的人才服务中心，按照国家有关人事政策法规要求，接受单位或个人委托，在其服务项目范围内，为多种所有制经济尤其是非公有制经济单位及各类人才提供人事档案管理、职称评定、社会养老保险收缴、出国政审等全方位服务。

(三)档案的转递

档案的转递是指由于多种原因，人事档案的主管部门发生变化，将人事档案转至新的主管部门的过程。

人事档案转递的原因很多：员工职务变动(提拔、免职、降职)改变了主管单位；员工跨单位、跨系统调动；员工所在单位撤销或合并入新单位；干部任免权变化与人事管理范围的调整，人事档案的管理范围也进行相应的调整；员工所在单位的隶属关系发生变化；干部进入院校学习毕业后统一分配；中专、高等院校毕业生就业；军队干部转业到地方安置或复员；员工离休、退休后异地安置；员工辞职、退职、开除公职、刑满释放、解除劳教后重新就业的；形成人事档案材料的单位需要向主管单位人事档案部门移交的等。

为避免发生“有人无档”或“有档无人”这些人档分离的现象，必须及时转递人事档案。《条例》规定：“干部人事档案管理权限发生变动的，原管理单位的干部人事档案工作机构应当对档案进行认真核对整理，保证档案内容真实准确、材料齐全完整，并在 2 个月内完成转递；现管理单位的干部人事档案工作机构应当认真审核，严格把关，一般应当在接到档案 2 个月内完成审核入库。”《企业职工档案管理工作规定》也指出：“企业职工调动、辞职、解除劳动合同或被开除、辞职等，应由职工所在单位在一个月内将其档案转交新的工作单位或其户口所在地的街道劳动（组织人事）部门。”

人事档案转递工作要确保人事档案材料的绝对安全。转递人事档案只能用机密件通过机要交通转递，也可派专人送取，不准本人自带，不得以平信、挂号、包裹等形式公开邮寄。凡转递人事档案，均应密封并加盖密封章，详细填写统一的“人事档案转递通知单”，确保其绝对安全。

【知识拓展】

大学生毕业后档案管理

目前国家对于毕业后尚未就业的大学生的档案，一般采取三种管理办法：

一是把档案转至生源地，由所在地级市的人事局接收。这种方式比较适合准备在生源地范围内就业的毕业生和暂时不想就业的毕业生。优点是在生源地就业后办理手续简单方便，缺点是两年内如离开生源地就业，需重新办理改派手续。

二是把档案留在学校，待落实工作单位后，将户籍和档案迁至工作单位所在地，申请档案留校超过两年仍未落实工作的，学校将其档案和户口迁回生源地，学校不再为其发放就业报到证。这种方式适合有就业愿望但尚未就业的毕业生，优点是学校诚信度较高，代为保管户口关系和档案不收取额外费用，其缺点是毕业生档案留校只是延长了择业期，与学校没有人事隶属关系，涉及人事关系的证明都不能出具。

三是把档案转至就业代理或人才交流中心。这种方式比较适合准备考研、创业、灵活就业的毕业生，优点是易于毕业生解决一些实际问题，缺点是如果毕业生与指导中心交流相对少，则容易造成信息不畅。

资料来源：《大学生毕业后档案往何处去？》，http://www.360doc.com/content。

七、人事档案的利用

人事档案管理的最终目的是为了更好地利用人事档案。但人事档案的利用不同于一般的档案材料，必须因工作需要才能查阅，还应遵循一定的规定和办理一定的手续。

（一）查阅手续

正规的查阅手续包括以下内容：首先，利用单位应根据有关部门的具体规定，派可靠人员到保管单位查阅室查阅。由查阅者递交查阅单位的查档申请，在申请中写明查阅的对象、目的、理由、查阅人的概况等情况。其次，查阅单位（部门）盖章，负责人签字。最后，由人事档案管理部门审核批准。人事档案部门对查档申请进行审核，有权决定是否给予查档和查档范围。

查阅档案者必须严格遵守保密制度和《中华人民共和国档案法》有关规定，严禁涂改、圈画、抽取、撤换档案材料。查阅者不得泄露或擅自向外公布档案内容。

查阅档案的单位或个人，不得擅自复制档案内容。因工作需要从档案中取证的，必须请示干部档案主管部门审查批准后才能复制（拍摄）。

（二）外借手续

档案一般不借出使用。如有特殊情况借出使用时，要说明理由，经过主管部门负责人批准，并严格履行登记手续，限期归还，借阅单位不得擅自转借他人。

人事档案借出库房须满足一定的条件，例如，本机关领导需要查阅人事档案；公安、保卫部门因特殊需要必须借用人事档案等。借出的时间不宜过长，到期未还者应及时催还。

借档单位（部门）向人事档案部门递交借档申请，内容与查档申请相似，借档单位（部门）盖章，负责人签字，人事档案部门对其进行审核、批准。

人事档案部门要进行借档登记，把借档的时间、材料名称、份数、理由等填清楚，并由借档人员签字。

归还时，及时在外借登记记录上注销。

（三）出具证明材料

这也是人事档案部门的功能之一。出具的证明材料可以是人事档案部门按有关文件规定写出的有关情况的证明材料，也可以是人事档案材料的复制件。要求出具材料的原因一般是入党、入团、提升、招工、出国等。

出具证明材料的手续。单位、部门或个人需要由人事档案部门出具证明材料时，需履行以下手续：首先，由有关单位（部门）开具介绍信，说明要求出具证明材料的理由，并加盖公章；其次，人事档案部门按照有关规定，结合利用者的要求，提供证明材料；最后，证明材料由人事档案部门有关领导审阅，加盖公章，然后登记、发出。

第二节　会计档案管理

【范例阅读】

监守自盗的财务科长

慈溪市审计局在对该市环卫处审计过程中，查阅了胡某担任财务科长期间近10年的会计账册资料，有的账册未经整理，乱放在会计保管室，有的凭证残缺不全。检查人员发现有从市场上购买收费收据存根80多本。同时经银行核查，相关人员谈话取证等多方的核查，最终查实胡某1999年7月～2005年1月，利用自己保管收费之便，趁出纳离岗之机，采用抽出收费票据记账联自行保管、收入不入账的方法，先后15次侵吞收费员要其代为上缴卫生费收入（现金或现金支票）共计85 120元，同时查出2003年11月凭证中，胡某采用伪造环卫处新增道路保洁人员工资清单并仿冒单位负责人及经办人签名，骗取单位公款61 200元。

资料来源：百度知道。

互动问题：请分析，该环卫处的会计档案管理存在哪些问题？

一、会计档案的概念和作用

(一)会计档案的概念

会计档案是在会计工作中形成的会计凭证、会计账簿和财务报告等会计核算专业材料，是记录和反映组织单位经济业务的重要史料和证据。

其中，会计凭证是经济业务的证明材料，是登记账的主要依据；会计账簿是以会计凭证为依据，全面系统地记录经济业务状况的账目性材料；会计报表是对会计账簿加以归类、分析、汇总而成的报告性材料，用来综合反映立档单位某一时期经济业务和财务收支情况。

(二)会计档案的作用

会计档案记录着社会组织的经济活动情况，是反映单位经济业务的重要史料和证据。它的重要作用体现在以下几个方面：

1. 会计档案为制定单位经济计划，做出科学的经济决策提供重要资料和可靠数据。

2. 会计档案对保护国家和组织的财产，监督国家财务制度和财经纪律的执行情况，打击经济领域犯罪活动和反对不正之风，起着重要的作用。

3. 会计档案是单位组织进行财务管理的必要手段和工具，也是研究单位组织经济活动历史的重要史料。

二、会计档案的整理与归档

(一)会计档案的类型

会计档案可分为四种类型：凭证类、账簿类、报告类和其他类。

1. 会计凭证类

会计凭证是记录经济业务发生，明确经济责任，据以登记会计账簿的书面证明材料。一般指原始凭证、记账凭证、汇总凭证、其他会计凭证。

2. 会计账簿类

会计账簿是以会计凭证为依据，全面记录一个机构经济活动事项的簿籍，主要有：总账、明细账、日记账、固定资产卡片及其他辅助性账簿。

3. 财务报告类

财务报告是以统一的货币计量单位，通过一系列指标，总括地反映一个机构在一定时间内资金活动情况、财务状况和经营状况的总结性文件。财务报告可分为月度、季度、半年度、年度财务报告，包括会计报表、附表、附注及文字说明、其他财务报告。

4. 其他类

其他类是指以上三类会计档案以外的会计文件资料，如包括银行存款余额调节表、银行对账单、纳税申报表、会计档案移交清册、会计档案保管清册、会计档案销毁清册、会计档案鉴定意见书及其他具有保存价值的会计资料。

需要注意的是，与会计工作有关的预算、计划、制度、合同等文件材料不属于会计档案，而应按照普通文书材料进行归档管理。

(二)会计档案的整理归档

会计档案的整理工作主要由会计部门完成。档案工作人员应予以协助，并对归档后的会计档案进行检查，发现问题进行调整和修正，对案卷或案盒进行排列、上架。

1. 分类

常用的会计档案分类方法有四种：形式(类型)—年度—保管期限分类法、年度—形式(类型)—保管期限分类法、年度—组织机构—形式(类型)—保管期限分类法、年度—会计业务类型—形式(类型)—保管期限分类法。其中比较常用的是第一种、第二种。

(1)形式(类型)—年度—保管期限分类法。首先，将本单位的会计文件材料按凭证、账簿、财务报告以及其他等形式(类型)分开；其次，将同一形式(类型)内的材料按照年度分开；最后，划分保管期限。按照这种分类方法整理会计档案，编写的案卷或案盒目录见表11—4。

表11—4　　会计档案案卷目录

案盒号	类别	案盒名称	起止日期	卷内页数	保管期限	存放地点	备注
1	凭证类	2018年1月记账凭证	2018.1.1—2018.1.15	30	30年		
…	……	……	……	……	……		
12	账簿类	2018年度会计总账	2018.1.1—2018.12.31	60	30年		
…	……	……	……	……	……		
16	凭证类	2019年2月记账凭证	2019.2.1—2019. 2.28	40	30年		
…	……	……	……	……	……		
22	其他类	2019年度银行对账单	2019.1.1—2019.12.31	12	10年		
…	……	……	……	……	……		

(2)年度—形式(类型)—保管期限分类法。首先，将会计档案材料按年度分开；其次，将同一年度内的会计核算专业材料分为凭证、账簿、财务报告、其他四大类；最后，划分保管期限。按照这种分类方法整理，编写的案卷或案盒目录见表11—5。

表11—5　　2019年度会计档案案卷目录

案盒号	类别	案盒名称	起止日期	卷内页数	保管期限	存放地点	备注
1	凭证类	2019年1月记账凭证	2019.1.1—2019.1.31	30	30年		
…	……	……	……	……	……		
30	账簿类	2019年现金日记账	2019.1.1—2019.12.31	100	30年		
…	……	……	……	……	……		
36	报告类	2019年财务决算报表	2020.1.5	10	永久		
…	……	……	……	……	……		
41	其他类	2019年会计档案移交清册	2020.4.15	20	30年		
…	……	……	……	……	……		

2. 组卷与装订

需要归档的全部会计档案按照选定的分类法分类，以件为单位组卷、装订。整理会计档案时，原则上应保持原卷册的封装，个别需要拆封整理的应会同财会部门和原经办人共同拆封整理。

(1)会计凭证的装订。装订前首先应将凭证进行整理,主要是排序、粘贴和折叠凭证。按凭证产生的日期顺序排列整理。按凭证汇总日期归集,确定装订的本数。对于纸张面积大于记账凭证的原始凭证,可按记账凭证的面积尺寸进行折叠。对于纸张面积过小的原始凭证,可先按一定次序排列,再粘在一张同记账凭证大小相同的白纸上。

【小技巧】

用"三针引线法"装订

装订使用棉线,在左侧部位打上三个针眼,实行"三眼一线"打结,结扣应在封面里面,装订时尽可能缩小所占部位,使记账簿及其附件保持尽可能大的显露面,以便事后查阅。装订凭证厚度一般为1.5厘米。

(2)会计账簿的组卷与装订。除跨年度使用的账簿外,其他账簿应按时整理成册。一本账为一册,原则上保持原基础。活页账簿装订,用优质牛皮纸做封面、封底,装订成册。会计账簿的封口要严密,封口处要加盖有关印章。

(3)财务报告的组卷与装订。如果有下级机关财务报告的,首先将本机关财务报告与下级机关的财务报告分开,财务报告按时间组卷,将年报、季报、月报分开,如果季报、月报数量少,可将其合并组卷。组卷时应注意财务报告的文字材料必须与会计报表一起组卷。

3. 填写案卷装具封面

案卷装具主要有案卷封面、案卷盒或案卷袋。这些装具封面所设置的项目基本相同或相似,填写要求也大体相似。会计档案案卷封面的主要项目有立档单位、案卷题名、起止日期、册数(数量)、财会主管、经办会计、全宗号、分类号、案卷号、保管期限等。

4. 编制会计档案案卷目录

会计档案案卷目录的主要项目有案卷编号、案卷题名、起止日期、卷内页数、保管期限、存放地点等。案卷目录应单独装订成册,与案卷一同移交给档案室。

5. 移交归档

会计部门将整理完毕的会计档案向档案室移交归档。在移交归档时,必须办理移交手续,填写会计档案移交清册。清册的内容项目主要包括案卷号、类别号、案卷名称、起止日期、卷内页数、存放地点等(见表11—6)。

表11—6　　会计档案移交清册

案卷号	类别	案卷名称	起止日期	卷内页数	存放地点	备注
1	凭证类	2018年1月记账凭证	2018.1.1—2018.1.31	26		
…	……	……	……	……		

移交人:王丽　　　　接收人:李芸　　　　监交人:方明

在移交过程中,会计部门工作人员、档案部门工作人员应同时到场,对照移交清册逐件核对清查每一个案卷,清点无误后,移交人、接收人在清册上签署自己的名字。

6. 排列案卷

档案部门在接收会计档案后,需要合理排列案卷或案盒的顺序,以便保管和查阅。排列方法主要有四种:

(1)类别—年度法。即案卷按凭证、账簿、财会报告三类分开,再按年度内时间先后排列。

(2)年度—类别法。即将一年的会计档案按财务报告、账簿、凭证、其他顺序排列,然后再按年度的先后排列。

(3)保管期限—年度—形式(名称)法。这种方法适用于会计类型单一,会计档案数量较多的单位。

(4)保管期限—年度—类型—形式(名称)法。此法适合会计档案类型较多的单位。

三、会计档案的鉴定与销毁

会计档案的鉴定包括三方面的工作:一是按照国家设定的原则标准,给每件会计档案划定正确的保管期限;二是对保管期限到期的会计档案复查鉴定其保存价值,确定是否延长保管期限或销毁;三是对于经鉴定已经失去保存价值的会计档案予以销毁。

(一)会计档案的保管期限

会计档案的保管期限应按财政部、国家档案局 2015 年 12 月 11 日颁布,于 2016 年 1 月 1 日起执行的《会计档案管理办法》规定的保管期限保管。

会计档案的保管期限分为永久、定期两类。定期保管期限主要分为 30 年、10 年两类。属于永久保管的会计档案有:年度决算表、会计保管清册、会计销毁清册。属于定期保管的主要有会计凭证、会计账簿,银行余额调节表和银行对账单。具体可根据《会计档案管理办法》(2015 年)附件(见表 11—7,表 11—8)的详细规定执行。

会计档案的保管期限,从会计年度终了后的第一天算起。

表 11—7　　企业和其他组织会计档案保管期限

序号	档案名称	保管期限	备　注
一	会计凭证		
1	原始凭证	30 年	
2	记账凭证	30 年	
二	会计账簿		
3	总账	30 年	
4	明细账	30 年	
5	日记账	30 年	
6	固定资产卡片		固定资产报废清理后保管 5 年
7	其他辅助性账簿	30 年	
三	财务会计报告		
8	月度、季度、半年度财务会计报告	10 年	
9	年度财务会计报告	永久	
四	其他会计资料		
10	银行存款余额调节表	10 年	
11	银行对账单	10 年	

续表

序号	档案名称	保管期限	备 注
12	纳税申报表	10 年	
13	会计档案移交清册	30 年	
14	会计档案保管清册	永久	
15	会计档案销毁清册	永久	
16	会计档案鉴定意见书	永久	

表 11－8　　财政总预算、行政单位、事业单位和税收会计档案保管期限表

序号	档案名称	保管期限			备 注
		财政总预算	行政单位事业单位	税收会计	
一	会计凭证				
1	国家金库编送的各种报表及缴库退库凭证	10 年		10 年	
2	各收入机关编送的报表	10 年			
3	行政单位和事业单位的各种会计凭证		30 年		包括:原始凭证、记账凭证和传票汇总表
4	财政总预算拨款凭证和其他会计凭证	30 年			包括:拨款凭证和其他会计凭证
二	会计账簿				
5	日记账		30 年	30 年	
6	总账	30 年	30 年	30 年	
7	税收日记账(总账)			30 年	
8	明细分类、分户账或登记簿	30 年	30 年	30 年	
9	行政单位和事业单位固定资产卡片				固定资产报废清理后保管 5 年
三	财务会计报告				
10	政府综合财务报告	永久			下级财政、本级部门和单位报送的保管 2 年
11	部门财务报告		永久		所属单位报送的保管 2 年
12	财政总决算	永久			下级财政、本级部门和单位报送的保管 2 年
13	部门决算		永久		所属单位报送的保管 2 年
14	税收年报(决算)			永久	
15	国家金库年报(决算)	10 年			
16	基本建设拨、贷款年报(决算)	10 年			
17	行政单位和事业单位会计月、季度报表		10 年		所属单位报送的保管 2 年

续表

序号	档案名称	保管期限			备　注
		财政总预算	行政单位事业单位	税收会计	
18	税收会计报表			10 年	所属税务机关报送的保管 2 年
四	其他会计资料				
19	银行存款余额调节表	10 年	10 年		
20	银行对账单	10 年	10 年	10 年	
21	会计档案移交清册	30 年	30 年	30 年	
22	会计档案保管清册	永久	永久	永久	
23	会计档案销毁清册	永久	永久	永久	
24	会计档案鉴定意见书	永久	永久	永久	

注:税务机关的税务经费会计档案保管期限,按行政单位会计档案保管期限规定办理。

(二)会计档案的鉴定与销毁

1. 会计档案的鉴定

会计档案的鉴定工作由会计部门和档案部门的领导负责,成立鉴定小组,由熟悉业务的会计人员具体实施,档案人员参与、协助和指导。鉴定工作结束后,应写出鉴定报告。

2. 会计档案的销毁

对于确无保存价值的会计档案,可以销毁。由于会计档案的重要性和保密性,销毁会计档案应严格按照以下程序进行。

(1)由本单位的档案机构会同会计机构提出销毁意见,要编制会计档案销毁清册,列明要销毁的会计档案的详细信息。

(2)单位负责人在会计档案销毁清单上签署意见。

(3)销毁会计档案时,应由档案机构和会计机构共同派员监销。

(4)监销人员在销毁会计档案之前,应当认真按照会计档案销毁清册所列内容进行清点核对。销毁后,应在销毁清册上注明销毁日期并签名盖章,并将监销情况报告本单位负责人。

【提醒您】

不得销毁的会计档案:

1. 保管期满但未结清的债权债务原始凭证。

2. 涉及其他未了事项的原始凭证。

3. 正在建设期间的项目的会计档案。

四、会计档案的管理与利用

(一)会计档案的管理

会计档案的管理工作应根据我国《会计档案管理办法》的规定,明确以下几个问题:

1. 严格管理

会计档案是一个单位记录和反映单位经济业务的重要史料和证据。各单位必须加强对会计档案管理工作的领导,建立会计档案的立卷、归档、保管、查阅和销毁等管理制度,保证会计档案妥善保管、有序存放、方便查阅,严防毁损、散失和泄密。

2. 注意自身的特点

会计档案在内容和形式上的特殊性,管理工作不能等同于其他类型的档案。当年形成的会计档案,在会计年度终了后,可暂由会计机构保管一年,期满之后,应当由会计机构编制移交清册,移交本单位档案机构统一保管;未设立档案机构的,应当在会计机构内部指定专人保管。出纳人员不得兼管会计档案。

3. 遵循会计档案的规律

会计档案的管理应严格遵循会计档案的规律。会计档案是一个单位重要的财务凭证和经济活动记录,移交本单位档案机构保管的会计档案,原则上应当保持原卷册的封装。个别需要拆封重新整理的,档案机构应当会同会计机构和经办人员共同拆封整理,以分清责任。

会计档案的管理工作主要由两个部门承担:会计部门和档案部门。二者对会计档案的管理的职责有所区别。

会计部门的管理职责是:

(1)按照归档要求,负责整理,装订成册,编制会计档案清册。

(2)当年形成的会计档案,在会计年度终了后,可暂由会计机构保管一年,期满之后,应由会计机构编制移交清册,移交本单位档案机构统一保管。

(3)未设立档案机构的单位,应在会计机构内部指定专人保管。出纳人员不得兼管会计档案。

【提醒您】

会计年度

会计年度是以年度为单位进行会计核算的时间区间。我国《会计法》规定,会计年度自公历1月1日起至12月31日止。

档案部门的管理职责是:

1. 监督指导会计部门开展会计档案的整理、装订、归档等工作。

2. 接收由会计部门所移交的本单位会计档案,原则上应保持原卷册的封装。个别需要拆封重新整理的,档案机构应会同会计机构和经办人员共同拆封整理,以分清责任。

3. 安全保管会计档案。

4. 对会计档案提供查阅、复制服务。

5. 对保管期满的会计档案会同会计部门进行重新鉴定,设定新的保管期限或提出销毁意见。

【提醒您】

随着经济全球化的发展,我国同世界各国的往来日益频繁,各种公务出差层出不穷,但需注意一点:我国境内所有单位的会计档案不得携带出境。

（二）会计档案的利用

首先，会计档案可以为本单位的会计工作提供查考依据，是一个单位开展经济工作、实行预决算、进行财务监督的基本保证。

其次，为会计检查提供依据。会计检查有来自本单位的领导，也有来自上级组织和政府有关部门，称为审计。会计检查一方面是检查一个单位的经济活动是否合法，另一方面核查会计档案的真实性。

由于会计档案涉及一个单位组织的重要经济机密，会计档案一般不得借出，因此会计档案主要是用于查阅和复制。

要建立健全会计档案查阅、复制登记制度。如有特殊需要，须经本单位负责人批准，方以提供查阅或者复制，并办理登记手续。

查阅或者复制会计档案的人员，严禁在会计档案上涂画、拆封和抽换。

【本章小结】

1. 人事档案的分为(1)人事档案正本，共十大类；(2)人事档案副本。

2. 人事档案的鉴定包括(1)真实性鉴别；(2)完整性鉴别；(3)手续鉴别；(4)属性鉴别。

3. 人事档案的整理包括(1)分类；(2)排列；(3)编号；(4)编目；(5)档案盒的编号、排列、编目。

4. 人事档案的管理包括(1)干部档案的管理；(2)企业职工档案的管理；(3)档案的转递。

5. 会计档案的类型可分为四种类型——凭证类、账簿类、报告类和其他类。

【练习题】

1. 人事档案可分为哪几类？

2. 人事档案的整理和利用与一般档案有何不同？

3. 会计档案有几种类型？

4. 会计档案的管理和鉴定有哪些不同于一般档案的特点？

【技能训练任务】

任务一

1. 训练目标

掌握人事档案的分类和整理方法。

2. 训练内容

小谢是腾飞公司的办公室秘书，兼管公司的人事档案管理工作。近日收到本公司员工的 10 份人事档案材料，这些材料都需要归档。详见下表。

序号	姓 名	材料名称	时 间	页 数
1	马永建	职工履历表	2018.8.28	2
2	李义军	员工考核表	2018.4.22	2
3	张兰娇	专业技术职务任职资格评审表	2018.10.13	10
4	刘美丽	员工续聘审批表	2018.7.5	2
5	卢硕	入党申请书	2018.9.14	2
6	陈天阁	退休审批表	2018.3.22	2
7	李磊	培训结业登记表	2018.7.15	2
8	贾彬彬	更改姓名审批表	2018.4.20	3
9	胡俊毅	中国公民因私出国申请审批表	2018.2.17	2
10	卢海琴	民主党派代表会议登记表	2018.5.18	4

3. 训练要求

(1)说明这些档案材料分别属于哪一类,并列出分类体系示意图。

(2)把这些材料按照一定的顺序排列。

(3)给每份材料编写类号和顺序号、页码。

任务二

1. 训练目标

掌握国家关于职工档案管理和转递的有关规定。

2. 训练内容

阅读下列案例,并结合企业职工档案管理工作规定,回答问题。

李某是外地来上海的大学生,单位与其签订的劳动合同中规定,李某在5年合同期内不得解除劳动合同,否则,要承担1万元违约金。

一年后,李某想跳槽离开单位,主动找到单位,要求交1万元违约金后解除劳动合同。单位领导此时确认为,交1万元让他走,太便宜他了,于是提出交5万元才能走,李某认为单位的要求没有道理,且自己根本拿不出5万元,但是,单位最终做出决定,李某可以先走,但其个人档案要由单位暂时扣留,待李某交清5万元后,单位才能放走其档案,同时还威胁道,若在李某走后两年内,不交清5万元,单位就会毁掉其个人档案。

3. 训练要求

有李某类似遭遇的大学毕业生大有人在,他们经常会为这种事感到十分烦恼,不知该怎么办,你能解决他们的困惑吗?

任务三

1. 训练目标

掌握会计档案管理、销毁制度的相关规定。

2. 训练内容

2018年1月某服装厂发生如下事项:(1)7日,该厂会计人员郑某脱产学习一个星期,会计科长指定出纳王某兼管郑某的债权债务账目的登记工作,未办理会计交接手续。(2)10日,该厂档案科同会计科销毁了一批保管期限已满的会计档案,未报经厂领导批准,也未编造会计档案销毁清册，销毁后未履行任何手续。

3. 训练要求

根据以上事实，回答下列问题：(1)出纳王某临时兼管郑某的债权债务账目的登记工作是否符合规定？(2)该服装厂档案科会同会计科销毁保管期满的会计档案在程序上是否符合规定？为什么？

任务四

1. 训练目标

掌握各类会计档案保管期限的确定。

2. 训练内容

天一公司部分会计档案材料列表

序号	档案名称	保管期限
1	天一公司 2018 年车辆使用税费的各类凭证	
2	天一公司 2018 年会计总账	
3	天一公司 2018 年第一季度财务报告	
4	天一公司 2018 年度财务报告	
5	中国民生银行天一公司账户对账单(4 月)	
6	天一公司 2018 年工资发放单	
7	天一公司 2018 年 1—6 月差旅报销凭证	
8	天一公司 2018 年会计档案移交清册	
9	天一公司 2018 年度资产负债表	
10	天一公司 2018 年度出纳日记账	

3. 训练要求

请分别指出以上各份会计档案材料合理的保管期限，并填入表中。

第十二章
特殊载体档案管理

学习目标

知识目标：

了解特殊载体档案的形成规律和特点。

能力目标：

掌握照片及底片的分类、排列及编号等方法，熟悉管理纸质和电子照片档案、编写文字说明的技能。

把握声像档案及实物档案收集、保管的基本方法，提高管理特殊载体档案的意识和能力。

了解电子档案收集、保管、鉴定和销毁等环节，提高对电子档案的认识和管理技能。

【案例导读】

似曾相识燕归来

2005 年 2 月，某公司老总回母校参加校庆时发现，有关批文、证书、奖状以及建校初期学校的校址图片、教师员工、学员和留学生的图片，真实地记载了学校 40 年来在教学、科研所取得的辉煌成就，齐全的档案材料理清了学校历史沿革、发展的脉络。不仅引起老一辈师生的回忆，也增进了后来人对学校的了解和感情。

正巧该老总所在公司即将成立 20 周年，在公司高层会议上他提出希望能在庆典现场安排布置公司历程图片展览。但宣传部门和档案部门都找不到多少公司成立初期的照片、牌匾等，找到的几张当时照片所拍摄的事件也没有准确记录，照片上的公司来宾也无人认识。为此公司高层不得不召开专门会议紧急商讨应对办法。

资料来源：新浪博客，《档案利用效果汇编》，有改编，http://blog.sina.com.cn/s/blog_50c257d90100ayj2.html。

互动问题：

1. 案例中所说的照片、牌匾分别属于哪种档案？它们有何功用？

2. 如果由你负责公司的照片收集和整理，你会怎么做来保证这些档案的可靠性和可用性？

特殊载体档案是以电子介质、声音、形象等方式记录信息的特殊形式的档案，包括电子文件、照片、影片、唱片、录音、录像、光盘档案等。本章主要涉及电子档案、声像（录音、录像）档案和照片档案管理相关知识和技能。

第一节　照片档案管理

一、认识照片档案

照片分为感光材料照片和数码照片，相对于随着现代技术发展出现的数码照片，人们通常将感光材料照片称为传统照片。

传统照片是照相机利用可见光使胶片感光而形成的图像文件，是国家机构、社会组织及个人在社会活动中直接形成的，以静止摄影影像为主要反映方式的有保存价值的历史记录。传统照片有很多种，按色彩分为黑白照片、单色照片、着色照片、彩色照片等；按感光形式分为普通日光片、X 光片、超声波片、正片、负片、反转片等；按片基材料划分为普通相纸片、聚酯片、醋酸片、玻璃片等。一般单位的照片文件主要是普通日光型的常规照片，包括相（纸）片、底片、反转片等。

数码照片是用数码相机直接拍摄或扫描仪扫描而获得的，以数码形式存储于磁带、磁盘、光盘等载体，依赖计算机系统阅读、处理，并可在通信网络上传递的图像文件。国家机构、社会组织及个人在社会活动中形成的，有保存价值的数码照片，称为数码照片档案。

【知识拓展】

常用的照片档案有哪些

社会生产生活中产生的照片档案很多，利用率较高的主要有：

（1）新闻照片档案，指已经选编并办理审批手续，完成新闻报道任务后，对今后具有连续宣传价值和查考利用价值的新闻照片及其文字说明材料。

（2）科技照片档案，指导记录和反映科技活动的照片资料。

（3）艺术照片档案，指经过对摄影造型艺术照片筛选而成的照片资料，包括人物照片档案、风景照片档案、花卉照片档案、动物照片档案，以及经过加工的历史文物照片档案、工艺美术照片档案等。

（一）传统照片档案的构成

传统照片档案主要由底片、照片及文字说明三部分构成。

1. 底片。底片分为原底片和翻版底片。原底片是指照片在形成过程中最初产生的底片，它是照片文件的原始材料。翻版底片是为了保护原底片，重新翻拍照片而形成的底片，又称为复制底片。一般情况下，大多保存的是原底片。而重要的、非常珍贵的照片，应同时形成或保管原底片和翻版底片。

2. 照片。照片是通过底片洗印而成的，与被摄对象是一致的。归档的照片文件除有底片外，还应有照片。照片易于辨认，在底片损坏或遗失时，还可以根据照片翻制，是照片文件的重要构成部分。

3. 文字说明。文字说明是照片的题名、文字补充和说明材料。一张照片，如果缺少文字说明，即使再珍贵其使用价值也大打折扣。所以，照片和文字说明是相辅相成，互不可分的。

（二）数码照片档案的构成

数码照片档案一般由数码图像、文字说明和EXIF（Exchangeable Image File，可交换图像文件）信息三部分构成。

【知识拓展】

数码照片档案与传统照片档案的异同

数码照片档案与传统照片档案的构成既有相同之处，也有不同之处。

相同之处是，两者都有图像和文字说明；

不同之处是，数码照片档案没有底片，但是在数码照片拍摄或扫描过程中会形成一系列的信息，即EXIF信息。EXIF信息是镶嵌在图像文件格式内的一组拍摄或扫描参数，主要包括摄影或扫描时的光圈、焦距、分辨率、相机品牌型号、日期时间等各种与当时摄影或扫描条件相关的信息。

二、掌握照片档案收集范围与方法

（一）照片档案的归档范围

照片档案的归档范围是以反映本单位活动为主并具有一定的参考利用价值的照片（含底片、照片、文字说明材料）资料，主要包括：本单位在工作活动中产生的具有凭证和参考价值的照片；领导人物或著名人物参与某单位、某地区重大公务活动的照片；反映本地区重大事件、重大事故、自然灾害及异常现象的照片；本单位向有关单位提出内容和要求，组织拍摄或征集的照片；与本单位的其他载体档案有密切联系的照片；外单位形成但经本单位选用的照片；其他有保存和利用价值的照片。

（二）照片档案的收集方法

照片档案的收集要注意以下几个结合：

档案业务管理部门与有关行政部门工作相结合，调动有关部门的积极性。

档案馆（室）要将收集照片与清理积存照片相结合，明确收集的重点单位。

向机关、组织征集与向个人征集相结合，取得单位与个人的积极支持。

档案部门自己收集与争取兄弟单位协助收集相结合，拓宽收集工作的渠道。

全面收集与重点收集相结合，以重点带动一般。

无偿收集与有偿征集相结合，区别情况，分别对待。

收集历史照片与现实照片相结合，多渠道、多层次进行收集。

【提醒您】

照片档案收集的特殊要求

1. 对存有真伪疑义的照片，应采取必要措施鉴定。

2. 对反映同一内容的若干张照片，应选择其主要照片归档，主要照片应具备主题鲜明、影像清晰、画面完整、未加修饰剪裁等特点。

3. 底片、照片、文字说明应齐全。

4. 底片与照片影像应一致，照片档案的底片、照片应分开存放。

5. 对无底片的照片应制作翻拍底片，对无照片的底片应制作照片。

6. 照片的移交和征集，应符合有关标准的要求。

7. 对具有归档价值的照片，其摄影者或承办单位应及时整理并编写说明，及时向档案馆(室)归档，或随其他载体一起归档，一般不应跨年度。

8. 应归档的数码照片要打印出纸质照片或转换为胶片，进行异质备份。

三、整理照片档案

按照《照片档案管理规范》的要求，应本着有利于保持照片档案的有机联系、有利于保管、便于为用户提供服务的原则，进行照片档案的整理。对于照片档案数量较少的单位，照片档案可从属文书档案或科技档案，并统一整理、编号；对于照片档案数量较多，且所收集的照片档案与文书档案或其他类型档案相对独立的单位，应将照片档案单独分类、编目，单独存放。

(一)传统照片的整理

照片档案的底片应单独整理和存放，照片和文字说明应一同整理和存放。

1. 底片的分类、排列、编号

(1)底片的分类

一个全宗的底片要单独整理，不同全宗的底片不可混杂。各单位可根据实际情况采用切合本单位实际的分类法。对于大部分单位来说，底片数量不多，可不分类，只按底片收集的先后顺序编流水号即可。

对于底片数量和类型较多的单位，可按以下几种方式分类：①按制成材料分为软制底片和硬制底片，黑白底片和彩色底片；②按形成方式分为原底片与翻版底片；③按底片成像分为负片和反转片；④按尺寸大小分为 2 寸、4 寸和特大号等：⑤按年度分类，即按不同历史时期、不同年度产生的底片来分类；⑥按内容分类，即按底片反映的问题、项目、产品等来分类。

(2)底片的排列与编号

在底片册中，底片是按底片的收集时间顺序排列的。为固定底片排列的顺序，每张底片要编底片号。其方法有两种：第一种方法是指档案馆(室)在进行底片整理时，要在全宗内编顺序号，格式是两段式，即全宗号　底片号。例如，3　69，其中前段的 3 代表全宗号，后段的 69 代表本全宗第 69 张底片。第二种方法是机关、团体、企事业单位的档案馆(室)在进行底片整理时，其编号方法是在底片册内编顺序号，格式也是两段式，即底片册号　底片号。例如，1　23，其中前段的 1 代表第 1 卷底片册，后段的 23 代表本册中的第 23 张底片。这种方法避免了因底片逐步积累后，数量过多，号数加大，不能方便查找的弊病：底片在全宗内编流水号，格式为“全宗号　册号　张号”。

(3)底片装袋插册

底片应放入底片袋内保管，一张一袋，并在底片袋右上方标明底片号。翻拍底片应在底片袋左上方标明“F”字样；拷贝底片标明“K”字样。对大幅底片，应垫衬柔软的中性偏碱性纸张后放入专用档案袋(盒)。

(4)填写底片册芯页

底片册共有10张芯页，每张芯页的反正面共装底片36张。在每张底片的插口下方，标有两个栏目：底片编号(将插放底片的编号填写清楚)；底片类型(一般可不填，但出现了特殊类型底片时，则需要填写，如黑白底片、翻版底片等)。底片册整理组卷之后，要填写底片册的内封面和卷末的备考表。

2. 传统照片的整理方法与要求

(1)照片的分类、组卷

照片档案在整理时，也要注意按全宗整理，不同全宗的照片不要混杂。照片的分类组卷一般有两种方法：

第一种是按年度—专题分类。是指将一个年度内归档的全部照片结合不同的专题依次排列组卷。一个年度的照片档案可形成一卷或若干卷。

第二种是按专题—年度分类。是指根据照片所反映的内容，首先设计出专题的名称，每一专题之下按年度产生的时间顺序排列和组合照片。只要照片册内还有空位，同属一个专题的照片就按年度时间顺延排列，直至该照片册结束。

(2)照片排列

照片排列，是指照片在照片册中的排列顺序。排列时，要注意先排组，后排张。一组照片是指有密切联系的若干张照片，如一次会议、一项活动、一个项目等形成的若干张照片，为一组照片。组与组的排列是按该组产生的时间顺序而定。每组的顺序确定后，就要进行组内每张照片的排列。一组照片往往有数张，排列的方法可采取按图像所反映的重要程度结合照片形成的时间顺序排列。如一组会议的照片共归档了八张，排列顺序可以是：第一张，有会议会标的大会场的照片；第二张，大会主席台的照片；第三张，大会主持人主持会议的照片；第四张、第五张、第六张分别是大会发言人的照片；第七张，领导为先进单位颁奖的照片；第八张，大会群众场面的照片。

(3)照片编号

为了固定每张照片在照片册中的位置，需要对每张照片进行编号。编号的方法是按照片的排列顺序，在照片册内依次编制照片顺序号。其格式为两段式：案卷号　照片号。如，2　62，表示是第2卷照片册中的第62张照片。

编号时注意，每卷从“1”开始，照片号不重、不空、不漏。照片号要分别填写在该照片的背面以及照片册芯页的该张照片的说明中。

(4)填写照片说明

照片的文字说明，是照片档案的重要组成部分，有总说明和分说明两种。总说明是指一组照片的说明，而分说明是指每张照片的说明。

【提醒您】

注意区分照片档案总说明和分说明的编写方法

总说明的编写,要求有时间、地点、事由、人物、背景、摄影者六方面的要素。①事由:照片影像所反映的事件。②时间:事件发生或事物变化、产生的时间和拍摄时间。③地点:被摄物所在的具体地点。④人物:照片影像上主要人物的姓名、身份,填写说明时还要标明照片上主要人物所在的位置,如××县工商局局长×××(前排左二)。⑤背景:对揭示照片影像主题具有一定作用的背景,一般指时代背景,如"1984 年 10 月 1 日,参加 35 周年国庆游行的大学生通过天安门时,队伍中突然展开'小平,您好'的横幅,表达了亿万人民的心声",这张照片的文字说明中"35 周年国庆游行"即为时代背景。⑥摄影者:照片的拍摄单位和拍摄人。编写时要综合运用六个要素,概括揭示照片影像反映的全部信息,文字要简洁、通顺。总说明要求填写在每组照片第一张的上方空白处。

分说明,是指每一自然张照片的说明,内容和填写要求如下:照片题名(简要地概括出照片的内容,一组照片可用相同的题名);照片号(按两段式填写);底片号(该张照片的底片号);参见号(与本组或本张照片有联系的其他门类档案的档号,例如,文 1—34—66,表示本张照片与文书档案的第 1 本目录第 34 案卷的第 66 页有关);文字说明(要求突出该张照片的主要要素)、分说明填写的位置在照片册芯页每张照片侧面的相关栏内。

(5)填写照片册卷内目录

为了方便照片的查阅、利用,照片册内应编有卷内目录。其格式及著录举例如表 12—1 所示。

表 12—1　　照片档案卷内目录

照片号	照片题名	拍摄时间	照片所在页号	底片所在卷号底片号	备注
1—7	××局 2018 年××工作会议照片	2018 年 5 月 25 日	1—3	2 182—188	
8—15	××局召开"××"表彰会照片	2018 年 7 月 29 日	4—5	2 189—192	
16—20	××局召开"××"研讨会照片	2018 年 9 月 9 日	6—8	2 192—198	

以上项目中,著录时需注意:

照片号:以一组照片为单元或以照片的自然张为单元填写。

照片题名:可填写一组照片的题名。

拍摄时间:填写照片拍摄的年、月、日。

照片所在页号:填写该组或该张照片在册中的起止页号。

底片所在卷号、底片号:填写该组或该张照片所在的底片册号和底片起止号。

备注:需说明的事项。

照片册立卷整理后,还要填写内封面及卷末备考表。

【小技巧】

特殊规格照片的整理技巧

特殊规格的照片是指一些大幅、大张照片，如团体照片等。这些照片往往规格幅面不一，无法插放在规范的照片册芯页内。因此，这些照片的整理要注意从实际出发，一般方法是：

(1)小于照片册芯页的照片(约8～10寸)，可采用空白芯页插放。并以每张为单元填写文字说明。

(2)超大、超长的照片，可装盒或装袋平放，但是盒内或袋内要有照片的编号和文字说明。

(二)数码照片档案的整理

数码照片的整理，包括数码照片的分类、排列、编号、编写文字说明、编写数码照片档案目录、光盘编号、填写光盘标签、光盘校验、编制光盘目录等环节。

1. 数码照片的分类

数码照片的分类一般采用保管期限—年度—组的分类方法。所谓"组"是有密切联系的若干张数码照片的集合，如一次会议、一项活动等反映同一问题或事由而形成的若干张数码照片为一组。不同组的照片不能混淆，应该分别整理。

此种分类方法是通过在计算机中建立层级文件夹实现的。即首先在硬盘的非系统分区根目录下建立"数码照片档案"文件夹，在此文件夹内按不同保管期限建立不同的子文件夹，在每个子文件夹中分别建立"年度文件夹"，并以年度号命名各个文件夹名称，然后再在这些文件夹中按不同组分别建立"组文件夹"，以顺序号和主要内容或事由命名组文件夹的名称。

2. 数码照片的排列

数码照片的排列与分类紧密关联，原则上在同一个保管期限内按形成时间的先后顺序排列"组文件夹"。每组内的照片，以张为单位，按照图像所反映的重要程度顺序为电子图像文件重命名，依次排列组内照片顺序。

3. 数码照片的编号

数码照片的编号采取年度—组号—张号三段式的编号方式。其中：组号，是指同一年度内组文件夹的流水号，张号是指组内的每张照片的流水号。编制号码时，都使用阿拉伯数字从1开始顺序编码。例如，2018年第2组的第一张照片，其拍摄形成的自然编号为DSCN0001.jpg，归档后改为2018－2－1.jpg。

4. 数码照片的文字说明编写

数码照片的文字说明包括组文件夹的命名、组文件夹内的总说明和每张数码照片的分说明三部分。

(1)组文件夹的命名。采用组的顺序号和主要内容或事由组成，标在组文件夹下面的名称位置上。

(2)总说明。总说明是对"组文件夹"内所有照片内容的概要说明，编写要求有事由、时间、地点、人物、背景、摄影者、EXIF信息在内的综合说明，字数在200字内，以Word文档方式附在该文件夹内。

(3)分说明。是对"组文件夹"内每一张照片的概括说明，内容包括该张照片的编号和照片图像内容的简要说明，直接标注在每张照片底下名称的位置。

5. 编写数码照片目录

数码照片是以“张”为单位标志目录，在年度文件夹内建立 Excel 电子表格文件，对一个年度内各个文件夹的所有数码照片进行编目，并以年度命名，如 2018 年度数码照片目录 .xls。目录录入项目包括数码照片号、照片题名、拍摄时间、摄影者、纸质照片号、参见号、保管期限、备注等，其格式如表 12—2 所示。

表 12—2　　数码照片档案目录

数码照片号	照片题名	拍摄时间	摄影者	纸质照片号	参见号	保管期限	备注
……	……	……	……	……	……	……	……
2018—4—1	国家档案局检查组到××市检查档案工作	2018 年 5 月 5 日	张××	30—1	文 5—3—15	永久	
2018—4—2	××市档案局(馆)长××向检查组汇报工作	2018 年 5 月 5 日	张××	30—2	文 5—3—15	永久	
2018—4—3	国家档案局检查组到××市档案馆库房进行安全检查	2018 年 5 月 5 日	张××	30—3	文 5—3—15	永久	
……	……	……	……	……	……	……	……

需要说明的是，机读目录一般定义“时间”这一项为 8 个字符，就用 8 位阿拉伯数字表示，如 2018 年 5 月 5 日可表示为：20180505。目录文件除要保存在年度文件夹中，还应打印出纸质形式以备查。

6. 数码照片的存储

数码照片在经过计算机整理后，要进行存储，一般是将其刻录到光盘。

(1)刻录光盘

刻录要求：数码照片档案应该定期刻录成光盘保管。使用只读型光盘作为存储载体，选择一次性写入方式，低速刻录一式三套：一套封存保管，一套提供利用，一套异地保存，套别分别用字母 A、B、C 表示。

刻录内容：数码照片文件夹；数码照片目录文件；光盘说明文件。其中光盘说明文件用于说明本张光盘内容和制作情况的各类信息。项目包括，光盘题名、套别、照片文件起止年月、保管期限、照片张数、照片文件类型、光盘类型、制作时间、制作软件、制作人等。以 Word 文档方式存储在光盘中。

(2)光盘管理

光盘编号：存储数码照片的光盘，按照形成年度的顺序流水标号，连续排列。由档案类别代字—光盘套别代字—顺序号组成。其中类别代字为“I”(表示照片图像文件)，例如，I—A—15 表示用于封存保管的第 15 张光盘。

填写标签：光盘刻录完成后，应填写数码照片档案登记表和数码照片档案元数据登记表，分别注明数码照片档案的基本信息和背景信息。光盘标签应与光盘盒大小一致，项目包括：光盘号、光盘容量、光盘题名、保管期限、照片张数、起止年月和光盘制作的硬件环境、软件环境、文件格式等内容。

光盘校验:光盘刻录完毕后要校验。校验内容有,数码照片文件、著录文件及光盘说明文件。要打开刻录好的光盘,一一查看各部分内容是否完整、能否打开、文件数量是否准确等。

(3)编制光盘目录

依照数码照片刻录成的光盘,编制光盘目录,它是数码照片档案的基本检索工具之一。光盘目录包括光盘号、光盘题名、起止年月、照片张数、刻录日期和备注等项目内容。其格式如表 12—3 所示。

表 12—3　　数码照片光盘目录

光盘号	光盘题名	起止年月	照片张数	刻录日期	备注
……	……	……	……	……	……
IA4	××市档案局(馆)2018 年数码照片档案	2018.1—2018.12	417	2019.1	
IA5	××市档案局(馆)2019 年数码照片档案	2019.1—2019.12	542	2020.1	
……	……	……	……	……	……

【提醒您】

应归档的数码照片还要进行异质备份

除了磁盘和光盘保存外,按照国家档案局关于电子档案实施"双套制"保存(见本章第四节)的要求,应归档的数码照片还要打印出纸质照片或转换为胶片,进行异质备份。所备份的照片或胶片的整理要求与方法,参见前文关于传统照片档案整理方法。

(三)照片档案的鉴定

照片档案的鉴定成果就是确定其保管期限。

在同一活动中形成的照片档案与纸质载体档案,其保管期限应是一致的,如记录某次重要会议的文书档案须永久保管,那么反映这次会议的照片档案也应永久保管。因此,某些照片档案的保管期限可以参考与之有密切联系的纸质载体档案的保管期限,加以确定。

由于照片档案在加工、收集归档时就进行了选择,因此照片档案的保管期限划为永久或长期较为妥当。

【小技巧】

照片档案价值鉴定的方法与技巧

对照片档案进行价值判定的难度较大。但以下几个要素可以作为鉴定照片档案价值的依据:

(1)照片的形成年代。如一些历史老照片,即便没有文字说明,但通过照片上的人物穿着、环境的细节,可以反映出它形成年代的特点,因而形成年代越久远的照片,其价值相对就更大。

(2)照片反映的内容。图像所记录的内容是丰富的。从某些照片的内容上可判定其照片的价值。如从照片所揭示的情景及其反映事物的特征,来判读照片档案的价值。

(3)照片的制成材料和技术质量。摄影技术经历了从弱到强,从传统到新技术突破的历史过程。不同制成材料和不同技术质量的照片,构成了的照片档案价值不同。当然这并不是绝对的要素。如果一张照片年代久远,虽技术质量很差,但所记录的内容十分重要,且是绝版的,那它的价值仍非同寻常,十分珍贵。

(四)照片档案案卷目录的编制

照片档案的案卷目录是照片档案的基本检索工具。照片档案案卷目录格式及著录如表12—4所示。

表12—4 照片档案案卷目

案卷号	案卷题名	照片起止年月	保管期限	照片张数	备注
10	××局2017年召开的各类会议的照片	2017.1—2017.12	永久	73	
11	××局2018年召开的各类会议的照片	2018.1—2018.12	永久	76	

(五)保管照片档案

1. 库房要求

照片档案,尤其是底片档案,对库房的要求比较严格。有条件的单位应建造符合《照片档案管理规范》要求的专用档案库房,一般单位也应选择专用房间,使用专门的箱柜存放照片档案。对于存放底片的房间,应控制室内昼夜温度变化在±3℃,湿度变化在±5%。其他还有防火、防尘、防光、防污染等要求。

2. 装具要求

底片和照片不应装入同一纸袋内,以免底片受潮时与照片黏合。保管底片可采用活页本装法,每本若干页,正反两面都可装底片。彩色底片与黑白底片装入不同纸袋收藏,另行编号,顺序排列。照片档案的装具应按《照片档案管理规范》要求自制或直接从厂家选购符合国家标准的照片档案册和照片底片册。

第二节 声像档案管理

一、认识声像档案

声像档案是国家机构、社会组织或个人在履行法定职责过程中采用不同记录载体形成的以声音或影像为主要呈现方式的,具有凭证、查考和保存价值并归档保存的信息记录。主要包括影片(正负片)唱片、录音带、录像带、磁介质等不同材料为载体,以声像为主,并辅以文字说明的历史记录,亦称音像档案、视听档案。声像档案是单位档案全宗的重要组成部分。

1. 传统声像档案

(1)传统录音档案

录音档案主要有唱片和录音带两种。录音带又分盘式和盒式两种,其中以盒式为常见。盒式录音带按时长可分45分钟、60分钟、90分钟、120分钟几种,按其制成材料,有氧化铁磁带、铬磁带、铁铬磁带、掺钴磁带及金属磁带等，氧化磁带又分低噪声带、低噪声高输出带及高保真带等。

(2)传统录像档案

录像带同样分盘式和盒式两种，同样以盒式为常见。其宽度有 3/4 英寸、1/2 英寸等，制成材料有铬带、掺钴氧化铁带等。

2. 电子声像档案

(1)模拟信号录音录像文件数字副本

模拟信号文件或档案经过数字化加工后形成的，存储在磁带、磁盘、光盘等载体上并能被计算机等电子设备识别的数字信号文件。

(2)录音录像电子文件

通过计算机、数字化转换等电子设备形成、传输和存储的数字音频和数字音视频文件。录音录像电子文件由内容、结构、背景组成。

【知识拓展】

声像档案有哪些特别之处

与文书档案相比，声像档案具有以下特点：

一是形意结合，形象逼真。声像档案和文字档案相比，更能给人以活灵活现的感觉。有些事件或活动，通过文字甚至是连篇累牍的文字也很难表达清楚，然而通过反映事物变化的照片、录音、录像等，很快就可以解决问题。声像记录和文字说明是形意结合的整体。它们互相依赖、互相印证、互相补充。声像档案以画面的可视形象，生动地展现在读者面前，而且配有音乐、语言，便于利用者理解和接受。可以使利用者有身临其境的感觉。声像档案的形象性与直接感受性超过其他类型的档案。

二是时空感强。声像档案由于依赖于先进的科学技术和传输手段，它的时间感与空间感比一般档案强烈，甚至可以进行超越时空的远距离传送，这是一般档案所望尘莫及的。声像档案可以把声音和图像真实地记录下来并予以再现，可以将人们引向对历史的深切怀念或者使人们对历史有更深刻的认识。

三是易复制、好转移。胶片、磁带、磁盘、光盘等所记录的声像信息比纸质档案更易复制。纸质档案的信息与载体间的关系是难以分割的。而记录在声像档案载体上的信息，可转录到其他载体上。而且作为声像档案载体的磁带、磁盘、光盘可用来多次记录。

二、掌握声像档案收集方法与归档制度

1. 声像档案的收集方法

声像档案的收集有如下途径和方法：

(1)集中收集，即有计划、有针对性地进行阶段性收集，这是声像档案收集的重要途径。

(2)定向收集，即向某项活动的主办、承办单位或参与活动的单位和个人进行重点收集。

(3)直接参与收集，即单位档案机构派人员直接参与现场拍摄的收集方法。

(4)随时收集，即要求档案人员平常要注意收集有关活动信息，发现线索及时跟踪，及时收集。

【小技巧】

声像档案的收集要求与诀窍

为保证声像材料的收集齐全、有保存和利用价值，可遵循“以我为主，突出主题，质量精良，内容齐全”的十六字原则。

“以我为主”，即要以本单位形成的并能反映本单位职能活动的声像材料作为收集重点。

“突出主题”，即收集的声像材料要能反映出重要活动、会议等的主要内容、场景、人物的实况；

“质量精良”，即对收集来的声像材料必须精心挑选，把主题鲜明、影像清晰、画面完整、未加修饰剪裁的声像材料归档。

“内容齐全”，即归档的声像材料内容要完整，录音录像档案是磁性材料，归档时要装入硬盒套，以免受压变形损伤。盒套内要装有登记表，注明录摄制作经过和内容，如单位、地点、作者、内容、开始语、结束语、盘数、使用机器型号、磁带号、技术质量、录摄人、检查人等。

与录音、录像有关的文字材料要同时归档。

2. 声像档案的归档制度

按照《中华人民共和国档案法》和《录音录像档案管理规范》(DA/T 78—2019)等要求，各单位在履行职能活动中形成的、具有保存价值的录音录像文件应及时归档，向档案部门移交，任何部门或个人不得以任何借口据为己有。

(1)声像档案归档范围

单位应归档的声像材料主要包括：

记录本单位主要职能和基本历史面貌的，具有保存价值的录音录像文件。如工作活动、重要会议、外事活动、重点工程、重要人物等；主办或承办的本地区政治、经济、文化、体育与社会事业等重大活动；上级领导和著名人物来本单位检查、视察、调研等工作或参加与本单位、本地区有关的重大活动；组织或参与处置的重大事件，包括重大自然灾害、重大事故、突发事件等。

记录本地区地理概貌、城乡建设、名胜古迹、自然风光、民风民俗和人物宣传的录音录像文件。

执法部门或司法部门职能活动形成的录音录像文件。

其他具有保存价值的录音录像文件。

(2)声像档案归档时间

应根据实际情况，采取随时归档与定期归档相结合的方式：随时归档是指对具有归档价值的声像材料，由其摄影者或承办单位经及时系统规范整理后，向档案室归档，一般不跨年度；定期归档是指，声像档案随立档单位其他载体形态的档案一并向有关档案馆移交。特殊情况下，经同级档案主管部门同意可提前或延迟移交。

(3)声像档案归档要求

声像档案收集、整理和移交等环节的工作都应符合《录音录像档案管理规范》等标准的要求。

三、掌握声像档案的整理

1. 分类与编号

分类是将录音档案和录像档案分开,声像制品多的单位,如电视台、广播电台等,还可在录音档案或录像档案内按内容等划分属类。声像档案整理后,要分开编目。

声像档案以盘或盒为保管单位编号。编号可按归档的时间顺序结合内容编制流水号。格式:类别代号　顺序号。例如:像　05,表示录像档案第 5 盒(盘)。编号中必须注意两个"一致",即录音录像盒上的编号与外包装盒上的编号一致,录音录像盒上的编号与其相应的文字说明一致。此外,如果一个活动录制多盒(盘)录音(录像)带,则应在题名栏后注明录音(录像)带的顺序号。

2. 编写文字说明

声像档案的文字说明必须详细准确。录音带要写明:讲话内容、讲话人姓名、身份、录音时间、录音带播放时长、录音带型号规格、设备的型号规格。录像带要写明:所摄内容、主要人物、拍摄时间、录像带型号规格、设备的型号规格。

3. 填写标签

标签内容包括:编号、参见号、片名、播放时间、摄制单位、摄制时间、规格、制式、密级、主要人物的姓名和身份等。

4. 录音录像电子文件归档整理

(1)应以通用或开放格式收集、存储并归档录音录像电子文件。录音电子文件归档格式为 WAV、MP3、AAC 等,音频采样率不低于 44.1kHz。录像电子文件归档格式为 MPG、MP4、FLV、AVI 等,视频比特率不低于 8Mbps,珍贵的录像电子文件可收集、归档一套 MXF 格式文件。

(2)以件为管理单位整理录音录像电子文件,整理结果应能保持录音录像电子文件之间的内在有机联系,通过规范命名、著录等建立录音录像电子文件与目录数据之间的一一对应关系,便于利用和长期保存。

(3)应在计算机存储器中按分类类目(年度、保管期限)等逐级建立、命名文件夹,在最低一级分类类目文件夹集中存储应归档的录音录像电子文件,由电子档案管理系统或操作系统自动排序,保持录音录像电子文件之间的内在有机联系。需以离线方式归档的,应结合计算机文件大小、载体容量等因素适时制作离线归档载体,将应归档的录音录像电子文件、目录数据等按原有存储结构复制到一次写光盘或移动硬盘,并按规则为离线归档载体编号、标示。

【知识拓展】

声像档案的库房管理应注意什么?

除参照纸质档案保管要求外,录音录像档案原始载体、离线备份载体的保管还应符合下列要求:

——应做防写处理,避免擦、划、触摸记录涂层。

——应装盒,竖立存放,避免挤压。

——应远离强磁场、强热源,并与有害气体隔离。

——保管环境温度选定范围：光盘 17℃～20℃，磁性载体 15℃～27℃，24 小时内温度变化分别不得超过±2℃、±3℃；相对湿度选定范围：光盘 20%～50%，磁性载体 40%～60%，24 小时内相对湿度变化不得超过±5%。

第三节 实物档案管理

实物档案是指除纸质、磁介质等特殊载体档案以外，反映单位活动的，承载有表彰、授权、字画、资质、纪念等特殊内容、具有保存价值的物体，主要有证书、奖牌、奖杯、锦旗、奖章、纪念品等种类。

一、实物档案的归档

1. 实物档案的归档时间和要求

实物档案一般应在形成后，及时归档移交单位档案部门，保持其整洁、无破损。移交时，应标明时间，形成实物主题、材质等情况说明，归档后的实物应拍照作为声像档案整理归档。

2. 实物档案的归档范围

一个单位的实物并不都是实物档案，只有能反映单位主要活动，具有证明和纪念价值，能与其他档案互为参考和佐证的实物，才能作为实物档案保存。归档范围包括以下几方面：

奖品，如单位荣获的奖状、奖章、奖杯、锦旗、牌匾等。

印章，如单位机构因名称更改等作废的印章。

礼品赠品，如单位获得的题词、字画、工艺品等物品（见图 12—1）。

图 12—1 实物档案

二、实物档案的整理

实物档案的整理一般按如下步骤进行：

1. 区分载体

实物档案整理时首先要根据单位内实物档案的具体情况决定分类，常用的方法是按实物种类分为证书、奖牌、奖杯、锦旗等。

2. 清洁修整

由于载体特殊，实物档案一般容易受损或受污，整理时需要进行清洁修整。奖状、证书破损要修裱，奖牌污损要清洁、抛光、保养，尽量恢复原状，其他可根据不同的要求进行修复。

3. 分类排序

实物档案按证书、奖牌、锦旗、奖杯等分类后，并给予1、2、3、4……的代码(在总体分类方案中标明)，同一类的实物档案按时间顺序排列，时间相同的可根据其反映内容按重要程度排序，一个单位的排序方法要相对统一。

4. 贴标签

实物档案标签采用红色四格标签。第一格填写全宗号，第二格填写目录号，第三格填写相应的类目代码，如奖牌填写“2”，第四格填写流水号，如证书类第十件填“10”。标签的贴法采用贴在实物档案的背面右上方固定位置，较大的礼品档案标签可贴在底座上。

三、实物档案的编目与排架

实物档案目录内容有档号、责任者、题名、时间、载体、互见号、备注。

大部分项目填写要求与文书、科技档案的要求相同。其中“载体”项，填写实物档案的类型，如证书、奖牌等；“互见号”项，填写该实物承载内容所对应的文书档案的档号等。

实物档案的排架，按种类分别排放，存放的方式有两种：竖放和平放。实物档案在本单位总体分类方案中列最后，排架时也宜排在档案架的最后部分。

第四节 电子档案管理

一、认识电子档案

电子计算机的普及应用对人类社会活动产生了极其深远的影响，电子文件成为当今信息化建设的基本构成要素，对提高办公效率和工作质量发挥着积极的作用，一种全新的档案形式(即电子档案)也就应运而生。

【范例阅读】

功亏一篑

何莉是公司综合部的秘书。一天，总经理说要看公司上一年度的总体运营情况。一接到任务，整个综合部都忙了起来，大家分头找数据和资料，所有数据汇总到何莉这里时，已快下班了，她对同事们说：“你们先走吧，我来整理打印。”

一个小时后总算搞好了情况报告，何莉伸了一个懒腰，去取正在充电的手机，却不小心拽到了电脑电源线。重启电脑时傻眼了，多人忙碌辛苦了大半天的内容没保存好，只得挑灯夜战，从头再来……

互动问题：

1. 请根据案例中发生的情况分析电子文件形成过程中应注意些什么。
2. 电子档案的保存与保护与纸质档案的主要区别是什么？

电子档案是指人们在各种活动中以电子计算机为工具产生的一类数字化形式的具有保存价值的电子文件。从信息技术的角度看，电子文件是通过计算机操作、传输、存储等处理的数码序列。目前电子文件所采用的存储介质主要有硬盘(硬磁盘、移动磁盘)和光盘。

电子档案具有以下特点：信息存储的高密度性，信息与特定载体之间的可分离性，多种信息媒体的集成性，信息的非人工识读性，系统依赖性。

此外，与传统纸质文件相比，电子档案更易被删节更改。其来源(即电子文件)可通过网络等多种方式和途径转移，为我们编辑、修改文件提供了极大便利，但提高工作效率的同时，也带来了一定的安全隐患和难以保证文件的原始性、真实性、凭据性等难题。

【知识拓展】

常见的电子档案有哪些类型

(1)文本文件或称字(表)处理文件，是指使用文字处理软件生成的，由字、词、数字或符号表达的文件。

(2)数据文件，也称数据库电子文件，是以数据库形式存在的具有文件属性的记录，如某高校学生成绩管理系统中的数据。

(3)图形文件，是指根据一定算法绘制的图表、曲线图，如计算机辅助设计(CAD)或绘图中产生的设计模型、图纸、图画等文件。

(4)图像文件，是指使用数字设备采集或制作的画面，如用扫描仪扫描的各种原件画面，用数码相机拍摄的照片等。将馆藏档案数字化时，对档案的扫描也是图像文件。

(5)影像文件，是指使用视频捕获设备录入的数字影像或使用动画软件生成的二维、三维动画等各种动态画面，如数字影视片、动画片等。

(6)声音文件，是指用音频设备录入或用编曲软件生成的文件。

(7)命令文件，也称计算机程序，是一种计算机软件。它一般是由程序员编写“源程序”输入计算机，通过相应的编译程序编译后执行，有些还要经过连接程序才能执行。

(8)包含上述两种以上信息形式的文件为“多媒体文件”，包含对其他文件链接功能的文件为“超文本文件”(Hypertext)。最常见的如网页(WebPage)就是使用超文本技术制作的。

二、电子档案的管理

与纸质档案一样，电子档案的管理也包括整理归档、保管保护、提供利用和鉴定处理等环节。其中电子文件归档是首要环节，要求必须明确电子文件的归档条件，严把归档检测关。通过明确归档范围来保证电子的档案质量，其中包括保证有完整、齐全的电子文件辅助信息的归档，如对于收发电子文件来说，必须是全文信息，从文件设计、修改和形成阶段做起，使电子文件格式与环节相匹配，以此来确保电子文件的归档质量。

1. 电子档案归档范围

电子文件的归档管理目前实行“双套制”，即具有永久保存价值的文本或图形形式的电子文件，如没有纸质等拷贝件，必须制成纸质文件或缩微品等。归档时，应同时保存文件的电子版本和纸质版本或缩微品。应保证电子文件的凭证作用，对只有电子签章的电子文件，归档时应附加有法律效力的非电子签章。电子文件的归档范围参照国家关于纸质文件材料归档的有关规定执行，并应包括相应的背景信息和元数据。背景信息，指描述生成电子文件的职能活动、电子文件的作用、办理过程、结果、上下文关系以及对其产生影响的历史环境等信息。元数据，指描述电子文件数据属性的数据，包括文件的格式、编排结构、硬件和软件环境、文件处理软件、字处理和图形工具软件、字符集等数据。

【提醒您】

电子文件归档时还应注意收集各种相关文件

除了文件本身外，电子文件归档时还应注意收集以下有关文件：

(1)支持性文件，指能够生成运行文本、数据、图形等文件和各种命令及设备运行所需要的操作系统。

(2)数据文件，指各种数据材料。由于数据在不断变化、更新，应对原始数据隔一段时间定期拷贝，并将拷贝文件归档。

(3)与电子文件有关的各种纸质文件，主要有产生电子文件所使用的设备的安装与使用说明、操作手册等，以及电子文件形成过程中产生的一些纸质文件，如设计任务书、操作手册等。

2. 电子档案归档时间

逻辑归档可实时进行，物理归档应按照纸质文件的规定定期完成。逻辑归档，指在计算机网络上进行，不改变原存储方式和位置而实现的将电子文件的管理权限向档案部门移交的过程。物理归档，指把电子文件集中下载到可脱机保存的载体上，向档案部门移交的过程。文件形成部门或信息管理部门应定期把经过鉴定符合归档条件的电子文件向档案部门移交，并按档案管理要求的格式将其存储到符合保管期限要求的脱机载体上。

3. 电子档案归档要求与流程

归档电子文件的质量关系到以后电子档案的保管与利用，因此档案部门要采取措施保证电子文件归档的质量要求，基本要求与流程如下：

(1)基本要求：齐全完整，真实有效。

(2)整理、编辑、划分保管期限，整理工作由文件形成部门具体负责，整理方案由档案部门统一决定。

(3)统一规定载体形式、质量要求。档案部门应对电子文件的载体质量、规格、格式等做出统一规定，各部门按照规定将电子文件一式两份向档案部门移交，档案部门检查后归档保存。

(4)防病毒。推荐应用光盘归档，但无论是光盘还是软盘，都必须尽量用空光盘刻录，不能用携带可引导的系统程序盘，防止带入病毒。

(5)编制说明。文件形成部门应对归档的电子文件编制归档说明，简要说明磁带、硬盘、光盘中存贮文件的内容，运行的软硬环境、版本号、文件的完整性和准确性等。

【提醒您】

注意电子档案保管与保护的两个方面

与纸质档案不同的是，电子档案的保管与保护包括下面两个方面：

(1)载体的物理保护

归档电子文件的保管除应符合纸质档案的要求外，还应符合下列条件：归档载体应作防写处理；避免擦、划、触摸记录涂层；单片载体应装盒，竖立存放，且避免挤压；存放时应远离强磁场、强热源，并与有害气体隔离；环境温度选定范围为 17℃～20℃；相对湿度选定范围为 35%～45%。

(2)信息的安全维护

采用备份和镜像技术，防止文件信息的丢失。制作备份是指为电子文件制作一份或几份拷贝，将拷贝保留在一个安全的地方，以防原件因载体损坏或设备故障等原因而丢失信息。镜像技术是对实时要求极为严格的动态数据库文件所采取的安全备份措施。它实际上是为某一动态系统建立完全对等的孪生系统，两个系统同时执行完全相同的工作，若其中一个系统出现故障，另一系统仍可继续工作，以防止文件信息的丢失。加密技术，如采取网络设备认证、数据安全保证、操作安全保证、身份识别等防范措施，满足企业对电子文件信息系统的安全和保密要求。

杀毒主要用杀毒软件，这是一项技术性的工作，应组织专业人员建立起完善有效的防治体系。安装补丁程序，以弥补程序缺陷。程序缺陷可能引起信息泄密或破坏。发现程序缺陷后，及时安装各种安全补丁程序，以免被非法者利用。系统程序的安全漏洞，因发现后传播极快，更应及时修正，否则后果难料。

4. 电子档案的利用

在利用电子档案时应使用拷贝件。归档电子文件的封存载体不应外借。未经批准任何单位或人员不允许擅自复制电子档案。利用时应遵守保密规定。对具有保密要求的归档电子文件采用联网的方式利用时，应遵守国家或部门有关保密的规定，有稳妥的安全保密措施。提供利用的方法包括提供物质载体拷贝、网络传输和计算机直接提供利用等方式。

5. 电子档案的鉴定

电子档案的鉴定包括内容鉴定和技术鉴定两方面，应将内容鉴定和技术鉴定的结果结合起来，综合判定其保存价值。鉴定程序也有不同于纸质档案的特点。

(1)内容鉴定

电子档案的内容鉴定，在原则、标准、方法上与纸质档案大体相同。在没有专门的电子档案保管期限表作为鉴定依据的情况下，目前可参照现行档案保管期限表并结合电子文件实际情况进行判断。

(2)技术鉴定

由于电子档案的系统依赖性等特点，有必要对其进行技术鉴定，具体包括：

①可读性鉴定。即鉴定时，对于归档电子文件的存储介质，要看其是否符合规定的形式、规格和质量要求，为保证日后的多次可读，可使用专用软件对介质的现有状态进行物理扫描。信息检查最常用的方法是将文件在计算机上读一遍，看能否顺利地将文件还原，如果错误超过 5%，可认为该文件不具有可读性，还可通过与打印件加以比较的方法确定其是否值得保存。

②可靠性鉴定。主要是指内容的真实与完整。对于电子文件的真实性，可从版本的鉴别入手，非正式版本的文件不具有法定的证据价值。电子文件的易修改性使得计算机系统中同一文件经常存在不同版本，一般情况下归档保存的电子文件必须是最终版本，必要时也要同时保存某些草稿和定稿。对于电子文件的完整性分析主要从文件的相关性入手。随着软件功能和计算机网络的发展，一套电子文件中的文字、图表、数据分布在几个甚至几十个

地方的情况会越来越多。如果分布在各处的文件成分汇集不全，一份文件便无法再现其原貌。因此鉴定时需要核实相关归档文件是否收集齐全，特别对这种在物理结构上分散的文件。对于数据库，还必须确认数据与栏目是否吻合，结构是否正确等，某些结构比较复杂的关系型数据库还应有相应的说明文件，否则日后的使用者可能对再现的数据结构无法正确理解，与相关的数据库无法顺利连接。

③无病毒鉴定。由于档案管理部门，尤其是档案馆的归档电子文件来自四面八方，比起一个业务部门，一个机关受病毒侵害的概率自然会大幅增加，档案部门一旦遭受病毒感染，其危害是难以估量的。因此对于以介质状态接收进来的电子文件，应使用查毒、杀毒软件检测和处理。

④载体状况鉴定。归档电子文件的载体是信息最直接的"生存环境"，载体质量发生问题会直接损伤存储在上面的信息，可在有关设备上演示或检测，确认归档文件载体质量良好，运转正常。

(3)鉴定程序

归档电子文件的鉴定主要包括如下程序：首先，确定电子文件的归档范围，并划分其保管期限；其次，档案室将归档的电子档案进行一次包括内容鉴定和技术鉴定的全面鉴定；再次，在间隔一定周期，要对电子档案进行再鉴定。

再鉴定具体包括：存储在磁带和光盘上的文件一般在定期复制时再鉴定；永久类档案由档案馆接收时再鉴定；通过再鉴定对保管期满的电子档案进行相应处理。

6. 电子档案的销毁

确无保存价值的电子档案要删除销毁，其销毁可分为信息销毁和载体销毁两大部分。

(1)信息销毁

电子档案的信息销毁是通过软件系统改变载体的状态，将数据从记录载体上彻底消除的一种方法。这种方法适用于可重复使用的记录载体，如硬盘、可擦写式光盘、磁带机等。它的优点是可重复利用载体，节约了资源、经费，销毁方法简单。缺点是销毁过程具有非直观性，主要是通过计算机软件系统来完成销毁工作，如果销毁不彻底，容易留下泄密的后患。

(2)载体销毁

电子档案的载体销毁是指将档案载体连同信息一起销毁的方法，主要适应于一次写入不可更改的记录载体及受损伤不可修复的载体。它的优点是销毁比较彻底，缺点是浪费资源。从目前看，电子档案载体的回收、再生工作开展得不够，还存在着载体的销毁处理会给环境带来不利影响的问题。

电子档案的销毁应建立严格的审批制度，在计算机上删除文件时，为防止差错，应建立备份，待审查无误后，再将备份删除。

【本章小结】

1. 照片档案的来源有传统(感光材料)照片和数码照片。传统照片档案主要由底片、照片及文字说明三部分构成。数码照片档案一般由数码图像、文字说明和 EXIF 信息三部分构成。

2. 声像档案包括录音和录像档案等。声像档案的保管除了注意温湿度、防火、防尘等之外，还应注意防磁，并做防写入处理。

3. 一个单位的实物并不都是实物档案，只有能反映单位主要活动，具有证明和纪念价值，能与其他档案互为参考和佐证的实物，才能作为实物档案保存。实物档案的整理要经历区分载体、清洁修整、分类排序、贴标签、编目排架等步骤。

4. 电子文件归档时除文件本身、元数据、背景信息外，还应注意收集相关的支持性文件、数据文件以及与电子文件有关的各种纸质文件。电子档案的保管与保护，包括载体的物理保护和信息的安全维护两个方面。与之对应的电子档案鉴定也包括内容鉴定和技术鉴定。

【练习题】

1. 你认为单位应该如何做好照片档案的收集工作。
2. 电子档案的技术鉴定包括哪些方面，其作用是什么？
3. 归档后的实物应拍照作为声像档案整理归档，你认为这是不是属于重复归档。

【技能训练任务】

任务一

1. 训练目标

掌握照片档案整理和著录的基本原理，熟悉照片档案说明项目的填写规则。

2. 训练内容

选择学校主页上最近一则报道的新闻照片，对其编写文字说明。

3. 训练要求

符合《照片档案管理规范》的基本要求，文字说明有时间、地点、事由、人物、背景、摄影者等基本要素。

任务二

1. 训练目标

熟悉电子文件归档和电子档案整理的基本原理和方法，了解电子档案的多渠道备份和异质备份。

2. 训练内容

(1)对自己电脑硬盘(或其他存储器)中的电子文件进行分类整理。

(2)用一种以上的方式对上述文件备份。

3. 训练要求

要求掌握电子档案管理的基本特点，符合电子档案管理的相关标准和要求，能用光盘等多种方式进行备份。

第十三章
档案室建设与管理

学习目标

知识目标：

了解基层档案室的职能和任务。

了解基层单位档案室建设的物质条件。

熟悉基层单位档案室建设的要求和步骤。

了解基层单位档案室日常管理工作的内容。

能力目标：

能够拟写基层档案室筹建方案。

能够列出档案室建设需要的物质清单。

能够布置和摆放档案室的设备和物品。

能制定档案室管理有关基础性文件。

【案例导读】

刚就业遇挑战

陆媛玲是上海一所高职文秘专业的毕业生，应聘到中材科技有限公司的苏州子公司工作，这是一家大型国有企业，总部设在北京，苏州分公司是旗下一个比较大的分公司，下面还有若干在南通、九江、成都几个分公司。上班后不久，陆媛玲向大学期间的档案管理课老师发了一封求助短信："老师，公司下周就要派我去南通分公司新建一个档案室，还要为那边制定一些档案管理的制度，只给我半个月的时间，我不知道自己能不能胜任。"老师让她参考档案管理教科书里关于档案室建设和管理一章的内容，并给了她一些建议。陆媛玲说："在学校学习时就觉得档案课最难，没想到却让我做这一工作。我已经做了两天功课了，感到好难。"老师鼓励了她，陆媛玲最后说："老师，我们以后多多交流哦！"

互动问题：陆媛玲接到了新建档案室的任务，眼下她应该怎么做，来迎接这一挑战？

第一节　档案室建设

一、档案室的含义

（一）档案室

档案室是各类性质的社会组织（机关、团体、企业、事业单位）中负责管理本单位档案的机构，是机关、单位的机要部门，是国家档案事业组织体系中的基层组织。

【资讯浏览】

档案室在一些国家和中国古代的名称

大中型单位的机关一般都设有档案机构，管理本单位形成的档案，但机构的名称不尽相同。在欧美一些国家称登记室，如德国人冯·拉明根著的《登记室及其机构和管理》(1571)、德国的早期档案刊物《档案馆学和登记室学》(1806)、美国人 T. R. 谢伦伯格著的《现代档案原则与技术》(1956)，都使用了登记室的概念。国际档案理事会组织编纂的《档案术语词典》(1984)收录了“登记室”(registry)词条，定义为：“机关、团体、组织中负责形成、管理和保存现行案卷、文件和半现行文件的部门。”苏联在各部和其他各主管部门、组织、企业，在中央和地方苏维埃与工会委员会、合作社联合组织及其他社会组织中，都建立有档案室，统称机关档案室。在中国，宋代各级国家机关普遍设立架阁库，金、元、明、清均沿袭宋制，亦设架阁库，具有机关档案室的性质。民国时期开始把管理本机关档案的机构称为档案室。当代中国在大多数机关、团体、企业、事业单位中都设有档案室。

资料来源：档案室，百度百科。

（二）综合档案室

综合档案室，指统一管理本单位全部档案的档案室，负责对普通档案、各种专门档案和特殊载体的档案进行统一的综合管理。

我国档案室的数量大、分布广、类型复杂，往往对不同的专门档案和特殊载体档案进行分别管理，分设不同类型的档案室，如普通档案室（文书档案室）、科技档案室、音像档案室、人事档案室、机要档案室、联合档案室、档案信息中心，等等。近年来，企业事业单位纷纷建立综合性的档案保管机构，统管本单位形成的各种类型的档案。综合档案室是企事业单位档案机构设置的一个发展趋势，它有利于加强本单位档案工作的统一管理，便于综合开发和利用档案信息资源，也符合机构精简原则。

【知识拓展】

我国档案室的类型

在中国，档案室类型可归纳为：

(1)机关档案室，也称普通档案室。它是由中央、省、地、县、乡各级机关、人民团体、企业、事业单位建立的档案室，负责管理本机关形成的文书档案。机关档案室受本机关办公厅

(室)领导,在业务上受同级和上级档案事业管理机关的指导、监督和检查。

(2)科学技术档案室。它是保管科技档案(一般也管理科技资料)的专门档案机构。在研发型企业、设计院、科技研究院等单位一般都设有科技档案室。

(3)综合档案室。它是由企业、事业单位建立的综合性档案保管机构,统管本单位形成的各种类型的档案。综合档案室是企事业单位档案机构设置的一个发展趋势,它有利于加强本单位档案工作的统一管理,便于综合开发和利用档案信息资源,也符合机构精简原则。

(4)档案资料信息中心。一些大型企业、事业单位建立的统一管理档案、图书、情报、资料的机构,实行信息资源一体化管理,为本单位综合利用信息服务。

(5)声像档案室。专门管理电影片、电视片、录音带、录像带、唱片、照片的档案室。在电影制片厂、电视制作中心、新闻摄影部门、图片社、唱片公司、广播电台等部门,一般都设有管理某些或某一种类声像档案的档案室。

(6)人事档案室。机关人事部门设立的专门管理职工的履历、自传、考核、奖惩、任免、职称、学位、工资、级别、离休、退休、退职等个人材料的档案室。至于人事部门在工作活动中形成的一般人事文件材料,归机关档案室管理。

(7)联合档案室。同一地区,特别是在同一市镇内的一些机关联合起来设立一个档案机构,负责保存和管理这些机关形成的档案,这种机构通常就是联合档案室,或称为档案服务中心。

资料来源:综合档案室的创建百度文库。

【范例阅读】

上海电机学院综合档案室

上海电机学院综合档案室于 2002 年 7 月成立。2003 年 1 月,学校综合档案室被上海市档案局批准为市级先进单位。2006 年 7 月,学校被上海市档案局评为上海市"四五"档案法制宣传教育先进集体的称号。2011 年 2 月,学校被授予"上海电气系统档案工作先进集体"和"上海电气系统档案'五五'普法工作优秀单位"荣誉称号。2011 年 11 月,学校圆满完成了"上海市教委、上海市档案局关于开展贯彻《高等学校档案管理办法》工作情况"的实地检查,检查综合评定等级为优。

综合档案室隶属于校长办公室,由副校长分管领导,现有工作人员 2 名。综合档案室建筑面积约 320 平方米,其中库房 5 间(230 平方米)、阅览室和办公室各 1 间、工作室 2 间,做到办公、阅览、库房三分开。库房安装密集架(3 联 24 列)、档案柜(3 联 18 列),配备了恒温恒湿系统,并购置了计算机和光盘刻录机、扫描仪、激光打印机等设备。

现综合档案室藏有 4 个全宗,即:上海电机学院(包含原电机高专)全宗、上海市机电工业学校全宗、上海机电工业职工大学全宗、上海市第一机电工业局职工大学闵行分部全宗。到 2011 年 12 月止,形成档案 26 000 多卷。

根据《高等学校档案实体分类法》以及结合学校档案工作实际情况,设有党群、行政、教学、科研、产品、基建、设备、出版、外事、财会、声像、实物 12 门类,制定完善了上海电机学院档案管理办法,并坚持开展学习贯彻《档案法》《档案法实施办法》及《高等学校档案管理办法》等法律法规。修订了《上海电机学院档案制度汇编》,建立了由各部门分管负责人和兼职档案员组成的档案工作网络,定期对兼职档案员进行业务培训,每年开展立卷归档检查、总结的劳动竞赛活动,使学校档案纳入规范、有效的管理轨道。

为了方便档案查阅利用,编制了多种检索工具,如《案卷目录》《全引目录》《文档目录对照》及《专题目录》等。2006年购置安装档案管理系统网络版——南大之星,使学校档案工作向现代化管理迈近了一步。

资料来源:上海电机学院校长办公室,http://xiaoban.sdju.edu.cn。

互动问题:

1. 该学院的综合档案室隶属于什么部门管辖?
2. 这个档案室有哪些设施?

二、档案室的职能、作用和任务

(一)档案室的基本职能和作用

档案室的基本职能和作用,主要表现在两个方面:

一方面,档案室的本质特征是统一管理本单位档案,主要为本单位服务。它是一个单位档案信息存储、加工和传输的服务部门,与本单位的领导和各组织机构发生联系,为领导决策、处理工作、组织生产、科研等活动提供依据和参考材料。档案室工作是行政工作的组成部分,是提高行政工作效率的必要条件。企业、事业单位档案室工作是生产管理、技术管理、科研管理不可缺少的环节。

另一方面,档案室又是国家档案事业组织系统中的基层组织,是档案馆工作的基础。档案室保存的档案,不仅对本单位的工作、生产和科研有现实查考价值,而且其中具有长久保存价值的部分,是国家的档案财富,具有历史文化价值。因此,档案室具有为国家档案馆积累和输送档案文化财富的性能,其移交档案的完整程度、价值的高低、整理质量、保管状况等,都会直接影响到档案馆的馆藏质量。

档案室的上述双重性质,支配着档案室的整个工作活动。

(二)档案室的任务

档案室工作,是为了集中统一管理单位在工作活动中形成的全部档案而建立起来的一项专门业务。《档案法》《机关档案工作条例》和《机关档案工作业务建设规范》,对档案室的任务都做了明确规定,其基本任务可以归纳为七个方面:

1. 贯彻执行党和国家档案工作的法律、法规和方针政策,建立健全档案工作的各项规章制度

档案室是国家档案事业的基层组织,必须遵守党和国家关于档案工作的法律、法规和方针政策,依法从事本单位的档案工作,这是做好档案室工作的基本前提。同时,为了贯彻执行档案工作法律、法规和方针政策,档案室还应该采取一系列有效的措施,建立健全本单位档案工作的规章制度,使本单位的档案工作有章可循,从而将本单位的档案工作纳入国家档案事业法治建设的轨道,这是开展档案室工作的基本保证。

2. 对本单位各部门形成的文件材料的收集、整理、分类和归档工作进行监督和指导

档案室的档案来源于本单位文书部门和业务部门,档案质量的高低与文书部门和业务部门有直接关系。为使本单位文书部门和业务部门的文件材料的形成、积累、归档工作符合档案工作的要求,档案室应对本单位各部门形成的文件材料的收集、整理、分类、归档工作进

行监督指导，以保证归档档案的质量。

3. 集中统一管理本单位各种门类和载体的档案，使档案处于良好有序的状态

档案的接收、收集、整理、保管、统计、鉴定工作，是档案室的基本业务。档案室工作人员要根据国家规定和档案业务工作的规范要求，做好上述工作，负责档案室库房的日常维护，严格按照库房管理的要求，运用科学的方法和现代科技手段，创造和提升档案保管的物质条件，确保档案的完整与安全。

4. 积极提供利用，为本单位的工作、生产和科研服务

管理是手段，利用是目的。档案室工作的根本目的，就是充分发挥档案的作用，为单位领导决策和各项工作服务。档案室工作是否有效，是从利用工作表现出来的。利用工作的好坏，直接影响档案室的发展，影响单位工作效益的提高。如果档案室只起“一把锁”的作用，就得不到领导和业务人员的重视与支持。档案室要根据本单位工作利用档案的特点，开展各种利用工作，变被动服务为主动服务。

5. 对所属单位的档案工作进行监督和指导

按照档案工作统一领导、分级管理的原则，一些中央和地方专业主管机关、大型企事业单位的档案室，除管理本单位档案外，还对本系统、本公司所属单位的档案工作进行指导、监督和检查。

6. 依法把具有长期保存价值的档案移交给国家档案馆

《档案法》第十一条明确规定：“机关、团体、企业事业单位和其他组织必须按照国家规定，定期向档案馆移交档案。”档案室保存的档案，一方面，它是本单位形成的，对本单位有用，要在本单位保存；另一方面，它又是国家的，对国家各项工作有用，需要移交给国家档案馆保存，在更大的范围内为社会各方面当前和长远的需要服务。档案室不仅要按照移交范围向档案馆移交档案，而且移交的档案要符合一定的质量要求。需要向档案馆移交档案的单位，一般是指党政机关、公办企事业单位和团体，民间组织和单位则不需要移交。

7. 办理领导交办的其他有关档案业务工作

档案室还要办理领导交办的其他有关的档案业务工作，比如编制必要的检索工具、文件汇编和参考资料，为本单位的工作、生产和科研服务；综合档案室应成为一个单位的档案信息储存、开发利用、服务交流的中心，因此有些单位的档案室称作“档案资料（情报）中心”。一些大型企业、事业单位建立统一管理档案、图书、情报、资料的机构，实行信息资源一体化管理，为本单位综合利用信息服务。

三、档案室建设的原则

基层单位的档案室建设应本着安全、实用、方便的原则进行选址、建设和管理。

1. 安全原则

档案室建设要能够保证档案材料的安全，这是首要的原则。档案室建设过程中要采取切实全面的措施消除多种安全隐患，如消防隐患、霉变隐患、失窃隐患、水浸隐患等。贯彻这一原则要求就需要在档案室的选址、基础设施、设备用具、制度建设、人员培训等方面严格执行相关的规定。

2. 实用原则

档案室建设的目的是为了基层单位更加有效地保管和利用档案，因此必须从本单位对档案资料的需求出发建设档案室，以满足工作中的各种实用要求。实用原则要求档案室建

设不能过度追求高标准，而是要根据单位的具体情况因地制宜确定建设方案，做到规范性和灵活性相结合。贯彻实用原则需要认真研究本单位的组织结构规模、文件与档案材料数量、应用需求等因素，这样才能使档案室建设有的放矢。

3. 方便原则

档案室设立于基层单位内部，一方面贴近档案材料的来源，另一方面贴近档案利用需求的实际，因此，在档案室的建设过程中，既要便于档案材料的收集工作，也要便于提供利用工作。档案室建设的方便原则，实际上是对建成后更加有效、快捷地发挥应有作用的前瞻性要求。贯彻方便性原则需要对档案室空间布局、管理流程等方面进行精心谋划。

四、档案室的设施与设备配置

（一）档案室空间规划

1. 功能区设置

档案室一般包括办公用房、整理用房、阅览用房和档案库房四个基本功能区。办公用房是档案室工作人员从事日常档案工作、接待和服务档案利用者的场所。整理用房是档案室工作人员整理档案的场所。阅览用房是供档案利用者上门查阅档案材料，获取档案信息的场所。档案库房是存放档案实体的房间。为了使各项工作不相互干扰，保护档案安全，应保证各功能区的相对独立。

2. 档案室选址

选择档案室位置首先要考虑安全的原则，选址应远离易燃、易爆、空气污染区，远离卫生间、热水房等特殊用房。用平房作档案室的，位置应在办公室附近，同时要高于周围地势，防止洪涝灾害对档案造成的损害。楼房中的档案室，不要安排在顶楼、一楼、地下室或楼的两侧，楼板承重必须达到档案库楼面荷载要求。无论是采用平房还是楼房，房屋必须坚固，符合建筑质量安全标准，不可采用临时建筑、活动板房作为档案室。

（二）功能区设施与设备

1. 办公用房

办公用房是档案管理人员进行日常办公的场所，面积根据办公人员数量和办公需要确定，一般在 10～20 平方米。办公室应设有办公桌椅、文件柜、档案管理工作所需要的设备，如计算机、打印机、装订机等，以及全宗卷的文件和目录。

2. 整理用房

档案室中的整理用房是档案工作人员用来整理刚归档、入库前的文件材料的工作场所。整理用房的必要设施是整理台，可以将数张办公桌拼一起，加大整理台面的工作面积，堆放有待著录或编目的档案卷宗，办公桌上还需摆放电脑、打印机等机器设备，用来著录、输入档案信息，以及订书机、档案盒、卷皮、档案袋、糨糊等整理用具。

3. 阅览用房

档案室中的阅览用房是专门为阅档者查看档案而设立的（如图 13－1 所示）。阅览用房应采用单独的房间，面积大小应当满足不同类型档案阅览的需求，比如涉密档案与非涉密档案分区阅览，纸质档案与数字档案阅览区域各自独立，等等。独立阅览用房应有窗，自然采光好，避免阳光直射或炫光，可安装窗帘或百叶窗等遮阳装置，辅之以人工光源；应有自然通风，室内应设置空调或通风设备，供冬天和夏天使用；应摆放一定的桌椅、电脑，提供档案检索工具。

图 13—1　档案阅览室

4. 档案库房

档案库房即存放档案的空间场所如图 13—2 所示，库房是保管档案的最基本的物质条件，直接关系到档案的保护和安全。

图 13—2　档案库房

档案库房应符合档案保管的专业要求，但不同的档案机构在库房建筑配置上因受财力等因素的限制又有所不同。设立档案库房必须注意以下一些方面：

(1)库房必须专用，不能与办公室合用，也不能同时存放其他物品，这是因为库房直接关系到档案的安全，要求比较特殊。

(2)档案库房选址应当满足防潮、防火、避免阳光直射等基本要求。因此，全木质结构房屋不宜做库房使用；档案库房不能设置在地下层或顶层，地处湿润地区的还不宜设置在首层。档案库房不得毗邻水房、卫生间、食堂(厨房)、变配电室、车库等可能危及档案安全的用房。

(3)档案库房内不得设置明火设施，不应设置除消防以外的给水点，其他排水管道不应穿越库房。

(4)库房门窗应有较好的封闭性，应安装铁制门窗，不宜采用自然光源，尽量减少外窗，如果必须设置外窗,应避免在东、西向开窗,并且悬挂厚窗帘以防强烈光线照射。

(5)库房面积大小既要考虑现有的档案数量,又要考虑到未来的增量。档案数量少于 2 500 卷或 25 000 件的,档案库房面积按 15 平方米测算。如果考虑满足机关档案存放年限的需要,库房使用面积可按(年增长量×存放年限)×60 平方米/万卷(或 10 万件)测算。

(6)档案装具采用封闭式的柜子比敞开式的架子更有利于对档案的保护(如图 13—3 所示)。制成材料最好为金属物,这样更有利于防火。不得采用木质柜。

图 13—3 档案架

有条件的机关,可考虑使用密集型活动档案柜(也称密集架,如图 13—4 所示)。这种平时合为一体,用时可打开的装具比之传统的单个单列、摆放位置固定的装具有较全面的优越性。它不仅具有防火、防光、防尘的性能,而且可大幅节省库房空间和库房建筑费用。一般而言,它可比常规的固定柜架节省近 2/3 的库房面积。但安装使用密集型活动档案柜,对地面的承重能力有较高要求。楼板承重力一般需在每平方米 1 200 千克以上,同时也考虑整个建筑物的坚固程度及其使用年限长短等相关因素。

图 13—4 密集架

(7)库房应配备必要的设备。用于档案保管的技术设备种类很多,如去湿机、空调、通风设备,温湿度测量及控制设备,防盗、防火报警器,灭火器、消毒灭菌设备以及档案进出库的运送设备，等等。

以上介绍的档案室的各种基础设施（用房、装具、设备等）是档案工作正常开展的必要前提，不同单位在建设档案室过程中可以根据自身情况、需要和经济实力（建设预算）来合理配置。有条件的机关单位，还可根据需要设置展览用房、档案数字化用房、服务器机房等。规模较小或档案数量较少的机关单位，可以缩减功能用房，最低限度可将办公用房和整理用房合并，或在办公室中辟出一角用于利用者阅览。但无论如何，档案库房必须是独立的房间，需要集中布置，自成一区，不能与其他功能用房合用。

【提醒您】

库房的建筑要求

(1) 档案库房楼面均布活荷载标准值应当与档案库房配备的档案装具相匹配。库房采用密集架的，楼面均布活荷载标准值不应小于 $8kN/m^2$，或按档案装载情况相应增加。

(2)密集柜每组分为 6 层搁板，每层搁板承重为 80 千克，柜体自重为 80 千克。

(3)门窗必须加防尘橡胶条密封，窗户建议采用防盗窗，门采用防火、防盗门。

(4)给水管、排水管、雨水管不宜穿越档案室，消防栓不应设在档案室内，应设在明显而又易于取用的走廊内或楼梯间附近。管道通过墙壁或楼、地面处均应用不燃材料填塞密实，其他墙身孔洞也应采取防护措施，底层地面应采用坚实地坪。

(5)空调安装位置应避免空调出风直接吹向文件资料。

(6)馆室内应避免真菌、霉菌等微生物的繁殖，防止啮齿类动物（如老鼠等）的存在。

(7)档案室、查阅档案及其他技术用房应防日光直射，并均应消除紫外线对档案、资料的危害。档案库和查阅档案等用房采用人工照明时，应选用防爆灯，防止用电时间过长发生失火。当采用荧光灯时，应有过滤紫外线和安全防火措施。

(8)不论气候条件如何，有条件的情况下均应设置长年的温控装置。对于干燥的地区可采用加湿机，定期用湿拖把布拖地板来保证环境湿度。湿度过大的地区，如南方地区可采用抽湿机。

(9)档案库不宜采用以水、汽为热媒的采暖系统。确需采用时，应采取有效措施，严防漏水、漏气，且采暖系统不应有过热现象。

五、数字档案室的建设

数字档案室，是指机关在履行职能过程中，运用现代信息技术对电子档案和传统载体档案数字副本等数字档案信息进行采集、整理、存储、管理，并通过不同类型网络提供共享利用和有限公共档案信息服务的档案信息集成管理平台。

数字档案室是信息化条件下档案室的“升级版”，是管理机关档案信息、连结机关办公自动化与数字档案馆建设的关键一环。

数字档案室建设是一项系统工程，包括基础设施建设、应用系统建设、数字档案资源建设、保障体系建设，需要机关档案部门、信息化部门、业务部门和保密部门共同参与实施。

数字档案室的基础设施建设主要包括网络基础设施、系统硬件、基础软件、安全保障系统、终端及辅助设备五个部分。

（一）网络基础设施

数字档案室网络基础设施是机关整体网络基础设施的有机组成部分，应统筹规划、设计和建设。一般情况下，应将数字档案室网络管理中心设于机关中心机房。机关中心机房应具备防雷、防静电、防磁、防火、防水、防盗、稳压、恒温、恒湿等基本管理条件，有条件的单位应建设符合《电子信息系统机房设计规范》（GB 50174－2008）要求的B级机房。中心机房、网络综合布线的配置，要充分考虑各类电子文件采集、归档和数字档案资源安全管理、移交等工作要求。应为数字档案室配备足够数量的内部局域网、政务外网和政务内网网络信息点，网络性能应能适应图像、音频、视频等各类数据的传输、利用要求。

（二）系统硬件

1. 服务器

专业服务器是数字档案室必备的基础设施。服务器性能和数量的配置，应能满足数字档案室应用系统以及数据库、中间件、全文检索、备份、防病毒等基础软件的部署和安全高效运行的需求，并适当冗余、可扩展。

2. 存储与备份

为满足各门类电子档案和传统载体档案数字副本的存储、利用和备份要求，应为数字档案室配备先进、高效和稳定的磁盘阵列作为数字档案资源在线存储设备。根据机关制定的数字档案资源保存策略，确定近线或离线备份系统的配置，近线备份应选择磁带库或虚拟带库及相应的备份软件，离线备份可选择光盘、移动硬盘等脱机存储介质以及相应的备份、检测设备。

（三）基础软件

为确保各门类电子档案及其元数据的准确和及时采集、捕获、保存，提供便捷、有效的数字档案资源利用，应结合数字档案室应用系统开发或运行需要，为数字档案室配备必要的正版基础软件，包括数据库管理系统、网络操作系统、中间件、全文检索、光学字符识别（OCR）等软件。应选用主流数据库管理系统，如关系型数据库，其性能应能支持本单位今后较长一个时期数字档案资源管理的需要。

（四）安全保障系统

1. 应建立数字档案室应用系统的三员管理制度，明确系统管理员、安全管理员和安全审计员职责，并贯彻落实。

2. 应结合三员管理制度，为数字档案室应用系统设计、实施完善的用户权限配置和管理功能，为数字档案资源的安全存储、管理提供保障。

3. 应为数字档案室的应用系统配备正版杀毒软件。如有必要，应有选择地配备防火墙、用户认证、数字签名、移动存储介质管理软件、业务审计软件等安全管理工具。

（五）终端及辅助设备

应结合工作需要，为数字档案室应用系统配备专用终端计算机、扫描仪、数码照相机、打印机等终端设备，以及恒温恒湿防磁柜、刻录机、移动存储介质等辅助设备。

六、筹建基层档案室的步骤

一些成立时间比较短的单位，往往面临筹建档案室的任务，一则因为组织自身的发展需要开展建档工作，二则需要满足上级组织的各项评估。一些文秘专业的毕业生到新建不久的中小企业担任档案管理工作，说不定就会碰上企业领导布置你去筹建档案室的情况，要你拿出一个筹建方案来。在这种情况下,你该怎么做呢?

完成这个任务,需要考虑硬件和软件两种建设。硬件建设分为五个阶段,分别是调研、选址、撰写筹建方案、上交领导审批、采购物品。这五个阶段前后衔接、环环相扣,构成筹建一个档案室的基本过程。软件建设包括成立筹建工作的领导小组,确定档案室管理部门和主管领导,配备档案室工作人员,布置档案室,建立档案存放秩序,制定档案分类方案、起草一系列档案管理制度等。在实际工作中,可以根据本单位情况有所调整。以下是筹建档案室硬件的步骤。

(一)调查研究

前期调研是必不可少的。调研的主要目的是准确掌握本单位每年产生归档文件的数量、类型,了解本单位的组织结构,为撰写合乎实际的筹建方案奠定基础。

筹建人员可以采用的调研方法主要有:(1)访谈法,即和本单位负责办文工作的领导或工作人员交流沟通,了解档案管理的需求,把握领导的意图;(2)统计法,即对已经存在的档案文件进行初步统计,了解每年产生的档案数量与类型,掌握现有档案文件的数量与类型;(3)考察法,即到当地档案馆或已经建有内部档案室的单位现场考察,参观取经,了解档案室建设的标准和要求,借鉴建设的成功经验,减少盲目性,避免失误;(4)研究法,即收集档案室建设的标准、要求、方案的文献资料,掌握档案室建设的常规知识和技术要求,使自己在短时间内成为内行。

(二)选择档案室地址和规划办公空间

勘察本单位目前的办公用房情况,根据单位的实际情况和档案室选址的规范要求,确定合理的档案室位置,划分档案室的功能区域。

(三)拟写筹建方案初稿

整理所获的信息,并根据这些信息构思筹建方案。筹建方案的基本内容要涵盖这样一些方面:第一,选取档案室位置;第二,估算档案室用房面积;第三,列出所需装具、设备清单;第四,安排建设时间进度;第五,估算建设费用;第六,确定负责人及其职责。

(四)上交领导审批

筹建方案初稿完成后,需要经过领导审批才能实施。筹建人员应首先将该方案交给其直接上司办公室主任审阅,如果上司提出修改意见,应对初稿进行修改完善,然后再将方案送交公司领导审批。

(五)采购设备与物品

筹建方案获批后,筹建人员根据筹建方案列出的物品购置清单,向主管领导提交采购设备与物品的申请,经过主管领导签字批准后,通过各种途径向商家查询物品价格后下单采购。

具体的采购工作或由采购人员负责完成,或由筹备人员亲自实施。

【提醒您】

采购物品需要注意的问题

第一,选择合适的供应商进行产品筛选、价格协商、支付货款、交付货物等一系列工作。采购过程中务必认真检查商品质量情况,避免购买到假冒伪劣产品。

第二,选择适当的采购途径与方式。经常采用的方式主要有三种,即口头订购、书面订购、电子商务。口头订购是通过电话或面谈等渠道向供应商询问相关信息,并进行沟通与谈判,达成购买协议;书面订购是采购方以书面文件的形式列出所需商品的名称、数量、规格、送货时间等信息,供应商按照要求提供相应产品;电子商务订购是在电子商务网站上选择所需产品,以在线订单、在线支付的方式向供应商发出购买信息,供应商通过快递等物流渠道将商品发送到采购方。不同的物品应采用相应的采购渠道和方式,例如空调机等设备一般是口头采购,而档案盒等物品可以通过电子商务采购。

第三,采购过程中务必严把质量关,防止买到不合格的产品。方法主要有:到正规商家和大型商场购买,查看商品的质量检验文件或合格证,与商家确定售后服务协议、退换货协议,特定商品(例如灭火器)可到有关部门指定或授权的商家购买。

资料来源:韦志国,《文书与档案管理》,中国劳动与社会保障出版社 2011 年版。

第二节　档案室管理

筹建档案室,除了硬件建设之外,还需进行软件建设。软件建设主要包括档案室的布置、档案实体存放秩序的建立、档案室的日常管理事项、档案室管理部门和领导的确定、工作人员的配备、档案分类方案的制定、各项档案管理制度的起草等。其中,如何制定档案分类方案的内容放在档案整理的相关章节中加以阐述。

一、布置档案室

(一)布置档案室的基本要求

档案室的基础施工完成后,就要着手摆放各类设备与物品,布置档案室。档案室内存放的主要物品有档案材料、档案柜、桌椅以及多种电器等,数量和种类比较繁多,因此必须精心布置,合理摆放,以便于日后开展工作。

1. 有利于保护档案安全

档案室的建设和管理要始终将保护档案安全放在突出的位置,在布置档案室各类物品设备时,要考虑到它们可能存在的安全隐患。除非必要,档案库房内不能放置长时间运行的电气设备,如计算机等,以防出现自燃危及档案材料安全。

2. 有利于提高工作效率

档案室的空间布置,尤其是档案柜和档案材料的摆放方式与顺序,直接决定将来的查找、利用和管理的效率。科学合理的摆放可以极大地减轻工作量,降低工作强度;反之,杂乱、无序的摆放会给查找和管理造成不便,而且容易发生遗失和损坏。

3. 符合安装技术标准

档案室内所使用的一些设备需要遵循必要的技术标准安装,这样既可以使设备发挥应有的作用,也能保障档案安全。档案室内的电源线路必须符合工程规范,所使用的构件应符合质量标准,电路的负载功率应满足档案室各类用电设备的需求,防止出现电路发热自燃。安装防火与防盗报警设备应符合相应的技术标准,否则就会形同虚设。

(二)档案阅览室的布置

档案阅览室要布置成一间舒适和安静的场所。配备一定数量的桌椅,按照美观、舒适、方便人体入座和伸展的原则,整齐摆放。窗子须安装窗帘或其他遮阳物,以便遮挡过强的阳光,安装适合阅读的人工光源作为辅助光源。设置一个借阅处,用以办理借阅调档手续。可放置一个储物柜，用来存放阅览者随身携带的包包和其他物品。可配备一个检索台，放置必要的检索工具，方便查阅者检索所需档案。还可以配备一些书架，存放全宗指南和一些工具书，方便利用者查询。在阅览室的墙上，要张贴阅览室制度的告示。安装空调和排风设备，放置消防器材。随着档案的数字化发展，可以在阅览室内配置一定数量的电脑，让利用者上网查阅数字化档案，以减少原始档案的损耗。

（三）库房的布置

1. 档案柜（架）的摆放

档案柜（架）摆放时要做到以下几点：

首先，档案柜（架）的放置方向应同有窗户的墙体垂直。

其次，档案柜（架）排列整齐，排与排之间宽度不小于 0.8 米。列与列之间的通道净宽不小于 1 米。

最后，档案柜（架）摆放务必平稳，防止出现摇晃、倾斜等现象。

2. 档案柜（架）的编号

每一个档案柜（架）都应编号，编号的方法一般是按照某种顺序编流水号，以房间为单元进行。同排按从左到右、自上而下依次编列排号、柜架号、层格号，回行到下一排时左右顺序相反，为从右到左、自上而下。

3. 粘贴标志牌

标志牌是粘贴在档案柜（架）适当位置的指示标志，用于说明档案柜（架）的编号或柜架层格中档案的起止编号与类别。

标志牌可以采用计算机打印的方式制作，也可以在购买档案柜（架）等装具时索要配套的标志牌。

如果档案柜（架）自身带有标志牌的槽口，那么应将做好的标志牌插入其中。如果没有槽口，也可以用胶水粘贴固定。档案柜（架）的标志牌一般粘贴在面向通道的柜体面板上，档案柜（架）的层格标志牌应粘贴在相应的层格旁边。

4. 各类物品的摆放

将禁烟标志分别悬挂在档案库房和办公室（阅览室）的醒目位置。

将手提式灭火器放置在档案室入口一侧，不可放在档案库房之内。根据消防器材安全规范，灭火器应存放在专用的器材箱内，器材箱的开盖应比较简便，确保取用方便。

温度计和湿度计应根据库房的面积大小合理设置数量，一般需要放置两组。一组放在通风比较好的位置，另一组放在通风较差的偏僻的位置，这样可以对整个库房的温湿度情况进行准确测量。温度计和湿度计一般悬挂在墙面之上，距离地面高度在 1.6～2 米。

二、档案室日常管理工作

档案室布置完成后，即可投入使用。此后，良好的日常管理是其正常运行的保障。管理人员应对库房等重点部位加强管理，保护档案安全并延长其寿命，使档案更好地为单位的建设和发展服务。

1. 定期检查、清点

对库房和档案应进行定期的检查和清点，并将此作为一项长期的制度化措施。定期检查和清点的方向主要有：

第一，档案是否发生霉变和有害生物活动迹象。如果发现有害生物，应及时投放杀虫药或者使用杀虫仪灭杀。

第二，库房中是否存在安全隐患等危险因素。重点查看灭火器等消防器材是否齐全，是否能正常使用，是否超出保质期；检查电力线路是否存在隐患，各类电器是否安全和正常运作；检查防盗门、防盗窗是否安全牢固，是否存在松动、老化、生锈等情况，所安装的防盗报警装置是否正常工作。

第三，档案调出和归还是否履行了必要的手续。

第四，档案存放位置和次序是否混乱，是否长期使用未归还的档案。

定期检查的周期可以月、季、节假日为周期，定期清点的周期应比定期检查的周期长一些。

检查过程中应对检查结果进行及时、准确的记录。

2. 建立全宗卷

全宗是一个独立机关、组织或个人在社会活动中形成的全部档案，而全宗卷是对全宗内所有档案材料的管理信息的集合，是对全宗内档案实施管理过程中所形成的信息的记载，是了解全宗基本情况的一个工具。

建立全宗卷，就是要在档案室成立之初，为全宗档案的管理专门建立一个档案夹，用来存放全宗的管理文件和各种记录，将相关的清单、列表、登记表等材料有序地排列到里面，并在档案材料状况发生变化时及时更新全宗卷中的相应信息。全宗卷需要独立使用一个档案盒。这些材料主要包括以下几种类型：档案交接凭据、立档单位与全宗历史考证、整理工作方案、档案实体分类方案（分类表）、保管期限表、移进移出记录及手续（凭据）、对全宗档案进行检查与清点的历史记录及所发现的问题记录、档案受损情况记录和实施补救性措施的记录材料、档案销毁清册。总之，凡是在档案管理活动中形成的对全宗状况及全宗历史有原始记录意义的文字、图标等材料应归入全宗卷。

在档案室的日常管理工作中，随时向全宗卷盒内添加相关文件材料，或者及时更新其中的文件信息，通过查看和统计其中的信息，掌握全宗的基本情况，对全宗实施有效管理。

三、档案室的人员配备

档案室不仅仅需要具备硬件基础，还要有相应的软环境建设，也就是需要配备专兼工作人员和加强制度建设。只有这两方面相得益彰才能使档案室的作用得到有效发挥。

（一）档案室的地位

档案室在各单位中的地位，既不是凌驾于各业务部门之上的特殊地位，也不是处在可有可无的低微地位，而是处在单位办公室（秘书科）内的与各业务部门有密切联系的地位。有的档案室是独立的职能部门，处在与各业务部门同等的地位。但是，它不同于履行单位主要职能的部门，而是为职能部门服务的辅助部门。

（二）档案室工作的领导关系

档案室正常发挥职能，需要有清晰的领导关系。可以根据单位不同性质确定领导体制。在机关单位，要确定一名领导分管档案工作（一般是分管办公室工作的副职），负责档案工作重大问题的决策，办公室主任主管档案室工作，日常工作由综合管理部门（办公室、秘书科或者综合科负责人）直接领导或具体组织实施。在企业、事业单位，可以由业务副职分管档案工作，日常工作由综合部门（即办公室）或技术部门（总工师办）直接领导。

档案室工作的领导与管理体制理顺后，单位领导机构需要在日常办公会上定期或不定期研究工作的重大问题,将档案工作纳入领导责任制,列入议事日程。

(三)档案室工作人员

档案室主任一职可由办公室主任兼任。如果档案管理工作比较繁重,可以设置2～3名专职档案员,并从中选择一名骨干为档案室副主任,负责日常业务工作。档案室工作人员应具有坚定可靠的政治立场,具备大学专科以上文化水平和一定专业知识,能够胜任档案工作。

四、档案室制度建设

制度建设是保证档案工作顺利开展的重要保障。单位内部的档案室虽然规模很小,但是不可忽视管理的制度化和规范化。档案室制度一般包括以下内容:文件材料收集、整理、归档制度,各类档案保管制度、档案鉴定与销毁制度、档案保密制度,档案利用制度,档案阅览制度、库房管理制度和档案人员岗位责任制。

档案室的制度建设一方面需要从本单位的具体情况出发,另一方面应符合国家档案法律法规,同时也应在日常工作中不断完善。

【资讯浏览】

档案室部分制度范文

第一项　档案保管制度

1. 档案管理人员要忠于职守,提高安全保密意识,自觉做好安全防范工作,提高警惕,严守党和国家机密,确保档案资料的完整和安全。

2. 档案库房每天检查一次,做到门、窗、橱柜牢固无损,非工作时间将库房门、窗关严锁好,并切断库房电源。

3. 库房内严禁吸烟,禁放易燃物品,注意清洁卫生,消防器材定期检查,努力做到“九防”:防盗、防光、防高温、防火、防潮、防尘、防鼠、防虫、防污染。

4. 非本室工作人员,未经批准,一律不得进入档案库房,以确保安全。

5. 库房内备有温度计,每天按时记载库内温度,并选择有利时机通风。

6. 对破损、字迹不清等不易继续保管而又需永久、长期保存的档案资料及时进行裱糊和复制。

7. 爱护室内一切设备,确保设备完好。

8. 管理人员工作调动时,要严格执行交接手续,在没有交接前,不得离职。

第二项　档案鉴定与销毁制度

1. 档案材料必须根据其保管期限进行鉴定,对于失去保存价值的档案材料可予以销毁。

2. 组织档案鉴定销毁领导组,由分管领导负责,档案室牵头,有关部门专(兼)职档案人员组成,共同对所鉴定的档案材料进行审核和监销。

3. 通过鉴定需要销毁的档案材料,必须编制清册,并由鉴定领导小组逐一审核。确认无误后,签署意见。

4. 鉴定工作完成后,由档案室和鉴定领导小组对所要销毁的档案材料写出鉴定小结和销毁报告，报请所在地区档案业务主管部门批准。

5. 要指定专人在规定的时间和地点销毁，任何人都不得擅自处理或任意分散。

6. 销毁档案时，须由两人以上监销，监销人应在销毁清册上签字盖章，并注明销毁的方式和日期。

7. 销毁后，必须在原目录上注销，并说明鉴定和销毁日期。

8. 销毁清册归入全宗卷，妥善保存。

第三项　归档制度

一、归档范围：凡是本单位工作活动中办理完毕的具有保存价值的各种文件材料均应归档。

二、归档时间：文书处理人员必须在一季度将上一年度办理完毕的具有保存价值的文件材料分类组卷、归档、编目装订，系统排列，向档案室归档。

三、归档要求：(1)应当归档的文件材料必须齐全完整；(2)归档文件材料应当按规定分类组卷、归档，完成的案卷能正确反映本单位活动的基本面貌，便于保管和利用；(3)档案移交必须编制移交目录，交接双方履行点交和签字手续。

第四项　档案保密制度

1. 档案人员应当忠于职守，遵守纪律，增强保密观念。对党和国家的机密，不说、不问、不外传。

2. 任何人借阅档案必须办理借阅登记手续，凡借阅涉及保密内容的文件资料，必须经分管领导批准。

3. 档案人员要提高安全保密意识，如发现情况要冷静分析判断，应及时报告领导。

4. 不得隐匿、损毁、丢失、出卖和擅自销毁档案。

5. 不得涂改、伪造档案。

6. 不得公布、抄录、提供涉及保密内容的档案。

7. 不得将档案、机密文件资料带到宿舍和公共场所。

8. 非工作人员，不得随便进入档案库房。

9. 对档案人员因玩忽职守，造成档案泄密的，视情节轻重，给予处分。

第五项　档案调阅(利用)制度

1. 凡调阅利用档案资料者，需严格履行手续，填写调阅档案登记簿和利用效果登记表。

2. 本单位工作需要借阅者，只限于在调阅室里查阅，确需借出时，须经分管领导同意，并限期归还。

3. 凡外单位借档者，须持单位介绍信，经分管领导同意，履行借阅手续，方可借阅。

4. 查阅档案应在调阅室内进行，调阅室内严禁吸烟，不得高声喧哗。非本室工作人员，不得进入档案库房。

5. 查阅者，必须爱护档案，不得拆卷、污损、圈点、划线、涂改，不得翻阅其他无关资料。

6. 查阅者摘抄或复制的档案资料，须经本室工作人员核对并加盖公章，否则一律无效。对摘抄或复制的材料，要妥善保存，不得丢失。摘抄或复制有关机密资料，必须先经分管领导批准，如有失密，由摘抄人或复制人负责。

7. 本室档案资料一般不外借，特殊情况必须经分管领导批准，并办理借阅手续，一周内用毕归还。

8. 查阅人员须按规定交费。

第六项 档案统计制度

1. 充分认识档案统计工作的重要性,纳入档案室工作议事日程,加强领导,明确专人,认真落实。

2. 对档案室保管的各门类档案资料,每年要进行统计,按统一规定的统计范围、格式、项目、要求和计量单位逐项统计,一律用阿拉伯数字填写,字迹工整清晰,不得潦草,按规定时间汇总上报,确保年报质量。

3. 在接受、移出、销毁库存档案时,必须及时登记统计。

4. 对立卷档案,必须及时抄好案卷目录,以便统计。

5. 对档案资料的利用、借阅人次、卷数等要详细登记、以便年终统计。

6. 统计人员要认真对待统计工作,积极收集和积累原始数据,坚持实事求是的原则,统计工作要及时,统计数据必须准确可靠。并负责对所属单位和部门专(兼)职档案统计人员的辅导和培训。

7. 对统计数据要进行综合分析,从中探索内在联系和发展变化规律,为制订档案工作计划、总结经验教训提供依据。

资料来源:档案室"六项"管理制度,www. chinahuangshan. gov,2010 年 3 月 23 日。

【知识拓展】

影响档案纸张寿命的因素

档案的主要载体是纸张,纸张的寿命直接决定着档案的保存时间。由于受到各种因素的影响,纸张主要化学成分发生不可逆的化学变化,就会出现老化的现象。纸张老化的直观表现是白度下降、颜色泛黄,机械强度下降,更易撕裂破损,同时会酸度上升。造成纸张老化的原因主要有两个方面:一是纸张本身的制造原料、工艺,二是外界环境的影响。

制造纸张所使用的原材料大多来源于植物,其主要成分是纤维,随着时间的推移会发生水解、氧化、光解等反应,降低纸张的各项物理技能。另外,纸张在生产过程中会残留酸性物质、氧化剂、金属离子等,也会在空气中或光照情况下发生复杂的反应,从而破坏纸张。

档案存放的环境如果存在高温、高湿、强光线、酸性物质、氧化剂、微生物等条件,都会使纸张加速发生水解、氧化和光解反应,从而缩短纸张寿命。

影响纸张寿命的各种因素无法彻底消除,只能在档案管理和保护工作中采取严密的措施降低不利因素的影响,减缓纸张所发生的各种反应的速度,从而最大限度地延长档案寿命。

资料来源:韦志国,《文书与档案管理》,中国劳动与社会保障出版社 2011 年版。

【本章小结】

1. 档案室是各类社会组织中负责管理本单位档案的机构,是机关、单位的机要部门,是国家档案事业组织体系中的基层组织。

2. 档案室的任务:(1)建立健全档案工作的各项规章制度;(2)对本单位各部门的文书收集、整理、分类和归档工作进行监督和指导;(3)集中统一管理本单位的档案;(4)积极提供利用;(5)对所属单位的档案工作进行监督和指导;(6)依法把具有长期保存价值的档案移交给国家档案馆；(7)办理其他有关档案业务工作。

3. 档案室的设施与设备配置包括：(1)功能区的设置满足办公用房、整理用房、阅览用房和档案库房四个基本功能；(2)档案室选址的原则；(3)档案库房要专用、坚固，远离火源、水源和污染源，并防火、防水、防潮、防光；(4)档案室物质条件含装具、设备、档案盒、消耗品。

4. 筹建基层档案室步骤：(1)调查研究；(2)选址和规划；(3)拟写筹建方案；(4)上报领导审批；(5)采购设备与物品。

5. 档案室管理工作：(1)日常管理工作；(2)档案室人员配备；(3)档案室制度建设。

【练习题】

1. 说明档案室建设需要的物质条件。
2. 说明档案室管理需要哪些相关基础性文件。
3. 课后上网了解档案装具、价格等。

【技能训练任务】

任务一

1. 训练目标

(1)能够科学地选择档案室地址。

(2)能够列出档案装具、保管物品清单。

(3)能够根据具体物质条件设计档案室布置草图。

(4)能够制定档案库房和阅览室管理制度。

2. 训练内容

为迎接档案评估工作，也为更好地做好本公司的档案管理工作，经研究决定建立一个70多平方米的综合档案室。办公室主任责成档案管理员小赵做一个较为详细的方案。小赵翻出了档案管理员考证资料并咨询有关专家。为充分了解物品款型、规格、价格等，小赵跑了几家商场，游览了多个网站详细了解了相关情况。工作认真负责的小赵还专门联系了一家档案管理工作卓有成效的企业，前往参观取经，了解档案室布局以及档案室管理制度等事项。

3. 训练要求

(1)以小组为单位，分工负责，分头完成训练目标四个方面的内容。

(2)将上述成果汇总，提交一份综合的综合档案室筹建方案。

任务二

1. 训练目标

掌握档案室建设和管理的主要技能。

2. 训练内容

参观本校的档案室，回答以下问题：

(1)该档案室的功能是如何划分的？

(2)档案库房的装具是哪种类型？

(3)档案库房内的主要设备有哪些？

(4)档案库房内档案柜(架)是如何编号的?

(5)档案库房的安全防护措施都有哪些?

(6)档案室的日常管理包括哪些工作内容?

3. 训练要求

以小组为单位,分头准备,汇总成一篇书面的观后感,在课堂上宣读,并递交给任课老师。

参考书目

[1]赵映诚等:《文书工作与档案管理》,高等教育出版社 2013 年版。

[2]韦志国:《文书与档案管理》,中国劳动与社会保障部出版社 2011 年版。

[3]葛红岩:《新编秘书实务》,高等教育出版社 2019 年版。

[4]杨戎:《公文处理案例精选》,四川人民出版社 2010 年版。

[5]夏海波:《公文写作与处理》,北京大学出版社 2018 年版。

[6]谭一平:《女秘书日记》,江苏文艺出版社 2011 年版。

[7]陈琳:《档案管理技能训练》,机械工业出版社 2019 年版。

[8]陈武英、王立维:《档案管理学简明教程》,浙江大学出版社 2012 年版。

[9]陈祖芬:《秘书文档管理》,中国人民大学出版社 2011 年版。

[10]丁耀琪、吴红红:《档案整理跟我学——基层单位档案工作实用指南》,上海社会科学院出版社 2009 年版。

[11]胡伟、卢芳、赵修磊:《信息、文书与档案管理》,科学出版社 2010 年版。

[12]唐华明:《文书与档案管理基础》,立信会计出版社 2007 年版。

[13]王芝兰:《高校档案规范化管理》,湖南师范大学出版社 2012 年版。

[14]魏黎编:《公文与档案管理》,黑龙江人民出版社 2007 年版。

[15]中国机械工业教育协会组:《档案管理学》,机械工业出版社 2003 年版。

[16]汪溢、谭书旺:《秘书文档管理》(第 2 版),大连理工大学出版社 2010 年版。

[17]楼淑君、钟小安:《档案管理实务》,重庆大学出版社 2010 年版。